KB176033

세금이
공정
하다는 착각

세금이 공정하다는 착각

이상협 지음

유감을 부르는 세금 문제, 조세 역사에 답이 있다.

드록

세금, 좋아하십니까?

과연 세금을 좋아해서 기꺼운 마음으로 내는 사람이 있을까? 세금을 내다보면 합법적으로 돈을 빼앗기는 느낌마저 받는다. 미국 윌슨Woodrow Wilson 대통령의 말처럼 세금을 내는 것을 '영예로운 특권'이라 생각하는 사람은 아무도 없다. 그러나 우리는 세금과 뗄 수 없는 관계이다. 국가는 세금을 걷으면서 시작됐고 나라의 흥망성쇠는 국가 재정과 맞닿아 있다. 인류가 6000년 전 사용한 최초 문자도 세금을 기록한 것이었다. 기하학, 도량형, 지적도, 성씨, 인구 조사도 모두 세금을 걷기 위해 시작됐다.

세금은 모든 혁명과 전쟁, 국가의 흥망, 사회 변화에 단초이기도 하다. 시민의 불만을 발화시키는 도화선은 세금이다. 다만 세금은 폭발하고 나면 흔적도 없이 사라진다. 예컨대 시민들은 혁명에 성공하면 억압적인 세금에서 벗어날 것이라고 기대하지만, 새로운 정부는 더 많은 돈을 필요로 한다. 혁명정부는 세금을 더 걷어야 한다. 대신 혁명의 원인을 인권, 자유라고 고상하게 말하고 인류의 진보를 이야기한다. 세금 이야기가 역사 뒤편으로 숨겨진 이유이다.

앰브로즈 비어스Ambrose Bierce[1]는 '정치는 원칙이라는 가면을 쓴 이익의 갈등이며, 사적 이익을 위한 공적 활동'이라고 정의했다. 이 말은 조세 분야에 잘 어울린다. 이 책은 지금까지 역사를 설명하던 자유와 민주주의 같은 가면을 벗어던지고 세금㉑이라는 이익의 관점에서 세상을 보고자 한다.

역사를 영웅, 신, 계급, 이념으로 해석하려고 하는 사람은 많지만, 세금으로 이해하려는 사람은 매우 드물 것이다. 음악, 미술, 법률, 문학 등의 학문은 적어도 그리스 로마 시대에서 시작하여 체계적으로 연구하며 최근 논의가 활발한 다문화, 여성, 성㉑소수자에 대한 연구도 마찬가지이다. 그러나 국가의 번영과 발전, 퇴락과 쇠퇴의 원인인 세금에 대한 연구는 이상할 정도로 빈약하다.

세금의 역사는 인류의 축적된 지혜를 모은 가장 실용적인 역사이다. 이를 이해하기 위해서는 권력층의 면세 특권, 일반인의 탈세, 세리[2]의 부패 등 인간 본성의 문제까지 통찰해야 한다. 지금까지 경시되던 조세를 이러한 관점에서 새롭게 이해해 보는 것은 의미 있는 일이라 생각한다. 다만 인문학의 모든 분야가 그러하듯이 세금을 통해 보는 역사가 항상 답은 아니다. 역사는 하나의 설명이 아니라 수천 가지로 설명할 수 있기 때문이다.

조세 기록은 복잡하고 머리 아픈 기록이 아니라 문명 뒤에 숨은 진짜 이야기이다. 인류는 지금까지 조세와 관련한 많은 경험을 축적해왔다. 사

---

1. 비어스(Ambrose Gwinnett Bierce, 1842~1913)는 미국에서 가장 영향력 있는 언론인이었으며 우화 및 풍자 작가이다. 인간 본성에 대한 냉소적 관점으로 인해 '신랄한 비어스(Bitter Bierce)'라는 별명을 가지고 있다.

2. 세금 징수의 일을 맡아보는 관리.

람들이 세금을 어떻게 결정하고, 누가 납부하는지에 대한 기록은 그 사회의 본질을 보여주는 것이다. '누가 세금을 내는가?' '어떤 사업과 전쟁을 위해서 세금을 납부하는가?' '부자가 얼마나 많은 세금을 내야 하는가?'라는 질문은 정치적 갈등의 중심에 있는 문제이다. 이는 과거에도 그래왔고, 현재도 진행중이며, 앞으로도 계속될 것이다.[3]

이 책은 과거의 지혜를 빌어 현재 논란이 되고 있는 조세 문제를 조망하고자 했다. '젊은 남성에게만 부과되는 병역의무는 공정한가?' '우리가 모르는 숨은 세금인플레이션은 어떤 해악이 있는가?' '평균 수명이 2배 늘어난 노인의 의료 복지비용은 누가 부담해야 할까?' '세금으로 빈부격차라는 사회 문제를 해결할 수 있는가?' '마약을 금지하는 대신 과세하면 어떨까?' '어떤 세금이 공정한가?' '공정하지 않은 세금은 어떤 결과를 가져오는가?'라는 질문이다. 이러한 근본적인 질문을 모든 사람들이 일상에서 논의하는 것은 건강한 나라와 바른 미래를 위한 초석이 될 수 있다. 세금은 불편하다고 피할 수 있는 문제가 아니다. 건강한 미래를 위해서 우리는 세금을 이야기해야 한다. 우리 사회에서 지금까지 금기시되던 성性 문제가 개방적으로 논의되듯이, 세금 문제도 공개적으로 이야기했으면 한다.

◇◇◇

1962년생인 나는 아버지가 일찍 돌아가시는 바람에 가난하게 살았다. 어려운 환경에서 산업현장 대신 학교에 보내주신 어머니 덕분에 공부

---

3. For Good and Evil (Charles Adams, First Madison Books Edition 2001), Preface to the Second Edition, page 19.

할 기회가 있었다. 국가가 교육을 장려하고 지원해준 덕분에 더 좋은 기회가 있었다. 나는 세금의 덕을 많이 본 사람이다. 이 책은 나의 어머니와 우리나라에 감사하면서 좋은 세금으로 미래를 밝히고자 하는 희망으로 썼다. 이 책을 쓰면서도 외부 도움을 많이 받았다. 도움을 주신 전문가와 지인 여러분께 감사드린다. 특히 최재련, 류래호, 이종진, 전명수, 박수연, 박현숙, 김남규, 배병관, 이철훈, 정형, 이요원, 남자세, 현용국, 이동형, 이지한, 백승학, 문현숙, 류하선 님의 격려와 고견에 한번 더 깊은 감사를 드린다. 책을 출간해주신 한국학술정보 출판사에도 큰 감사를 드린다.

INTRO

러시아 피터 대제는 근대화 개혁에 많은 돈이 필요했다. 그러나 유럽 은행이 후진국 군주에게 돈을 빌려줄 리 없었다. 피터는 필요한 자금을 국내에서 조달해야 했다. 세금이 유일한 방법이었다. 문제는 러시아 사람들은 세금을 낼 생각이 전혀 없었다는 것이다. 사람들은 땅을 일구지 않았고 빈둥거리며 세금을 무시했다.

당시 러시아는 경작되는 토지와 주택에 세금을 부과하고 있었다. 합리적으로 보이지만 높은 세율이 문제였다. 힘들게 일해도 세금을 내면 남는 게 없다 보니 농부들은 생업을 포기했다. 세금 부담을 낮추기 위해 두세 가구가 한 집에 모여 살기도 했다. 탈세를 막기 위해 세리가 밖으로 출입하는 문 하나를 거주지 하나로 해석하자 다른 출입구를 막아 문을 하나로 만들었다. 높은 세금은 일할 의지와 자신의 집을 갖겠다는 꿈을 포기하게 만들었다. 러시아에는 게으름과 실업이 만연했다.

문제를 인지한 피터는 모든 남성에게 일종의 인두세poll tax를 부과했다. 영혼세Soul tax라 불린 새로운 세금은 이론적으로는 노동 의욕을 빼앗지 않았다. 그럼에도 기대만큼 조세수입을 가져오지 못했다. 사람들은 납세자 대장에서 빠지기 위해 뇌물을 주거나 방랑하면서 살았기 때문이다.

피터는 강력한 보완 개혁을 추진했다. 그는 모든 사람이 예외 없이 납세자가 되거나 세금이 면제되는 직업을 가지도록 명령하였다. 실업자는 농노農奴, 군인이나 공무원, 무역선galley에서 노를 젓는 직업을 선택할 수 있었다. 물론 도둑질하여 영혼세를 납부하는 것도 가능했다. 가장 현실적인 방안은 농노가 되는 것이었다. 사람들은 자유를 포기할지언정 세금이 없는 농노를 선택했다. 피터는 농노가 되겠다고 신청한 사람 모두를 영주가 받아들이도록 명했고 농노의 수는 기하급수적으로 늘어났다. 농노는 세금을 면제받는 것이 아니었다. 농노의 영혼세는 낮은 금액이지만 영주가 납부해야 했다. 불만이 생긴 영주는 농노를 지배하는 권리를 요구했고 피터는 이를 승인했다. 이 조치로 러시아는 농노와 영주의 사회구조를 가진 전제군주국가가 됐다. 세금으로 사회구조와 정치 체계가 크게 변한 셈이다.

영혼세로도 만족할 수 없었던 피터는 상상할 수 있는 모든 것에 세금을 부과했다. 모든 식품, 의류, 모자, 구두, 제분소, 목욕탕에 과세했다. 사람의 인생 주기에 맞추어 탄생, 결혼, 장례 등에도 과세했다. 중요한 상업 거래는 국가가 공증했으며 인지세를 걷었다. 국가는 관세를 징수하고 소금, 절인 생선, 담배를 전매했다. 조세 징수는 군대가 담당했다. 심지어 수염세도 만들었다. 피터는 러시아의 낡은 관습을 개선한다는 이유로 수염과 도포에 세금을 부과했다. 귀족과 성직자의 반대가 극심했지만 대부분은 돈 때문에 수염을 잘랐다. 러시아에서 수염은 10년이 채 지나지 않아 사라졌다. 잔혹하게 세금을 부과하던 피터가 사망하자 러시아에서 수많은 조세 폭동이 일어났다.

피터는 무자비하게 걷은 세금으로 러시아의 군사, 행정, 산업, 상업, 기술, 문화를 개혁하고 영토를 확장했으며 새로운 수도 세인트 피터스버그를 건설했다. 이 모든 것을 러시아 시민이 낸 세금으로 일궈냈다. 피터가 만든 농노 제도는 공산혁명 이후 진화하여 집단농장 체제로 발전했다. 수많은 소작농을 감시하고 통제하며 세금을 징수하는 비용까지 고려하면 대규모 농장이 효율적이기 때문이었다. 이는 러시아가 오랫동안 집단농장을 포기하지 못한 이유이기도 하다. 러시아는 공산혁명 이후에도 중화학 공업에 투자하기 위한 돈이 필요했다. 외화를 벌 수 있는 길은 곡물 수출이었고, 집단농장은 곡물을 강제 징수하기 쉽다. 이 과정에서 러시아는 수백만 명이 굶어 죽는 비극을 겪었다.[4] 모두가 세금 마련과 징수의 효율성을 위한 조치였다. 러시아의 현재 모습은 과거의 세금이 만들었다.

---

4. The Sex of a Hippopotamus (Jay Starkman, Twinser Inc 2008), Beard Tax 131, The Rise and Fall of the Great Powers (Paul Kennedy, Frist Vintage Edition 1989), The Offstage Superpowers, page 321-322, For Good and Evil (Charles Adams, First Madison Books Edition 2001), Russia: The Tax Road to Serfdom and the Soviets, page 176-178, Fight Flight Fraud (Charles Adams, Euro-Dutch Publishers,1982), Russia—The Tax road to serfdom and the Soviets, page 131-135.

목차

2부 ⓦ

1

세금이 만든 나라

1.1 문자 – 기록하다

기원전 2000년 전 이집트 아메넴헤트 3세^{Amenemhat III} 시절 기록이다. 두아 케티^{Dua-Khety}는 아들 페피^{Pepy}를 세무 서기^{書記, Scribe}로 키우기 위해 사립학교에 보냈다. 세무 관리는 4000년 전에도 매력적인 직업이었다. 등굣길에 아버지는 농부, 노동자, 군인, 예술가의 비참한 삶을 이야기한다. 아버지가 말하길 노동자의 삶은 고통과 불행의 연속이다. 넝마를 걸치고 손에 물집이 잡히면서 온종일 일한다. 파라오의 관리들은 노동자에게 강제노역을 시킨다. 열심히 일한 대가로 얻는 것은 병밖에 없다. 아버지는 아들이 열과 성을 다하여 공부하면 왕의 서기가 되어 불행을 피할 수 있다고 말한다.

기원전 1200년에도 유사한 기록이 있다. 선생이 학생에게 직업을 설명하는 대목이다. "뱀이 곡식의 절반을 채어가고, 하마가 나머지 절반을 먹어버렸는데, 추수세를 내야 하는 농부의 입장을 기억하라. 논밭에는 쥐들이 득실거리고 메뚜기 떼가 습격한다. 소들이 곡식을 먹어버리고 새들이 재앙을 가져온다. 탈곡할 때는 도둑이 득실거리고 서기Scribes는 추수세를 걷기 위해 온다. 서기는 창과 막대기로 무장한 부하를 데리고 있으며 하나의 곡식도 남은 것이 없지만 곡식을 내라고 한다. 농부는 두들겨 맞고 결박되어 우물로 던져진다. 농부의 아내 또한 결박되고 자녀에겐 족쇄가 채워진다. 이웃은 그를 버리고 곡식은 날아가 버린다. 서기는 모든 사람의 위에 있다. 기록으로 일하는 사람은 세금을 낼 의무가 없으며 내지 않는다. 이를 잘 기억하기 바란다."[5]

◇◇◇

유발 하라리Yuval Harari는 고대 문자가 발명된 이유를 이렇게 설명한다. 수렵으로 먹고살던 시절 사람들은 숫자에 익숙할 필요가 없었다. 나무에 사과가 몇 개 있는지도 기억할 필요가 없었다. 인간의 두뇌는 숫자를 저장하고 처리하는 데 익숙하지 못했다. 그러나 농업혁명 이후 인류는 신화와 법 이외에 숫자라는 새로운 형태의 정보가 중요해졌다. 특히 고대 종교는 넓은 땅과 권력을 차지했다. 그러면서 사제의 기억 능력에 한계가 오기 시작했다. 사제는 강력한 하늘 신, 전지전능한 땅의 신을 대변할지 모르나 숫자를 틀리기 쉬운 하나의 인간이기 때문이다. 사제들은 어느 땅, 과수원, 농지가 이슈타르Ishtar[6]여신에 속하는지, 이슈타르 영지의 어떤 직원이 봉급을 받았는지, 임차인이 임대료를 제때 냈는지, 채무자에게 어떤 이율의 이자를 받아야 하는지를 모두 기억할 수 없었다. 고대 농업을 발전시킨 초기 정착민들은 정보처리 능력이 부족하여 더 넓은 국가, 무역

---

5. For Good and Evil (Charles Adams, First Madison Books Edition 2001), Ancient Egypt, page 7

6. 메소포타미아 종교에서 전쟁과 성애(性愛)의 여신으로, 수메르어로는 Inanna이다.

네트워크, 하나의 종교를 만들 수 없었다. 던바의 법칙Dunbar's number[7]이 적용된 것이다. 던바의 숫자 150명을 기준 삼아 왕이 말로 신하 150명을 거느리고 신하 150명이 다시 백성 150명씩을 말로 다스리는 국가는 상상하기 어렵다. 국가는 말로 운영될 수 없고 그러한 국가가 있다 하더라도 규모의 한계가 생길 수밖에 없다. 국가는 기록을 통한 명령과 보고의 의사소통 네트워크 없이 건설될 수 없다. 초기 국가는 농업혁명이 시작되고 4000년이 지나서야 문자와 함께 나타나기 시작했다.

◇◇◇

정보처리 문제를 해결한 사람은 메소포타미아의 수메르인이다. 비옥한 퇴적토와 뜨거운 태양은 수메르인에게 풍부한 수확을 가져다주었다. 강은 물류 운송을 통해 도시 발전을 가능하게 했다. 통치하는 주민 수가 늘어나면서 필요한 정보도 부쩍 늘었다. 기원전 3500~3000년 사이 수메르의 어떤 천재가 두뇌 밖에 정보를 저장하고 처리하는 시스템을 개발했다. 수학적 자료를 대량으로 처리할 수 있는 맞춤형 정보처리 시스템이었다. 수메르인은 인간 두뇌의 한계를 극복하는 사회적 구조를 가질 수 있게 됐으며 이후 도시, 왕국 및 제국의 출현을 가능하게 했다. 수메르인이 발견한 정보처리 시스템의 이름은 '문자'이다.

초기 문자는 사실과 숫자에 한정됐다. 게다가 상징으로 기록됐기 때문에 수천 가지 글자를 배우기 위해 10년 이상 공부해야 했다. 문자 해독

---

7. 인류학자 로빈 던바가 발견한 법칙. 전세계 원시 부족 형태 마을의 구성원 평균이 150명 안팎이라는 점에 착안해 아무리 사회성이 좋고 사람을 사귀는 재주가 뛰어나도 진정으로 사회적인 관계를 가질 수 있는 최대한이 150명이라는 사실을 알아냈다.

은 소수 엘리트가 독점했고 권력의 상징이 됐다. 문자로 기록하기 위해서는 많은 시간이 걸렸다. 이를 읽을 수 있는 사람 또한 한정됐기 때문에 중요한 기록 이외 내용을 문자로 저장한다는 것은 상상하기 어려웠다. 초기 서사시 같은 문학 작품은 점토 평판에 기록되지 않고 구전됐다. 문자를 기록하는 점토판과 양피지의 가격도 높아 문자는 대중화될 수 없었다.

문자기록에서 인류가 5000년 전 남겨준 지혜를 찾고자 한다면 우리는 실망할 수밖에 없다. 인류 최초 기록은 철학적 통찰, 시, 전설, 법, 왕의 승리를 담고 있지 않았다. 초기 기록은 조세의 납부, 부채 및 재산의 소유를 기록한 단조로운 경제 서류이다. 인류가 남긴 최초의 문자는, "29,086 단위의 보리를 37개월에 거쳐 받았다. 29,086 measures barley 37 months - 쿠심 Kushim"정도이다. 수메르인이 남긴 기록은 조세 또는 배급으로 보리, 전쟁 포로, 남녀 포로에 대한 내용이 가장 빈도가 높았다. 즉 인류는 조세 정보를 기록하고 처리하기 위해 문자를 발명했다.[8]

8. 우르크 인안나 사원에서 발견된 점토판. 얼만큼의 보리를 어느 기간 동안 누구에게 주었는지 적혀 있다.
©The Schøyen Collection.

이후 메소포타미아인은 다른 기호를 추가하여 설형문자를 만들었다. 이로써 단순한 수학적 데이터 이외에 다른 것을 기록하는 것이 가능해졌다. 기원전 2500년 메소포타미아 왕은 설형문자로 법령을 만들었고 사제는 신의 말씀을 기록했다. 중국에서 최초의 문자 기록은 황하 유역에서 발견된다. 문자는 얼리터우二里頭 문화가 번창한 신석기에서 청동기 시대에 시작됐을 것으로 추정한다. 상왕조기원전 1600~1050 시대 갑골문자는 예언을 위해 사용됐다. 진나라기원전 221~206는 문자를 사용하여 국가를 통치했다. 이와 유사한 시대 이집트는 상형문자를 만들었다. 중미대륙에서도 기원전 1000~500년 사이 유사한 문자가 개발됐다.

조세 기록이 만들어진 후 1000년이 지난 기원전 2100년경이 되어서야 수메르인은 길가메시 서사시[9]를 만들었다. 이 서사시는 호메로스의 서사시[10]보다 1500년 가량 앞선 것으로 평가된다. 이로써 사람들은 드디어 문자로 시를 쓰고, 역사를 기록하며, 사랑을 노래하고, 드라마와 예언을 기록하게 됐다.

◇◇◇

서사시의 등장에도 문자의 가장 중요한 역할은 수학적 자료의 기록과 유지에 있었다. 세무 서기Scribe의 임무는 여전히 중요했다. 세리가 토지를 측량하거나 인구를 조사하면 농부는 징발, 부역, 인두세, 농작물 과세가

---

9. 고대 메소포타미아 도시 국가 우륵의 전설적인 왕 길가메시를 노래한 서사시이다.

10. 기원전 8세기 그리스의 이오니아에서 활동한 것으로 추정되며, 서사시 《일리아드(Iliad)》와 《오디세이아(Odysseia)》를 남겼다. 현재 남아 있는 유럽 최초의 문학작품이다.

멀지 않았다는 것을 안다. 국가는 토지 규모, 비옥도, 재배 곡물, 예정 수확량 등을 자세히 기록한다. 세무 서기는 이러한 정보처리 시스템을 통해 부역과 곡물을 체계적으로 관리했다. "당신은 임금과 하느님을 섬길 수 있다. 하지만 가장 무서워해야 할 사람은 세무 서기이다."라는 수메르 속담은 세리의 막강한 권력을 잘 말해주고 있다. 농부들은 서류 기록이 탄압과 갈취의 도구라는 것을 잘 알고 있었다. 반란이 일어나면 농부는 가장 먼저 국가의 정보처리 시스템인 조세 기록을 불태웠다. 국가는 기록으로 납세자를 파악하고 있기 때문에 이 기록을 없애면 세금에서 해방될 수 있다고 생각했기 때문이다.

국가는 기록, 등록, 측정하는 통일된 시스템이다. 국가가 세상을 기록하면서 복잡한 세상은 표준 단위로 맞추어졌다. 표준화는 징수하는 곡물의 품질, 수량 단위, 경작하는 토지의 규모와 토양의 질을 규격화했다. 표준화는 곡식과 토지뿐 아니라 가축, 생선, 섬유, 오일 등의 품질을 표시하는 데 사용됐다. 노예와 노동자는 나이, 키, 성별로 표준화했다. 국가는 화폐 단위를 통일하고 마차의 축간 거리까지 규격화했으며 노동의 품질, 쟁기질 면적, 파종 면적과 같은 단위를 관리했다. 표준화되면서 개인의 복잡한 사정은 무시되기 시작했고 사람들은 세리가 기록하는 표준 숫자로 표시되게 된다.

세리가 기록한 이러한 정보는 사실 여부와 관계없이 진실이 된다. 관료의 기록은 우선 진실로 추정돼 반박하기 어렵다. 따라서 측정하여 수량을 정하고 기록하는 것은 곧 권력이다. 통일 도량형은 백성을 편하게 하기보다는 국가가 세금과 재정을 쉽게 통제하기 위해 만들어졌다.[11] 이 이야기를 이어서 살펴보자.

1.2 도량형 – 측정하다

홍수는 토지의 경계를 다양하게 변화시킨다. 매년 홍수로 변화하는 나일강 유역의 농지를 과세하기 위해 관리들은 경작되는 토지의 면적을 매번 측정해야 했다. 이를 위해 이집트 관리들은 기하학[12]을 발명했다. 경작하고 있는 토지 면적을 쉽게 계산해 세금을 물리는 것, 이것이 기하학의 시작이다.

유클리드가 쓴 기하학책은 관리들이 개발한 토지 측량 관습에 기초하고 있다. 유클리드는 그리스 사람이지만 이집트에서 살았고 알렉산드리아에서 '기하학' 책을 썼다. 그는 조세를 징수하기 위해 생겨난 이집트 세리의 발명을 조직화하고 체계화했을 뿐이다. 기원전 5세기 그리스 역사가 헤로도토스도 같은 취지의 기록을 남겼다. 그는 "세금을 매기기 위하여 토지를 측량했다. 나일강에 홍수가 나면 범람한 곳을 제외하고 과세했

---

11. For Good and Evil (Charles Adams, First Madison Books Edition 2001), Taxes, page 3, Against the Grain (James C. Scott, Yale University, 2017), Writing Makes States: recordkeeping and legibility, page 139–149, Sapiens (Yuval Noah Harari, HarperCollins Publishers, 2015), The Language in Numbers, page 130–132.

12. 기하학(geometry)이라는 단어는 그리스어 geometrein으로부터 유래했다. 'geo'는 '땅', 'metrein'은 '측정하다'라는 뜻이다.

다. 이집트 기하학은 실용적인 목적으로 사용됐으며 체계적인 이론은 그리스 수학자에게 맡겨져 있다."라고 했다.[13]

◇◇◇

　조선시대 암행어사의 필수품에는 유척鍮尺이라는 자가 있었다. 왕이 암행어사를 임명할 때 하사하는 것은 모두 네 가지로 봉서封書와 사목事目, 마패馬牌, 유척鍮尺이었다. 봉서는 암행어사에 임명됐음을 알리는 문서이고 사목은 암행어사의 직무를 규정한 책이다. 그렇다면 유척은 무엇일까? 유척은 놋쇠로 만든 조선시대 도량형의 표준 자이다. 암행어사는 왜 자를 들고 다녔을까?

　지방 수령의 임무는 세금을 거두어 조정으로 보내는 일이었다. 세금은 화폐로 걷었으나 상황에 따라 곡식, 옷감, 지역 특산품 등의 현물로 납세했다. 이때 지방 수령이 사용하는 자는 정확해야 한다. 지방 수령이 자의 눈금을 조작하면 백성의 삶이 고달퍼진다. 그러니 지방 관청의 도량형을 확인하는 용도로 유척을 하사한 것이다. 뒤집어 보면 암행어사가 표준 자를 휴대해야 할 정도로 지방 관리의 도량형 조작이 심했다는 이야기이다.

　측정 방식을 조작하여 더 많은 세금을 거두는 것은 인류의 공통 현상이었다. 중국에서는 30% 정도 차이가 나는 두 개의 되가 사용됐다. 관리들은 세금을 거둘 때 큰 되를 사용하고 곡물을 지출할 때는 작은 되를 사용했다. 유럽 영주도 같은 방식으로 세금과 지대를 거두었다. 제분소에서 받는 곡물 자루는 크게 하고, 제분한 곡물은 작은 자루에 주었다. 임대료

13. For Good and Evil (Charles Adams, First Madison Books Edition 2001), Ancient Egypt, page 7, Fight Flight Fraud (Charles Adams, Euro-Dutch Publishers,1982), The ingenious Greek, page 44.

를 받는 되는 크게 만들고, 임금을 지불하는 되는 작게 만들었다. 영주는 도량형을 조작해 지대와 임금을 인상하지 않고서도 자신에게 유리한 방식으로 증세할 수 있었다. 이는 공식적으로 세율을 올리는 것보다 반발이 적고 편한 방식이다.

'눈 가리고 아웅'은 제빵사도 활용했다. 유럽에서 제빵사는 주재료인 밀과 귀리 가격이 높아져도 빵 가격을 마음대로 올릴 수 없었다. 빵 한 덩어리는 얼마라는 인식이 시민의 머릿속에 있어서 재료 가격을 반영하면 폭동이 일어나기 때문이다. 제빵사는 대신 빵 한 덩어리^{Loaf of bread}의 크기를 조작하여 수지타산을 맞추었다.

프랑스 혁명 전 브리타니^{Brittany} 지방의 농민이 황제에게 올린 청원은 이러한 현실을 잘 보여준다. "농민들은 우리의 고통을 황제의 발밑에 전할 기회가 없었으나 이제는 황제께서 정의를 실천하여 줄 것을 호소합니다. 우리는 진심으로 하나의 왕, 하나의 법, 하나의 도량형을 원합니다." 사람들은 도량형 통일이 해법이라고 생각했다. 실제 프랑스 혁명 이전에도 도량형을 통일하고자 하는 많은 시도가 있었다. 하지만 이는 번번히 실패했다. 이러한 이유로 혁명 세력은 도량형 통일이야말로 구체제를 타도하고 자유와 평등을 구현하는 일이라 생각했다.

◇◇◇

도량형이 통일된다 하여 모든 문제가 해결되는 것이 아니었다. 부패는 측정 현장에서 일어났다. 중세 유럽에서는 마모되거나 습기로 부풀어 오른 되 또는 테두리 두께를 조작한 되로 수량을 조작했다. 이를 방지하기 위해 일부 지방에서는 표준이 되는 되와 말을 쇠로 제작하여 관공서 또는 교회에 공개 보관하기도 했다. 그럼에도 문제는 사그라지지 않았다. 곡물을 어깨높이 또는 허리높이에서 쏟는지, 수분은 어느 정도인지, 말과 되를 얼마나 흔드는지 그리고 곡물을 쌓는 방식에 따라서도 차이가 나기 때문이다. 어떤 때는 곡물을 수북하게 담기도록 하고, 어떤 경우에는 절반 정도 수북하게, 어떤 경우에는 수평으로 깎아 낼 수도 있다. 수평으로 깎는 경우에도 둥근 도구로 깎는지 평평한 도구로 깎는지에 따라 차이가 났다.

우리나라도 도량형의 문란함은 다른 나라와 다를 바 없었다. 특히 부피를 재는 양기量器가 혼란했다. 지역마다 그 크기가 달라서 쌀을 살 때면 자신이 휴대한 되로 다시 측정하기도 했다. 정부조차 흉년에는 녹봉으로 배포하는 쌀의 양을 줄이기 위해 양기를 축소했다. 1899년 황성신문은 "도량형의 무법無法함이 우리나라보다 심한 나라는 없다."라고 개탄하고 "국가의 대정大政은 도량형을 같게 함이 첫 번째이다."라고 했다.

통일된 도량형이 항상 좋은 것만은 아니었다. 도량형에는 농부가 알고 싶어 하는 정보가 없다. 예로부터 농지의 면적은 지방마다 내려오는 관습이 더 유용했다. 농부의 입장에서 땅 1만m^2라는 규격은 토지의 생산성에 대해 아무런 정보도 제공해 주지 않는다. 이는 학자가 책 10kg을 구매하는 것과 같다. 그래서 전통 사회는 그 지역의 특성에 맞는 방식으로 농지를 계산했다.

우리나라는 농지를 세는 단위로 마지기를 사용했다. 마지기는 씨 한 말을 뿌려 농사를 지을 만한 크기의 농지를 말한다. 농지가 생산성이 높을수록 많은 씨앗을 뿌릴 수 있기 때문에 논 한 마지기는 약 150~300평, 밭 한 마지기는 약 100평 정도이다. 인력이 부족하고 땅이 풍부한 지방에서는 파종하거나 수확하는 데 걸리는 시간 단위에 따라 땅의 면적을 계산했다.

국가는 국민 편의를 위해 도량형을 통일한다고 설명한다. 그렇지만 도량형은 국가를 위한 것이다. 도량형은 국가가 세금을 걷고 통치하기 쉽게 돕는다. 중국에서도 진시황秦始皇 이전부터 도량형을 통일하려는 시도가 있었다. 예를 들어 제齊환공桓公이나 진秦의 상앙商鞅변법이 도량형 통일의 원조이다. 그러나 이들의 노력은 실패했다. 강력한 제국을 이룬 진시황만이 도량형의 통일을 이루어냈다. 측정 단위를 통일하면 황제는 한눈에 국가의 주요 통계인 부, 생산, 징수 총액을 쉽게 알 수 있게 된다. 도량형은 전국에서 세금을 골고루 거두고 국가의 지배력을 강화하는 도구로 강제됐다.

조세 징수에 다른 중요한 요소는 납세자를 파악하는 것이다. 세금은 경작되는 토지의 면적을 기준으로 결정하지만 결국 사람이 납부하기 때문이다.

1.3 백성 – 명명하다

1849년 스페인 총독은 필리핀 사람에게 성姓을 가지라는 포고령을 내렸다. 당시 필리핀 사람들은 가족을 구별할 수 있는 개인 성姓을 사용하지 않았다. 가장 보편적인 이름은 성자聖子의 이름을 딴 세례명이었다. 따라서 같은 이름이 많아 개인을 특정하기 어려웠고 혼란스러웠다. 이를 해결하기 위해 스페인 총독은 영구히 사용되고 상속되는 성씨를 만들 필요가 있었다. 새로 만들어진 필리핀 성씨는 개인의 이름뿐 아니라 식물, 동물,

광물, 지명을 활용했다.

스페인 총독은 성姓씨가 법의 집행, 금융, 공공질서에 도움이 된다고 했다. 하지만 포고령의 숨은 목적은 다른 곳에 있었다. 포고령 서문에는 성씨를 만들면 국가의 기본인 인구를 파악하기 쉽고, 조세 징수를 활성화하며 부역을 기록할 수 있다고 했다. 모든 필리핀 사람에게 성씨를 만들기 위해서는 2만 페소가 들 것으로 예상했고, 매년 20만 페소의 수입이 있을 것이라 보았다. 결국 필리핀 납세자 목록을 일목요연하게 만들어 스페인이 세금을 더 거두기 위해 취한 조치였다.

포고령은 개인 정보를 8개의 항목으로 기록하도록 했다. 8개 항목은 성, 이름, 나이, 결혼 여부, 직업, 면제 특권, 납세 의무, 노역 의무였다. 마지막 9번째 칼럼은 상황 변경에 따라 사용할 수 있도록 공란으로 남겨두었다. 총독은 청원, 신청서, 유언장에 성이 없으면 이를 처리하지 말라고 지시했으며 성이 없는 서류는 무효로 했다. 학교에서는 성으로 학생 이름을 불러야 했으며 이를 거부하면 처벌했다.

예상과 달리 총독의 투자는 결실을 보지 못했다. 필리핀에서 성씨 사용을 강제할 행정력이 부족했기 때문이다. 다수의 필리핀 사람들은 이를 무시했고 지방관리들은 이 목록을 본부에 제출하지 않거나 일부만 작성하여 제출했다. 가장 큰 실수는 8개의 항목에 있었다. 새로운 인명부에는 납세자가 과거에 쓰던 이름 란이 없었다. 과거의 재산과 납세 기록을 현재와 연계할 수 없었기 때문에, 총독은 새로운 기록을 만들면서 과거의 체납을 사면해주는 특혜를 베푼 셈이 됐다.

◇◇◇

성씨를 사용하면 국가가 다수 개개인을 확인해 정체성ID을 부여할 수 있게 된다. 국가는 개인을 특정하기 위해 두 번째 이름인 성씨를 강요했으며 국가가 강제로 만들어 주기도 했다. 성씨는 조세와 십일조 납부, 징병, 노역, 인구조사, 결혼 증명, 토지 상속 같은 일을 체계적으로 관리할 수 있도록 했다. 영구적인 성은 국가재정 시스템을 건전한 기반에 올려두기 위한 노력이었다.

중국은 유럽에 비해 성씨를 일찍 사용했다. 진나라는 기원전 4세기 조세부과, 강제노역 및 징병을 위해 모든 사람들이 성씨를 사용하도록 했다. 이때 만든 백 가지 성이 '백성百姓'의 어원이다. 진나라 이전에는 지배층만이 성을 사용했다. 진나라는 모든 사람들에게 성을 만들어 사용하게 하고 가부장제도를 통해 조세, 병역 및 노무를 관리했다. 가부장을 통해 백성을 관리하면 국가의 행정이 편해진다. 대신 국가는 가부장에 아내, 아이, 동생 등 가족 구성원의 통솔권을 주었다.

유럽에서는 의외로 14세기 이전까지 아버지의 이름을 따르는 성씨 제도가 없었다. 만약 개인 간 구별이 필요한 경우 직업Smith, Baker 등, 집의 위치Hill, Edgewood 등, 아버지의 이름 또는 개인적 특성Short, Strong 등 등 두 번째 이름이 사용됐다. 두 번째 이름은 성씨와 다르다. 빵 가게 아들이 빵 가게를 이어받지 않는 한 물려받지 않기 때문이다. 성씨는 귀족만이 가지고 있었다. 성씨는 재산을 물려주고 싶은 귀족과 가계도를 자랑하고 싶은 명문가만이 가질 이유가 있었다.

다수의 사람들은 자기 이름을 인구 대장에 올리는 것을 싫어했다. 인구 대장에 등재되어 세금을 내는 것보다 익명으로 숨어서 세금을 납부하지 않는 것이 더 좋았기 때문이다. 보통 사람은 뇌물을 써서라도 인구 대장에서 빠지려 했고 이는 징병과 노역에서 면제되는 특권을 말한다. 이러한 입장은 세금을 납부하면 바뀌게 된다. 세금을 납부하면 이를 두 번 내는 일이 없도록 자기 이름으로 세금을 납부했다는 것을 확실하게 해야 한다.

영국에서는 에드워드 1세가 '장자 상속권'과 '영지 보유권'을 통해 재산 관계를 명확히 하면서 14세기부터 많은 사람들이 아버지 이름을 따르게 됐다. 아버지 성을 이어받으면 법적으로 재산을 상속하는 데 도움이 된다. 이로써 세리들의 오랜 소원인 '성姓'이 현실화됐다. 재산의 대부분이 토지인 과거 상속세는 가장 징수하기 쉬운 세금이었다.

보편적 성씨를 도입하고 사용하게 된 것은 최근의 현상이다. 성姓은 수 백만에 이르는 백성 개개인의 재산소유, 상속, 조세 징수, 법원 기록, 경찰, 징병, 질병 통제, 투표 등을 체계적으로 기록하여 국가 업무를 쉽게 할 수 있도록 한다. 현대 국가는 여기에 더하여 과학기술까지 활용하여 더 정확하게 개인을 확정하고 있다. 현재 국가는 개인의 성과 이름뿐 아니라, 주소, 주민등록 번호, 여권, 사회보장 번호, 신용카드, 사진, 지문, DNA정보, 휴대폰으로 개인을 확정하고 추적할 수 있다.[14]

1.4 쌀과 성벽 – 통제하다

우리는 왜 쌀을 주식으로 할까? 서양은 왜 밀을 먹는가? 인류가 먹을

14. Seeing like a State (James C. Scott, Yale University 1998), Creation of Surnames page 64-71, Taxing the Rich (Kenneth Scheve & David Stasavage, Princeton University, 2016), Taxing Inheritance, page 94.

수 있는 곡물은 셀 수 없이 많지만 쌀과 밀을 주식으로 한 특별한 이유가 있을까? 쌀과 밀에 마약 같은 중독성이 있는 것은 아닐까? 쌀과 밀이 각 각 동서양의 토질에 적합하기 때문일까? 쌀은 동양인 입맛에 맞고 밀은 서양의 정서에 맞아서일까? 우리가 쌀을 주식으로 먹는 이유가 세금 때문이라면 믿을 수 있을까?

고대 국가의 기원을 연구한 스콧James C. Scott은 인류의 편식이 세금 때문이라 주장한다. 그는 쌀, 보리, 밀을 주식으로 선택하게 된 이유가 국가의 강제 때문이라고 한다. 스콧은 세리의 입장에서 보면 모든 것이 명확해진다고 했다. 국가가 세금으로 거두는 곡물은 다음과 같은 특성이 있어야 한다.

첫째, 수확량을 한눈에 판단할 수 있어야 한다. 땅 위에서 눈으로 확인할 수 있는 쌀, 밀, 보리, 귀리 같은 곡물은 세금으로 거두기 좋은 곡식이다. 반면 땅속에서 자라는 감자, 고구마, 카사바는 수확할 때까지 생산량을 알 수 없다. 농부의 입장에서 보면 땅속 식물은 재배하기 쉽고 수확이 좋을 뿐 아니라 수확하지 않고 저장하여 세리의 눈을 피하기 쉽다.

둘째, 수확시기가 일정해야 한다. 그래야 추수할 때 관리를 파견하여 일괄적으로 징수하기 쉽다. 콩은 지상 식물로 운송과 보관에 장점이 있고 영양학적으로 훌륭하다. 그러나 조기 수확이 가능하기 때문에 세금을 내는 대신 미리 수확하여 털어먹기 좋다. 이를 방지하기 위해 국가는 수확시기가 일정한 밀과 쌀의 종자를 장려하면서 씨를 뿌리는 때와 추수의 시기에 국민 축제를 만들었다. 우리나라에서도 제천이라는 전통 의식이 있었다. 제천은 하늘을 숭배하고 제사 지내는 축제로 고구려의 동맹, 부여의 영고, 삼한의 5월제, 10월제 등에서 볼 수 있다. 제천은 주로 추수 감사제 성격을 띤다. 하지만 삼한의 5월제에서 보듯이 씨를 뿌리는 시기를 통일하는 축제도 열렸다.

셋째, 보관과 분배가 용이해야 한다. 감자는 쉽게 썩어 세금으로 징수할 경제적 가치가 적다. 조세로 징수한 곡물은 최소 1~2년 보관하여 흉년과 기근에 대비할 수 있어야 한다. 여기에 더하여 곡식은 도시 노동자와 군인들에게 분배하기가 편리하다. 감자나 고구마와 달리 쌀과 밀은 수량을 정하여 나누기 수월하다.

넷째, 운송 가치 또한 중요하다. 육상 운송은 거리가 늘어날수록 운송비용이 기하급수적으로 늘어난다. 곡물은 현실적으로 장거리 운송이 어렵기 때문에 국가는 운송 가치가 상대적으로 높은 쌀, 보리, 밀을 선호했다. 운송의 한계는 고대 국가의 실질적 지배 영역을 제한했다. 고대 문명의 발상지가 강 유역인 이유도 토지가 비옥해 농업에 유리한 점도 있지만 수상 운송이 가능한 지역이기 때문이다. 육상 운송의 어려움 때문에 그리스와 로마는 지중해를 내해로 삼아 발전했고, 해상 운송이 어려운 중국은 강에 운하를 건설하여 물류를 촉진했다.

디오클레티아누스Diocletian 황제의 칙령은 운송의 어려움을 잘 보여준다. "잘 정비된 도로를 통해 마차로 밀을 운송하여도 80km를 지날 때 마다 밀의 가격이 두 배로 뛴다. 이는 해상운송 비용의 5배다." 이러한 이유로 로마 시민이 소비하는 밀은 이탈리아 반도에서 마차로 운송하지 않았다. 대신 시실리섬이나 이집트에서 해상 운송으로 조달했다.

국가는 화전민과 유목민에게 세금을 거두기 어려웠다. 이들은 매년 주거지가 바뀌기 때문이다. 무엇을 심었는지 알 수 없었고 수확기에 이들을 찾아 나서야 하는 번거로움이 있었다. 화전민이 쉽사리 곡식을 준다는 보장이 없었기 때문에 무력도 필요했고 먼길을 돌아 곡물을 운송하는 부담도 있었다. 유목민을 기반으로 하는 오스만 제국도 세금을 부과하기가 어렵기는 마찬가지였다. 유목민은 매년 기후 변화에 따라 방목하기 좋은 초지를 찾아다니기에 이들을 찾아 과세하는 것은 매우 어려웠다. 유목민에게 소와 말을 세금으로 걷는 것 또한 가축을 운송하고 계속 먹여야 한다는 부담이 있었다.

결과적으로 운송 가능한 범위에서 경작되는 쌀, 밀, 보리는 국가의 입장에서 세금으로 완벽한 곡물이었다. 이러한 과정에서 우리가 먹는 주식이 결정됐다.[15]

쌀이 세금의 기초라는 사실은 조세租稅의 어원을 통해서도 알 수 있다. 조租는 곡식을 의미하는 '벼 화禾'와 관청에 바친다는 뜻을 가진 조且로 이루어져 있다. 세稅는 곡식을 나타내는 '벼 화禾'와 '바꿀 태兌'가 합쳐져서 만들어졌는데 여기서 '兌'는 '빼내다'라는 뜻으로 해석된다. 수확한 곡물 중에서 농부가 쓸 수 있는 몫을 떼고 나머지를 관청에 바치는 것이 조세이다. 세금의 어원에 대한 이러한 국가의 해석은 이상적이고 훌륭하다.

◇◇◇

양梁나라의 혜왕惠王은 부국강병을 위해 많은 백성을 원했다. 백성이 많아지면 세금을 걸을 수 있는 기반이 넓어 국력이 강해지기 때문이다. 그러나 백성들은 세금이 없거나 적은 땅을 선택하여 이주했다. 혜왕이 맹자에게 물었다. "나는 나랏일에 정성을 다하는데 왜 백성이 늘지 않는

---

15. Against the Grain (James C. Scott, Yale University, 2017), Wetland and Sedentism, page 54, Grains Make States, page 128–137.

가?" 맹자는 세금을 통한 해결책을 제시했다. "제후국 선비들이 귀순하면 3대까지 세금과 부역을 면제하고 전쟁에 동원되지 않게 합니다. 진나라는 국경 안에 있는 구릉, 비탈진 곳, 언덕, 습지에 대해 10년 동안 세금을 거두지 않아 농부들이 새로운 땅을 개척하도록 도와주었습니다. 이런 내용을 법률로 명시하면 1백만 명의 농민을 충분히 불러올 수 있습니다." 현대 국가가 해외투자를 유치하기 위해 외국기업에 조세를 감면하듯이 춘추전국시대 맹자도 국가 발전의 기본으로 면세를 설파했다.

맹자의 일화는 당시 사람들이 세금을 내지 않기 위해 주거를 이전했다는 것을 말해준다. 모든 땅의 주인이 정해지지 않았던 과거에는 충분히 가능한 일이었다. 그럼 여기서 동서양의 군주들은 왜 맹자의 지혜를 실천하지 않았을까? 백성은 납세의 기본이고 국력의 상징이었지만 면세로 백성을 모으기 위해서는 시간과 인내가 필요했기 때문이다. 조세를 면제한다는 소문을 구전으로 전파하여 주변 나라에서 백성을 모으는 데도 엄청난 시간이 필요했을 것이다. 백성이 모인다 하더라도 지독한 흉년이나 전쟁이 일어나면 왕은 약속을 지키기 어렵고 이웃 나라에서 더 강력한 면세 정책을 취하면 무용지물이 된다. 맹자의 말은 당연한 지혜처럼 보이지만 성공을 보장하기 어렵고 장기적 안목과 인내가 필요한 고육책이었다.

◇◇◇

사람들이 정착한 마을에는 곡식, 의류, 가축, 철이 있다. 좋은 일만은 아니다. 유목민 입장에서 보면 약탈하기 좋은 보물 창고였기 때문이다. 그들은 힘들여 농사를 지을 필요가 없었고 먹거리가 필요하면 마을을 약탈해 모든 것을 해결했다. 국가는 약탈에 대비하여 성벽을 세웠고 유목민을 군사력으로 제압하거나 타협하여 비상식량을 제공해야 했다. 이 모든 비용은 과도한 세금을 말한다. 여기에 더하여 사람들이 모여 살면 질병에 취약해질 수밖에 없다. 사람과 가축이 모여 살면서 인류는 콜레라, 천연두, 홍역, 독감, 수두 같은 전염병에 더욱 노출됐다. 전염병은 인류 최고의 사망 원인으로 인류를 지속해서 괴롭혔다. 모여 사는 가축과 곡물도 질병으로부터 자유로울 수 없었다. 농부들은 과도한 세금만이 아니라 밀집하여 살면 생기는 치명적인 역병에서 벗어나고 싶어 했을 것이다.

국가는 백성들이 국경 밖으로 도주하거나 인접 국가로 이주하는 것을 막기 위해 노력했다. 주민들이 스스로 정착하는 것은 국가에 최고의 선물이었다. 동남아시아에는 농민이 이주함으로써 '발로 투표한다'는 말이 있다. 강경책도 있었다. 태국은 농민이 누구에게 속하는지를 표시하는 문신을 새겼다. 문신은 특정인의 소속을 결정하고 발로 투표하는 주민을 묶어두기 위한 강력한 조치였다. 이러한 이유로 오언 래티모어Owen Lattimore는 성城이 지어진 이유를 다르게 이야기한다. 중국이 만리장성을 건설한 것은 야만인의 침입을 막을 뿐 아니라 농민의 야반 도주를 막기 위해서였다는 것이다. 성이 건설됐다는 것은 성안에 지켜야 할 가치가 있는 물건이 많이 있다는 의미이다. 농부는 수확한 식량, 가족과 가축을 지켜야 하지만 통치자에게는 세금을 납부하는 농부와 곡식 창고가 가장 중요했고 이는 반드시 지켜야 한다.

농부의 도주를 막기 위한 장벽은 메소포타미아에서도 건설됐다. 기원전 2000년경 수메르왕이 티그리스강과 유프라테스강 사이에 건설한 250km의 토성은 아모리족을 물리치기 위해 건설됐다고 한다. 이에 대해 앤 포터Anne Porter는 납세자인 농민을 가두기 위한 목적 또한 있었다고 한다. 로마제국 시기에도 많은 농민들이 세금을 피해 훈족 아틸라Attila 땅으로 넘어갔다. 농민을 가두고 세금을 징수하기 위한 이러한 장벽은 농민과 노예의 도주가 고대국가에서 가장 큰 문제였음을 보여준다.[16] 그만큼 농노의 도주는 빈번했고 도주 노예를 잡아주는 현상금 사냥꾼 또한 득실댔다.

◇◇◇

고대 국가는 과도한 세금 탓으로 망했을까? 스콧James C. Scott은 국가는 권력 기반이 되는 핵심 지역을 과도하게 착취하면서 무너진다고 했다. 운송의 한계가 국가의 한계를 정하는 기준이라는 점도 국가의 붕괴를 이해하는 데 도움이 된다. 국가는 생산성이 가장 높은 토지를 기반으로 가까운 거리에 곡물 창고, 사원, 왕궁 및 행정조직, 시장을 만들어 권력을 행사했다. 고대 국가가 하루에 걸을 수 있는 정도의 작은 도시국가로 시작한 이유이기도 하다. 그렇다면 한정된 토지 안에서 세금을 과도하게 걷으면 어떻게 될까?

곡물 수확은 매년 변수가 있다. 정상적인 상황에서 세금은 큰 문제가 되지 않는다. 문제는 흉년에 동일한 세금을 요구하거나 전쟁 같은 위기 상황에서 더 많은 세금을 징수하면서 발생한다. 국가는 흉년에 백성에게 거둘 수 있는 세금의 양을 조절할 만큼 섬세한 통치능력이 부족했다. 농부들은 굶어 죽기 전 더 많은 세금을 감당할 여력이 없었고 여기에 역병이 돌거나 국가의 부역과 병역 요구가 늘어나면 도주하거나 폭동을 일으킬 수밖에 없었다.

---

16. Against the Grain (James C. Scott, Yale University, 2017), Barbarian Geography, barbarian Ecology, page 228-236, Walls make states: protection and confinement, page 137-139.

국가는 외부 침입, 내부 반란 같은 위기에서 수단과 방법을 가리지 않고 군사력을 동원한다. 절체절명의 위기가 왔다고 생각하는 지도자는 황금알을 낳는 거위를 죽이는 데 주저함이 없다. 따라서 고대 국가는 왕궁과 가깝고 많은 인구와 높은 생산성을 가지고 있는 핵심 지역의 농민들을 과도하게 착취했다. 세리의 탐욕 또한 통제하기 어려웠고 이는 상황을 더 악화시켰다. 핍박에 시달린 농민은 도주하거나 폭동을 일으킨다. 결국 과도한 세금은 국가가 무너지는 이유이며 안타깝게도 이러한 역사는 반복되고 있다.

이집트는 예외였다. 이집트가 피라미드 같은 유물을 남길 수 있었던 이유는 나일강이 사막으로 둘러 쌓여 있어 농민들의 도주가 어렵다는 데 있다. 도주가 불가능한 농민은 피라미드 공사에 필요한 곡식과 노동을 계속 제공할 수밖에 없었다. 반면 이집트는 무리한 세금을 징수하기 쉬운 탓에 정치는 타락하고 국가는 발전 에너지를 잃었다. 화려했던 고대 문명의 이집트가 삼류 국가로 전락한 이유는 과도한 세금 때문이다.[17]

---

17. Against the Grain (James C. Scott, Yale University, 2017), Politicide: Wars and Exploitation of the Core, page 202-209.

노예제도와
과세

　노예는 잉여 생산물을 손쉽게 만들 수 있는 방법이었다. 국가는 성벽과 도로 건설, 광산에서 노예가 필요했고 이들을 먹일 농산물을 생산하는 노예가 더 필요했다. 그래서 고대국가는 영토 확장보다 노예 획득 전쟁을 많이 했고 패전 국가의 주민은 노예가 됐다.

　고대 귀족들은 노예의 잉여 생산 덕분에 빈둥거릴 수 있었다. 아테네는 시민 1명당 평균적으로 노예 3명을 가졌다. 그리스 시민들은 민주주의를 위해 정치하고 외국과 전쟁하느라 바빴기 때문에 농업과 같은 일상에 종사할 시간이 없었다. 지배계급이 소유한 땅은 노예들이 경작했다. 나아가 노예들은 가정교사, 자산관리, 도시 예산관리 등 귀족들이 머리 쓰기 귀찮아하는 일을 도맡아서 처리했다. 일부 귀족은 부를 과시하기 위해 노예를 장식품처럼 사용했다. 부자들은 아프리카 경호원, 아르메니아 요리사, 그리스 가정교사, 인도 집사 등 다양한 형태의 노예를 자랑했다. 귀부인은 아프리카 미동을 강아지처럼 치장하여 데리고 다니기도 했다.

　문명사회의 핵심은 노예를 소유하는 것이라고 말하는 철학자도 있었다. 노예제도에 익숙한 아리스토텔레스는 "태어나면서부터 합리적인 두뇌를 가지지 못한 일부 사람들은 수레를 끄는 동물처럼 노예라는 도구로 사용하는 것이 가장 좋다."라고 했다.[18] 또한 '주인과 노예'는 '남편과 아내', '아버지와 자식' 같이 인간사회에 필수적인 것이라고 했다.

　로마에서도 노예는 생활의 일부였다. 노예를 부리는 데 도덕적인 문제가 있을 수 없었다. 노예는 주로 전쟁을 통해 조달했다. 초기 로마는 전쟁에서 승리하면 만 명에서 수십만 명에 이르는 포로를 획득하여 노예로 팔았고 이들은 시장에서 거래됐다. 카이사르Julius Caesar는 갈리아 지방 주민 전체 53,000명을 한 번에 판 경우도 있다. 로마군은 포로를 노예로 팔아 군비를 조달했다. 로마의 군사 원정에는 노예 상인이 따라다녔으며 카이사르는 갈리아 원정에서 백만 명 이상의 노예를 팔아 돈을 벌었다. 노예는 로마와 이탈리아 인구의 1/4 이상일 정도로 일반화됐다. 노예무역은 번성했으며 해적들은 나포한 배의 선원을 노예로 팔았다. 델로스Delos와 로도스Rhodes섬에는 노예거래소가 있었으며 한꺼번에 만 명 이상의 노예를 처리할 수 있는 수용시설이 있었다.

　전쟁이 없는 평화 시기 유럽은 상거래를 통해 노예를 조달했다. 당시 노예로 붙잡혀 팔려 오는 대표적 민족이 슬라브Slav 사람이었다. 이러한 이유로 라틴 계열의 모든 언어에서 노예Slave라는 말의 기원은 슬라브Slav에서 시작됐다. 이는 과거 얼마나 많은 슬라브 민족이 노예로 잡혀 왔는지 짐작하게 한다.

　세금으로 보면 노예는 과세하기 좋은 상품이었다. 노예를 실은 선박이 항구에 도착하면 관세가 5% 부과됐으며 판매할 때에도 2~5%의 판매

---

18. Against the Grain (James C. Scott, Yale University, 2017), Population control: Bondage and War, page 150–155, The State and Slavery, page 155–157.

세가 부과됐다. 노예를 해방할 때에도 5%의 세금이 부과됐다. 비록 낮은 세율이지만 노예에게 인두세가 부과되기도 했다. 로마의 노예는 주인을 잘 만나면 해방될 수 있었다. 로마 귀족은 노예가 정성을 다하여 일정기간 봉사하면 이에 대한 보답으로 노예를 해방해주었다.[19]

19. For Good and Evil (Charles Adams, First Madison Books Edition 2001), The Early Republic, page 79–81, Fight Flight Fraud (Charles Adams, Euro–Dutch Publishers, 1982), The Early Republic, page 57–58.

1.5 조세 정보 - 축적하다

국가는 세금을 거두기 위해 모든 것을 표준화하고 기록하려 했다. 하지만 근대 이전 국가는 맹인과 다름없었다. 국가는 개인의 재산, 토지소유, 경작면적, 거주지, 신분에 대해 별로 아는 것이 없었다. 세부 정보가 없었던 국가의 행정은 당연히 거칠고 자의적이었다. 세금은 실제 수확량을 기준으로 부과하는 것이 정확하나 국가는 이를 정확하게 파악할 능력이 부족했다. 정보 처리능력이 부족한 국가는 대신 표준수확량을 기준으로 세금을 부과했다. 이 방식은 매년 평균수확, 평균강우, 평균생산이 이루어진다는 비현실적인 가정을 전제로 한다.

근대 이전 국가는 지방 엘리트나 공동체를 통해 정보처리 능력의 한계를 극복했다. 국가는 지방 엘리트를 통해 세금을 관리했고 개인에 부과되는 인두세도 공동체가 납부하는 형식을 취했다. 러시아의 악명 높은 '영혼세'도 농노農奴를 지배하는 귀족이 납부했다. 세금을 납부하지 못하면 공동체가 처벌받았다. 토지사용세와 십일조를 걷기 위해 농가를 방문하는 사람은 지방 귀족 및 성직자였다. 국가는 마을까지 침투하여 상세 내역을 기록하고 관리할 능력이 없었다. 국가는 대신 과거의 납세 내역과 전체 경작 면적을 통해 특정 지방이 납부해야 할 조세 총량을 결정했다. 이러한 방식으로 국가는 징세 비용을 최소화할 수 있지만 지방 엘리트를 견제하기 어려웠다. 지방 관리는 납부세액을 최소화하기 위해 현실을 조작했다. 지방 관리는 과세대상 인구를 줄이고 경작 면적을 최소화하며 태풍 피해를 과대 포장했다. 국가가 보는 손해는 이것만이 아니었다. 주민들은 농업 이외에 어업, 임업, 사냥, 숯 가공, 의복 제작 등을 통해 부수입

을 얻는다. 이러한 소득은 부지런한 지방 관리만이 알 수 있으며 국가가
과세하는 것은 불가능하다.

◇◇◇

국가의 도식화와 표준화 노력은 근대국가에서 결실을 보았다. 근대국
가는 도량형의 표준화, 지적도, 성씨 사용, 주민등록, 표준 언어 및 법제,
도시 설계 및 운송 체계를 만들었다. 지방 엘리트의 권력은 국가가 모든
정보를 통제하면서 점차 사라졌다. 정보의 힘이 권력이기 때문이다. 국가
에 의한 단순화의 정점은 지적도이다. 측량에 의해 일정 비율로 만들어진
지도는 모든 토지의 소유관계를 정확하게 보여준다. 지적도는 안정적인
조세 징수를 위해 필요한 정보를 제공했다.

우리나라도 조세 징수의 기초로 지적도를 활용했다. 8세기경 발해 시
조 대조영의 아우 대야발大野勃이 편찬한 역사서인 단기고사檀奇古史에는
토지를 측량해 조세율을 개정했다는 내용이 있다. 고려는 양전제良田制를
통해 전국의 논과 밭전결. 田結 수를 측량하며 누락된 토지를 적발하여 불
법적으로 탈세를 행하는 토지가 없도록 점검했다. 조선의 경국대전經國大
典은 20년마다 토지 조사를 실시하고 대장을 만들어 호조와 해당 도읍에
각각 보관했다고 기록하고 있다.

현대의 토지대장 같은 어린도[20]魚鱗圖는 물고기 비늘같이 생긴 일정한
구역의 토지를 세분하여 기록한 지도이다. 명나라에서 유래된 이 지도는
각 토지의 자호字號, 번호, 지번, 면적, 세율, 소유자 성명 등을 기입하여 징

---

20. 중국 송(宋)나라에서 비롯하여 명(明)나라, 청(淸)나라 때에 광범위하게 이용된 토지 대장(土地臺帳)
이다. 어린도를 모아 책으로 꾸민 것을 어린도책(魚鱗圖册) 또는 어린도적(魚鱗圖籍)이라 한다.

세와 기록 유지를 쉽게 만든 지도이다. 실학자 정약용은 어린도를 작성하여 양전良田의 편의를 도모하자고 주장했다. 조선총독부는 수탈을 위한 토지조사사업으로 어린도를 작성했으며 이는 현재 토지주택박물관에 보관되어 있다.[21]

◇◇◇

소득세 신고 내용은 민감한 개인정보로 가득차 있다. 그러나 과거 미국에서 이는 공공기록이었다. 남북전쟁 당시 북부의 소득세법은 공개 여부를 언급하지 않았으나 신고 내용은 자연스럽게 공개됐다. 소득세는 부자만이 납부대상이었기 때문에 누가 얼마를 납부하는지는 사람들의 관심 대상이었다. 소득세 납부내역은 당연히 출판되고 판매됐다. 지면이 제한된 신문들은 소득세 10,000달러를 기준으로 고소득자 명단을 발간했다. 미국 정부는 명단을 공개하면 질투하는 이웃이 탈세를 신고할 것이라고 기대했다. 미국에서 1865년 유행한 〈그래서 웃긴 거야That's where the Laugh comes in〉라는 제목의 노래는 소득 공개를 활용해서 성공한 남자의 이야기다. 노래 가사는 잘 생겼지만 빈털터리인 남자가 친구에게 빌린 귀중품을 팔아 모두 소득세로 납부한다. 고소득자 명단에 그의 이름이 포함되면서 그는 부잣집 딸과 결혼한다. 그의 빈곤은 아내가 부자이기 때문에 해결된다라는 풍자이다.

미 의회는 1870년 납세자 명단을 발간하는 것을 금지했지만 다른 사람의 기록을 열람하는 것은 허용했다. 이후 소득세는 입법에 의해 대통령의 명령이 있는 경우에 한하여 공개할 수 있도록 했다. 후버 대통령은 이

---

21. 맵시(Map 視), 토지주택박물관 2019.

규정을 빌미로 FBI를 통해 정적들의 소득세 기록을 기웃거렸다. 소득세 정보공개는 1924년 재개됐다. 공개 정보는 소득자의 이름, 주소, 납세액이었다. 공개된 정보는 부자들의 명단이기 때문에 납치범, 결혼 중개인, 도둑, 기부금 모집인 등이 가장 알고 싶어 하는 정보였다. 사람들은 유명인사의 소득에 대하여 이야기하는 것을 취미로 삼았다. 개인정보공개 요청은 주로 여성이 했다. 약혼자의 소득을 알고 싶거나 이혼 위자료 청구액을 정하는데 소득 정보는 필수적이었기 때문이다. 일부 여성은 단순히 배우자가 얼마나 버는지 알고 싶어 청구했다. 기업인은 가공의 소득이 있다고 허위신고하고 일부러 세금을 납부했다. 자신의 사업이 손실이라고 하거나 소득을 낮게 신고하면 채권자가 자금을 회수할 위험이 있었기 때문이다.

이후 미국에서는 소득 정보가 일반에 금지됐지만 다수의 정부기관은 이를 활용할 수 있었다. 다른 정부기관에서 필요 이상의 자료를 받아 남용하는 사례가 빈발하자 미국은 1976년 소득세 신고 내용을 비밀로 만들었다. 사생활 보호를 위해 정보 제공의 이익이 클 때만 정보를 제공하도록 한 것이다. 9·11 테러 이후에는 상황이 다시 한번 바뀌었다. 소득세 정보는 테러 조사에 필요하다고 하면 쉽게 확보할 수 있다. 개인정보보호는 시대에 따라 변하여 왔다. 우리나라도 미국과 유사하게 세금과 관련하여 통계적 목적으로 가공된 정보만을 공개하고 고액 체납자와 세금 때문에 국적을 포기한 사람의 명단을 공개하고 있다.[22]

---

22. The Sex of a Hippopotamus (Jay Starkman, Twinser Inc 2008), A Prurient Interest, page 317–321, The Great Tax Wars (Steven R. Weisman, Simson & Schuster 2004), The Congress shall have

과거 국가는 농부가 얼마를 수확하는지, 상인의 소득이 얼마나 되는지, 수입물품의 가격이 얼마인지 정보를 파악하기 어려웠다. 이러한 정보의 비대칭성을 극복하기 위해 국가는 자진신고自進申告라는 근사한 제도를 도입했다. 자진신고는 명예로운 시민의식을 바탕으로 하는 현대 행정의 기본이다. 하지만 자진신고는 말처럼 명예롭지는 않다. 대부분의 국가는 처벌을 통해 법규 준수를 높이고 있기 때문이다. 현재 국세청은 납세자의 소득 및 거래에 대해 거의 모든 정보를 가지고 있다. 국가가 모든 정보를 가지고 처리할 능력이 있는 상황에서 일반 시민에게 자진 신고하도록 강요하고 잘못했다고 처벌할 필요가 있는지는 의문이다. 국세청이 시스템에 의해 정확한 납세액을 산출할 수 있음에도 납세자에게 신고를 강제하고 틀렸다고 가산세를 부과하는 것은 일종의 괴롭힘이며 권력 남용이다. 이는 국가가 의도적으로 가산세를 징수하기 위해 시민을 괴롭힌다는 인상을 주며 국가의 신뢰를 떨어뜨리게 된다. 국가가 모든 자료를 가지고 있다면 과거 자의적이고 권위적이라고 천대받던 부과고지賦課告知가 국민을 더 편하게 해 줄 수 있다. 국가는 세금을 납부하는 것이 즐겁지는 않더라도 적어도 편하게 해줄 의무가 있다. 전문사업자 아닌 개인이라면 국가는 세금을 쉽게 납부할 수 있도록 도와주어야 한다.

가령 과거 양도소득세는 국세청이 토지거래 내역 사본을 복사하여 입수할 때까지 거래 관련 정보가 없었다. 세법은 부동산 거래 후 2개월 이내 자진신고 하도록 하고 세금을 징수했다. 부동산거래 자료를 전산으로

---

power, page 232

즉시 입수하는 현재에도 양도소득세 납부 절차에는 변한 것이 없다. 국세청에서 예상 세액을 계산하여 사전 통지한다면 어떨까? 납세자는 이를 검토하여 세금을 납부하거나 납세자만이 알고 있는 자료가 있다면 이를 추가하여 조정한 세금을 납부한다면 얼마나 편할까? 세무사도 포기한 복잡한 양도소득세라면 부동산 거래 전에 납부할 양도소득세를 미리 조회할 수 있도록 국세청이 납세 예상 금액을 제공하면 국민을 편하게 해줄 수 있다.

사업자가 아닌 개인의 종합소득세 신고도 같은 방식으로 할 수 있다. 국세청은 소득 및 거래 자료를 모두 가지고 있는 사람들에 대해 자진신고를 협박할 필요가 없다. 오히려 국세청에서 납세자가 가장 유리한 방식으로 세금을 계산해서 알려준다면 최소한 세금을 납부하는 데 불편함은 없을 것이다. 세무사를 고용하는 것은 시간과 비용이 든다. 세금을 잘 모르는 일반 시민이 홈페이지에서 신고하는 것은 너무 복잡하다. 국세청 홈페이지에서 개인 맞춤형으로 제시된 소득 및 납세 정보를 확인하고 클릭한 번으로 납세를 끝낼 수 있다면 얼마나 편리할까? 납세자만이 알고 있는 비대칭 정보가 있을 경우 해당 내역만 입력해 신고하도록 한다면 국세청에 대한 신뢰는 높아질 것이다.

임대사업자에 대한 특혜 논란도 조세 정보 차원에서 볼 수 있다. 국가는 과거 자료 부족으로 주택 임대사업에 대한 과세가 어려웠다. 전산화로 주택임대 관계를 파악한 국가는 주택 임대소득에 과세를 시작할 수 있었다. 당연히 납부해야 할 세금이나 세금을 납부하지 않는 전통이 세워진 이후에는 조세저항이 있을 수밖에 없다. 국가가 임대 수입을 과세하면 결국 이 세금은 가난한 세입자에게 전가될 거라는 우려도 있었다. 정부는 이를 피하기 위해 주택임대사업 등록제도를 만들고 과감하게 조세 특혜를 주었다. 하지만 부동산 가격이 폭등하자 상황은 뒤바뀌었다. 정부가 세금 징수를 위해 장려하던 임대사업자는 부동산 투기의 주범으로 몰리었다. 부동산 폭등의 원인은 낮은 금리와 주택공급 부족이 더 클 수 있지만, 정부는 임대사업에 대한 혜택을 대폭 축소했다. 정부의 조치는 공정할 수 있으나 앞으로 임대주택이 급격히 사라지거나 세입자가 더 높은 비용을 감당해야 하는 부작용이 있다. 최근 국가는 전월세 신고 제도를 통해 정확한 임대소득 정보를 확보할 수 있게 됐다. 정보라는 칼을 가진 국가는 결국 어느 시점에 이르면 이를 과세에 활용할 것이다. 정부는 현재 전월세 신고 제도는 과세 목적이 아니라 말하지만, 장기적으로 보면 이는 항상 있어 왔던 거짓말이다.

◇◇◇

19세기 이전 국가가 정보를 수집하고 처리한 목적은 과세, 징병, 정치적 통제였다. 현대국가는 여기에 더하여 국민 개개인의 삶을 책임지는 역할을 담당하고 있다. 이러한 역할을 다하기 위해 국가는 더 많은 정보를 필요로 한다. 토지, 인구, 소득, 직업, 가용 자원의 목록은 국가의 기본 자료이다. 국가는 확대된 역할을 수행하기 위해 공공 위생, 기후, 교육, 농업, 임업, 공업, 외환, 무역, 국제수지 등에서 더 많은 정보를 필요로 한다. 코로나 팬데믹은 국가의 정보처리 능력이 얼마나 발전했는지를 잘 보여주었다. 비록 방역 목적에 한정하고 있으나 정부는 휴대폰, 신용카드, 교통카드, CCTV, 사물 인터넷 등을 통해 사생활을 추적할 수 있는 엄청난 능력을 보여주었다. 기술적으로는 사회를 통제하는 빅브라더 시대가 가능하다는 이야기이다. 코로나 팬데믹에서 보여준 개인정보 추적과 통제는 앞으로 우리 사회가 부정적인 미래 사회를 묘사하는 파놉티콘 [23]Panopticon처럼 될 수 있다는 것을 알려주었다. 국가위기가 아닌 정치위기 에서 정부가 개인정보를 침해한다면 어떻게 하여야 할 것인가? 소수가 모든 정보를 통제할 수 있는 현실에서 개인의 사생활과 정보를 어떻게 보호할 것인가라는 숙제가 생긴 것이다.

프랑스 사회주의 정치인인 프르던Pierre-Joseph Proudhon이 한 말은 이 현 상을 정확히 나타내고 있다. 이 말은 국가가 IT기술로 무장하기 전인 19 세기 중반에 했지만 국가에 의해 디지털 관리가 가능한 현재 더 유용해 보인다.

"'지배받는다'는 것은 감시되고, 검사당하고, 염탐 되며, 규율되고, 세 뇌되며, 설교받고, 명단에 기록되어 체크되며, 추정되고, 평가되고, 인구 조사받고, 명령받고 (…) 지배받는다는 것은 모든 일, 거래, 움직임이 기 록 및 등록되고, 세어지고, 가격이 메겨지며, 훈계 되고, 예방되며, 교정되 고, 손질되고, 수정되는 것을 말한다."[24]

◇◇◇

서스킨드Jamie Susskind는《미래의 정치Future Politics》에서 앞으로 디지털 세 계에서 다음과 같은 변화가 일어날 것이라고 한다. 암울하지만 개인 사생 활과 정보 보호를 기대하기 힘들다는 결론이다. 그는 디지털 기술로 복

---

23. 파놉티콘은 공리주의자 벤담(Jeremy Bentham)이 실용적으로 제안한 원형감옥이나, 소수 감시자가 모든 사람을 감시하는 형태의 권력 작용을 상징한다.

24. Seeing like A state (James C. Scott, Yale University 1998), The Social Engineering of Rural Settlement and Production, page 183.

잡하여 전체로 이해하기 힘들었던 개인의 삶이 상호 검증될 것이라고 했다. 검증은 사생활이라고 생각되는 은밀한 공간까지 확대될 것이다. 검증에서 수집된 자료는 사라지지 않으며 우리의 기억과 삶을 초월하여 남게된다. 그리고 우리의 행동은 컴퓨터에 의해 쉽게 예측 가능할 것이다. 지금도 페이스북에서 '좋아요' 300개를 분석하면 배우자보다 더 정확하게 그 사람을 예측할 수 있다. 우리의 삶은 점수로 기록되고 점수 순위가 서열화 될 것이다. 그 결과 우리는 과거에 경험하지 못한 검증을 당하게 될 것이며 이에 상응하는 권력을 맛보게 될 것이라 했다.[25]

25. Daylight Robbery (Dominic Frisby, Penguin Random House UK 2019), Data: The Taxman's New
   Friend, page 187–189.

야누스적 세금

2.1 보호비 갈취 조공

악명 높은 해적 두목이 체포됐다. 해적은 사형에 처하는 중대 범죄였다. 알렉산더 대왕은 기쁜 마음에 두목을 직접 심문했다. 그는 약탈한 재물은 돌려주기 어렵더라도 지은 죄를 회개하고 용서를 구해야 하지 않겠느냐 물었다. 해적은 두 눈을 부릅뜨고 왕을 쳐다보면서 말했다. "내가 부끄러운 삶을 참회해야 한다면 대왕은 더욱더 참회해야 한다. 나는 세력이 없어 겨우 배 몇 척을 약탈하는 데 그쳤지만 왕은 세계를 약탈했기 때문에 그 죄가 더 크다. 배 몇 척을 빼앗은 나는 해적이라 비난하고 전세계를 갈취한 사람은 황제라고 칭송한다." 알렉산더는 해적 두목의 당당함에 반하여 그를 살려 주었다 한다.

◇◇◇

고대 제국은 이웃 나라를 정복하고 직접 통치하지 않았다. 군대를 주둔하고 세금을 직접 징수할 행정 능력이 없었고 그 비용 또한 부담스러웠기 때문이다. 대신 피정복 국가의 지도자를 통해 조공

朝貢 받는 것을 선호했다. 조공은 일종의 국제적 후견에 대한 세금이었다. 조공은 오랜 역사를 가지고 있으며 이집트는 모세 시절에도 조공을 받았다. 조공의 가장 큰 문제는 흉년 등으로 조공을 납부하기 어려우면 반란 조세 체납이 일어난다는 것이다. 제국은 조세를 잘 징수하기 위해 군사력 시위, 마을 소거, 정략결혼, 조세의 위탁징수Tax farming 등 다양한 방법을 동원했다. 조공을 바치는 왕에게 후한 답례를 주어 돈으로 매수하는 것도 좋은 전략이었다.

고대 아시리아는 군대를 동원하여 조세 반란을 진압하느라 많은 시간과 돈을 낭비했다. 아시리아가 할 수 있는 가장 큰 처벌은 반란 민족 전체를 청산하는 일이었다. 아시리아는 반란을 자주 일으키는 민족을 흩어서 이주시켰다. 대표적인 것이 이스라엘의 잊혀진 10지족이다. 당나라가 고구려를 정벌하고 주민을 흩어 이주시킨 것도 같은 맥락이다. 반란에 실패한 민족은 광산, 건설현장 등에 노예로 팔려나갔다. 반란의 문제는 사람을 흩어서 청산하면 해결할 수 있으나 앞으로 그 지역에서 조공을 바칠 사람도 없게 된다. 이는 황금알을 낳는 거위를 죽이는 것이다. 로마제국은 이를 해결하기 위해 비용이 들더라도 정복지를 직접 관리했다. 로마는 독재 권력을 가진 총독과 군대를 파견하고 해당 지방의 군대를 해산했다.[26]

◇◇◇

26. For Good and Evil (Charles Adams, First Madison Books Edition 2001), Ancient Egypt, page 10–11, page 12–13, The Early Republic, page 83

Fight Flight Fraud (Charles Adams, Euro-Dutch Publishers,1982), Ancient Egypt, page 20, The Early Republic, page 59–60

　중국은 조공을 다르게 설명한다. 중국은 황제를 신격화하는 도구로 조공을 활용했다. 중국은 천하의 중심이고 왕은 천자이다. 황제는 유교의 덕을 지닌 자비롭고 경외스러운 존재이다. 황제의 덕과 지혜를 흠모하는 이민족은 신하의 예를 갖추어 조공을 바치었고 인자한 황제는 후한 선물로 자비를 베풀었다. 황제는 우수한 중국 문화를 알리는 서적, 실크, 악기 같은 물건을 야만인에게 선물했다. 황제가 이민족에게 기대하는 최고의 조공은 기린麒麟과 같이 보기 힘든 구경거리였다. 황제는 기린을 백성에게 공개 전시하여 천자의 이미지를 강화했다. 기린은 멀리 있는 이민족까지 조공을 바치는 황제의 덕과 위력을 백성에게 홍보하는 도구였다.

　중국은 주변 국가에서 항상 조공을 받은 것처럼 이야기하고 있다. 이 설명은 사실과 다르다. 중국은 오히려 이민족에게 많은 조공을 바치고 평화를 샀다. 중국은 자신이 바친 이러한 뇌물을 조공이라고 말하지 않는다. 중국이 퍼주는 조공은 이민족에 대한 선물 또는 보상이었다. 중국은 때때로 이민족에게 무역 독점권을 주거나 방위비라는 뇌물을 주고 평화를 구입했고, 이민족을 용병으로 고용하여 다른 이민족과 싸우게 했다.

　조공국 중국의 모습은 흉노와의 관계에서 잘 알 수 있다. 한나라는 흉노묵돌선우 冒頓單于, Chanyu와 전투에서 패하는 경우가 많았다. 흉노는 자신이 원하는 시간에 방어가 가장 약한 지점을 약탈하고 도주했기 때문에 골칫거리였다. 한나라가 군대를 보내 흉노를 정벌하는 것은 많은 위험이 있었다. 방어할 도시가 없는 흉노는 말을 타고 나무도 없고 물도 없는 황폐한 땅으로 사라지거나 적군을 유인했다. 보병이 다수인 한나라는 보급 라인이 길어지면서 식량 수송이 힘들었고 날씨가 추워지면 스스로 전투력을 상실했다. 반대로 기동력을 가진 흉노는 별도의 물자 공급이 필요 없었다. 흉노는 자신이 잘 알고 있는 황량한 초원 지대에서 자신에게 유리한 시간, 장소를 선택하여 자신에게 유리한 방식으로 싸웠기 때문에 이기기 어려운 상대였다.

기원전 200년경 한나라 황제 유방은 흉노의 횡포를 참지 못하고 정벌 전쟁에 직접 나섰다. 생각과 달리 유방은 흉노에 대패했고 평화를 구할 수밖에 없었다. 평화협정의 주요 내용은 4가지였다. 첫째, 한나라는 흉노가 원하는 물자를 제공한다. 둘째, 한나라 공주를 묵돌선우에게 바친다. 셋째, 한나라는 흉노를 대등한 국가로 인정한다. 넷째, 만리장성을 국경으로 한다. 이는 한나라에 굴욕적인 어쩔수 없는 타협이었다.

다만 한나라는 흉노에게 조공을 바치더라도 조공을 받는 형식을 유지했다. 이는 재물을 마련해야 하는 백성을 달래기 위한 위선이었다. 한나라는 흉노가 먼저 충성을 서약하고 조공을 바치면 이에 대해 푸짐한 '선물'을 주는 방식으로 조공을 주었다. 한나라의 역조공은 재정수입의 1/3을 흉노에게 주는 엄청난 규모였다. 당나라에서도 상황은 달라지지 않았다. 만리장성도 이민족의 침공을 막을 수 없었다. 당나라는 비단 50만 필을 위구르족에게 매년 상납했다. 서류상으로는 위구르족이 당나라 황제에게 조공을 바치는 약소국이었으나 돈의 흐름은 그 반대를 이야기하고 있었다. 유목민들은 당나라를 침공하지 않는 조건으로 보호비를 받고 있었다. 이는 송나라에서도 계속됐다. 이민족들은 때로는 조공을 받는데 만족하지 않고 중국을 직접 통치하면서 더 많은 세금을 걷었다. 몽골의 원나라와 만주족의 청나라가 대표적인 경우이다.

◇◇◇

한나라를 공포에 빠트린 흉노는 북방에 있는 하나의 유목 민족일 뿐이었다. 실크로드의 반대편에는 로마가 조공을 바치거나 용병으로 고용한 이민족들이 있었다. 페르시아는 시시안Cissians족에게 매년 조공을 바쳤으며 로마는 셀트Celts족에게 기원전 4세기 금화를 바쳤다. 로마는 훈족과 고트족에도 조공을 바쳤다. 5세기 훈족의 지도자 아틸라는 흑해 주변과 중북부 유럽을 통치했다. 그는 고트족과 연합하여 비잔틴 제국으로부터 엄청난 조공을 받아냈다. 로마에는 행운이었지만 아틸라는 452년 조공을 받고 로마 침공을 중단했다. 아틸라가 사망했을 때 그의 추종자들은 아틸라를 동서 로마제국을 공포에 떨게 한 지도자로 추앙했다.

페르시아 다리우스왕, 한무제, 당태종은 골치 아픈 북방 민족을 정복하려 했다. 이는 지극히 예외적인 경우였다. 하지만 이들은 유목민을 상대로 하는 장기 원정 전쟁에서 결정적인 승리를 거두지 못했고 재정을 낭비했다는 비난을 받고 있다. 반대의 평가도 있다. 이들은 승리하지 못했으나 북방 세력을 약화시켜 침입이 잦아들었기 때문에 목적을 달성했다는 평가이다. 평범한 황제의 입장에서 가장 좋은 방법은 유목민이 원하는 대로 뇌물을 주고 침공하지 않기를 바라는 것이었다.

북방 유목 민족에 조공을 바치는 유라시아의 전통은 총포의 발달로 사라지게 된다. 총과 대포가 전쟁의 기본 무기로 자리잡으면서 전쟁에서 기병보다는 총포를 잘 사용하는 보병이 더 중요하게 됐다. 유목민은 말을 타고 활을 쏘는 기동력이 장점이었으나 총포 기술의 발전으로 이를 상실했다. 이후 유목민들은 무서운 존재에서 그저 그런 민족으로 퇴락했다. 시간이 지나면서 유목 기병들은 총포로 무장한 농민군에 땅을 빼앗기고 더 척박한 오지로 추방당했다. 퇴락한 유목민들은 오지에서 모피를 만들

어 조공을 바치는 소수민족으로 전락했다.[27]

◇◇◇

현재에도 조공은 다양한 이름으로 존재한다. 조공이라는 이름을 사용하지 않을 뿐 그 내용을 살펴보면 조공인 경우가 많다. 승자는 폭력에 의한 조공에 당위성을 부여하기 위해 패자가 빚을 졌다는 논리를 만들어 냈다. 부채를 지고 있다는 말을 사용하면 승자의 폭력은 사라지고 패자의 의무만 남게 된다. 조직폭력은 피해자가 보호라는 서비스를 받았기 때문에 그 비용을 납부할 의무가 있다고 한다. 승전국은 패자를 죽이고 약탈하는 대신 목숨을 살려주었기 때문에 패자가 원초적인 빚을 지고 있다한다. 폭력적인 조공이 정당한 부채가 되면 승전국은 거리낌 없이 조공을요구할 수 있다. 국가가 강제로 징수하는 세금 또한 이러한 변화를 거쳐반드시 내야 하는 납세의무가 됐다.

프랑스는 1895년 마다가스카르를 침공하여 주민들을 순화시켰다. 프랑스는 이 전쟁 비용을 주민들에게 세금으로 징수했다. 프랑스는 여기에더하여 식민지 관리에 필요한 철도, 도로, 농장 건설 자금을 징수했으며여기에 저항하는 주민 50만 명 이상을 살해했다. 하지만 프랑스는 마다가스카르 주민들이 프랑스에 빚을 지고 있다 주장했고, 국제사회는 프랑스를 비난하기보다 마다가스카르가 빚을 갚는 의무를 태만이 한다는 데동조했다.

아이티[Haiti] 또한 프랑스 식민지였다. 프랑스는 사탕수수 농장에서 엄청난 수익을 내고 있었다. 문제는 프랑스 혁명 정신을 계승한 아이티 노

---

27. Against the Grain (James C. Scott, Yale University, 2017), Raiding, page 236–242

예들이 반란을 일으키면서 시작됐다. 나폴레옹은 이를 진압하기 위해 군대를 보냈고 이후 다른 제국들의 침공도 있었다. 하지만 아이티인들은 이를 모두 물리치고 1804년 정식으로 독립했다. 아이티는 미주에서 미국 다음 두 번째 독립국이며 노예제도를 폐지한 최초의 흑인 공화국이었다. 프랑스는 순순히 물러나지 않았다. 패전 이후 아이티가 프랑스에 약 180억 달러의 빚을 지고 있다고 주장했다. 이 비용은 프랑스 군대의 침략전쟁 비용에 플랜테이션 농장의 보상비를 부풀린 터무니없는 금액이었다. 프랑스는 이 빚을 갚기 전까지 금수Embargo를 주장했고 미국을 포함한 모든 나라들이 이에 동의했다. 이로 인해 아이티는 부채와 가난에 시달리는 전세계에서 가장 가난한 나라가 됐다.

프랑스를 포함한 식민제국 사람들은 이러한 상황을 어떻게 이해하고 있었을까? 이들은 자신들이 다른 나라를 무력침공하고 조공을 받는다고 생각 했을까? 전혀 아니다. 오히려 이들은 시대적 사명에 의해 미개인을 개화하고 기독교 복음을 전파하는 신성한 의무를 다하고 있다 생각했다. 이는 제국의 특징이다. 중국 황제는 천명에 의해 이민족을 교화시켜 문화와 인간 본성을 찾게 했다고 믿었다. 로마 또한 미개인에게 평화와 정의 그리고 문화를 전수한다고 생각했다. 소련은 자본주의의 폐해에서 노동자를 구하고 이상사회를 전파한다고 생각했다. 일본은 대동아 공영을 위해 식민 침탈을 정당화했다. 현재 미국은 자유, 민주주의, 인권의 전도사를 자처하며 이를 전세계로 확산시키는 백인의 책무Whiteman's burden를 지고 있다 믿고 있다.[28]

---

28. Sapiens (Yuval Noah Harari, HarperCollins Publishers, 2015), Imperial Visions, page 198

조공의 다른 이름은 전쟁 배상금이다. 제1차 세계대전 종전 후 프랑스는 독일이 다시는 재기할 수 없도록 엄청난 규모의 배상을 원했다. 독일은 국민총생산의 3배에 달하는 배상금을 내야 하는 베르사유조약에 서명할 수밖에 없었다. 천문학적인 배상금은 전쟁으로 허약해진 독일 경제를 무너뜨리고 역사상 최악의 인플레이션을 가져왔다. 배상금은 이후 추가 협상을 통해 조정됐고 돈으로 독일을 굴복시키고자 하던 프랑스의 의도는 실패로 돌아갔다. 오히려 조공에 대한 독일 국민의 분노로 히틀러가 등장했고 히틀러는 새로운 전쟁을 통해 잃어버린 땅과 제국을 찾고자 했다.

제2차 세계대전이 끝난 후 미국 등 승전국은 과거의 실패를 거울삼아 패전국에 배상책임을 묻지 않았다. 패전국 독일과 일본이 눈부신 경제성장을 이룰 수 있었던 이유이다. 다만 이런 행운이 공짜는 아니었다. 독일과 일본에는 미군이 주둔하게 됐고 여기에 대한 대가를 지불하고 있다. 이들 국가는 미국 국채를 가장 많이 매입하는 나라이고 미국으로부터 지속해서 방위비 분담 요구를 받고 있다. 이 점은 우리나라도 예외가 아니다. 미국 인류학자 그레이버 David Graeber는 우리나라가 매입한 미국 채권은 군대 주둔 비용으로 일종의 현대판 조공이라 한다. 그레이버는 조폭이 권총을 겨누고 보호비로 천만원을 달라고 방위비 분담금 하는 것과 돈 천만원을 빌려 달라고 채권 구입 하는 것의 차이는 무엇일까 하면서 별차이가 없다고 한다.[29]

---

29. Debt (David Graeber, MelvilleHouse 2011), On the Experience of Moral Confusion, page 5–8, For Good and Evil (Charles Adams, First Madison Books Edition 2001), How a Good Tax Goes Bad, page 393, Daylight Robbery (Dominic Frisby, Penguin Random House UK 2019), The Nation that won the war but lost the peace, page 123–125, The unofficial taxes: Debt and inflation, page 138

2.2 세금이 야기한 방랑

다윗과 골리앗 이야기는 절대 불리한 약자도 노력하면 승자가 될 수 있다는 꿈과 희망을 준다. 하지만 대부분의 현실은 이와 다르다. 다윗의 돌팔매가 빗겨 나가거나 몸통에 맞았다면 어떻게 됐을까? 골리앗이 쓰러졌을 때 팔레스타인에서 다른 장수가 뛰어나왔다면 어떻게 됐을까? 팔레스타인 군대가 도망가는 대신 진격해 왔다면 다윗은 살아남을 수 있었을까? 다윗의 승부수는 현대 경영학으로 치면 대안 없는 벼랑 끝 도박이었다. 장기적으로 보면 결과도 좋지는 않았다. 골리앗을 쓰러뜨린 양치기 다윗이 왕이 되자 이스라엘 민족은 현실성 없는 전설에 고무됐다. 이스라엘 민족은 이후 무모한 도전을 끊임없이 했고 매번 실패라는 쓰라린 상처를 보듬어야 했다.

◇◇◇

기원전 1700년 이집트 왕은 세력이 커지는 이스라엘 민족을 견제하려 했다. 최고의 무기는 터무니없는 세금을 이스라엘 백성에게 요구하는 것이었다. 이스라엘 민족이 세금을 납부할 수 없거나 정해진 날짜에 납부하지 않으면 왕은 재산을 몰수하고 노예로 만들 수 있었기 때문이다. 당시 세금은 적법 절차에 따라 정치적 약자와 이민족을 구속하는 좋은 핑계였다. 이후 모세가 등장해 이스라엘 민족을 이집트의 세금에서 해방시켰지만 모세는 20세 이상의 모든 남성에게서 은화 반량half-shekel을 속죄세로 받았다.[30]

---

30. Daylight Robbery (Dominic Frisby, Penguin Random House UK 2019), Judaism, Christianity, Islam,

전설적인 왕 솔로몬은 막대한 부를 축적하여 화려한 궁전을 지었다. 천 명이 넘는 아내와 후궁을 거느리기 위해서는 많은 돈이 필요했다. 솔로몬이 죽자 이스라엘 민족은 후계자 르호보암Rehoboam에게 과도한 세금을 낮추어 달라고 요구했다. 원로들도 세금을 낮추면 이들이 새로운 왕에게 봉사할 것이라고 대답했다. 이는 권력과 돈을 열망하던 젊은 왕 르호보암이 듣고 싶은 말이 아니었다. 그는 젊은 자문관들에게 다시 물었다. 왕의 취향을 알고 있는 이들은 세금과 체벌을 늘리라고 조언하였다. 관리들은 자신의 출세를 위해 현실을 무시했고 젊은 왕은 다른 의견을 듣는 지혜가 부족했다. 르호보암이 세금 문제를 양보하지 않자 분노한 이스라엘 민족이 반란을 일으켰고 이후 솔로몬 제국은 이스라엘과 유대로 갈라서 싸우게 된다.[31]

강대국인 이집트와 아시리아 사이에 위치한 이스라엘 민족은 단합하면서 중립을 유지해야 했다. 그러나 유대와 이스라엘의 계속된 내분은 국력을 약화시켰다. 여기에 더하여 이스라엘은 다윗의 교훈에서 얻은 불굴의 도전 정신으로 기회만 되면 조공을 거부했다. 조세 반란은 항시 불행한 결말을 가져왔다. 아시리아는 이스라엘이 일으킨 몇 차례의 반란을 진압하고 다시는 반란을 일으키지 못하도록 이스라엘 민족을 노예로 데려갔다. 이스라엘의 잊힌 10지족이 바로 이들이다.

아시리아가 쇠약해진 후에는 바빌론이 조공을 요구했다. 유대는 다시

---

and Tax page 34-35

31. The March of Folly (Barbara W. Tuchman, 2014 Ramdom House Trade Paperback Edition), Pursuit of Policy Contrary to Self-Interest, page 10-12

한번 반란을 일으켰지만 실패했다. 바빌론은 반란이 다시 일어나지 않도록 시드기야Zedekiah를 유대 왕으로 선택해 왕좌에 앉혔다. 그러나 시드기야도 즉위 8년 후 조공을 거부했다. 자신이 직접 선택한 왕의 배신에 분개한 바빌론은 잔인하게 대응했다. 바빌론은 시드기야의 아들을 살해했고 시드기야의 눈을 뽑아버리고 바빌론으로 데려갔다. 이것이 바빌론의 유수이다.[32]

◇◇◇

불굴의 도전이 항상 실패한 것은 아니었다. 간헐적 성공은 새로운 도전의 동기를 부여했다. 알렉산더 사후 그리스가 분열되자 유대는 그리스 셀레우코스 왕조의 편을 들어 이집트와의 전쟁에 참가했다. 이 전쟁에서 셀레우코스가 승리하면서 유대는 면세라는 큰 선물을 받았다. 유대는 3년 동안 모든 세금을 면제받고 7년 동안 수확세를 면제받았으며 이후 모든 세금은 1/3로 낮추는 특권을 받았다. 당시 세금은 곡물 33%, 과수 50%였다. 다만 승리의 달콤함은 오래가지 않았다. 제국의 역학관계가 변한 탓이다.

셀레우코스 왕은 평화협정으로 자기 딸 클레오파트라가 이집트 왕과 결혼하게 되자 유대를 혼수로 선물했다. 셀레우코스 왕의 입장에서 유대는 조세수입이 없으므로 불모지나 마찬가지였기 때문이다. 새로운 영토를 확보한 이집트는 셀레우코스가 유대에게 한 약속에 매이지 않고 세금을 징수하려 했다. 유대는 이집트의 조공 요구를 단박에 거절했다. 이집

---

32. For Good and Evil (Charles Adams, First Madison Books Edition 2001), The Age Of Terror—Taxation— and the Indomitable Tax Rebels of Ancient Israel, page 25-34

트는 특사를 파견하여 이집트 군대가 곧 침공할 것이라 협박했다. 최악의 상황은 이스라엘인 요셉이 나서서 반전시켰다. 요셉은 이집트 왕으로부터 시리아와 팔레스타인 지방의 세금 징수권Tax Farming을 획득하여 그 돈으로 세금을 납부하고 유대를 부유하게 만들었다.

◇◇◇

로마 폼페이우스는 페르시아와 페트라를 정복하기 위해 전략적 동맹으로써 유대가 필요했다. 원정군이 필요로 하는 군수물자를 지원받고 나아가 유대가 병력을 제공하길 원했다. 유대가 동맹을 거부하자 정복 계획이 틀어진 폼페이우스는 페르시아 원정군의 진로를 돌려 유대를 정벌하고 속국으로 만들었다.

이후 로마는 아라비아 사람 헤롯을 유대의 왕Herodian dynasty으로 임명하여 유대를 통치했다. 헤롯은 그리스도를 죽이려고 2세 이하 남자 아이를 학살하는 등 악행을 저질렀으나 로마는 조공을 잘 바치는 헤롯을 신뢰했다. 당시 예수에게 "시저에게 세금을 바치는 것이 맞는가?"라고 묻는 것은 위험한 질문이었다. 부정적인 답변은 반역을 말하는 것이었기 때문에 사형에 처할 수 있었다. 예수는 "시저의 것은 시저에게 하나님의 것은 하나님에게 드리라." 하여 로마에 조세 납부를 지지했다. 예수는 점령군 로마에 세금을 내라고 했으며 이는 국가의 종교 과세를 인정하는 말이다.

로마에 대한 유대의 반란은 로마 총독의 탐욕에서 시작됐다. 로마 총독 플로러스Florus는 부를 축적하는 것이 인생 목표였다. 그는 예루살렘 사원에 축적된 금을 뺏기 위해 일부러 반란을 유도했다. 유대의 유월절 행사에서 로마군이 고위 사제의 옷을 뺏고 행사 의식을 조롱한 것이다. 예상대로 반란이 일어나자 플로러스는 그 대가로 사원의 금 절반을 요구했다. 이는 유대인을 단결시켰고 더 큰 반란으로 이어졌지만 반란은 실패했다. 이스라엘은 토지의 소유권을 로마에 빼앗겼고 매년 은화 반량half-shekel에서 4배 늘어난 2드라크마 Drachma를 유대세 fiscus Iudaicus로 납부해야 했다. 종전의 세금은 유대 남성에게만 부과됐으나 이제는 모든 유대인에게 부과됐다. 유대인은 늘어난 금액보다도 이교 사원에 세금을 내는 일을 더 견디기 힘들어했다.

이스라엘은 이후 200년 동안 몇 차례의 추가 반란을 일으켰지만 로마는 이를 모두 진압했고 이스라엘 백성은 1800년 동안 전 세계로 흩어지게 된다. 마사다Masada의 항전[33]도 이 과정에서 일어난 사건이다. 결과론이기는 하나 이스라엘은 다윗의 정신으로 싸우다가 1800년 동안 흩어진 유랑 민족이 된 셈이다.[34]

2.3 조세농부 주식회사

이집트 프톨레미Ptolemy 왕은 정복지 시리아와 팔레스타인에서 세금을 징수하는 권리를 민간에 공매했다. 공매 참가자들은 공모하여 이를

---

33. A.D. 70년대 유대인이 로마 정복군에 항거하기 위해 마사다 요새에서 최후까지 항전한 전쟁이다. 이 전쟁에 동원된 로마군은 8만여 명이며 함락된 요새에는 960구의 시체만 남아 있었다.

34. For Good and Evil (Charles Adams, First Madison Books Edition 2001), Israel's Final Hour, page. page 35-44, Fight Flight Fraud (Charles Adams, Euro-Dutch Publishers,1982), The Age of Terror-Taxes, page 29-39, Augustus: Master Tax Strategist, page79-82

8천 달란트에 낙찰받았다. 이때 이스라엘 요셉[35]이 나서서 자신은 그 두 배인 16천 달란트를 왕에게 바치겠다 했다. 프톨레미는 공매가 담합으로 이루어진다는 것을 잘 알고 있었기 때문에 빈털터리 요셉에게 위탁 징수권을 넘겨주었다. 왕은 요셉에게 계약보증금을 면제했고 군사 2천 명을 지원했다.

8천 달란트에 낙찰받았던 기존의 위탁 징수인은 요셉이 결국 왕을 빈털털이로 만들 것이라 하면서 요셉의 활동을 방해했다. 요셉이 처음 방문한 시리아 도시는 요셉을 홀대하면서 세금을 납부하지 않았다. 요셉은 군대를 동원하여 최고 부자 20명을 처형하고 이들의 재산을 몰수하여 이집트 왕에게 보냈다. 요셉은 이후 방문하는 모든 도시에서 열렬히 환영받았다. 요셉은 여기서 걷은 돈으로 이집트 왕에게 16천 달란트를 지불하고 남은 돈으로 이스라엘을 번성하게 했다.[36]

'조세농부Tax Farmer, 조세징수 청부업자'는 농부가 곡물을 수확하는 것처럼 세리가 세금을 징수한다고 하여 붙여진 이름이다. 조세농부가 언제 어디서 시작됐는지는 알 수 없지만 오랜 역사를 가지고 있는 것은 확실하다. 조세농부는 기원전 4세기 아테네에서도 활동했다.

조세농부는 정식 관리가 아닌 민간인이었다. 국가의 기본인 조세 징

---

35. 여기서 요셉은 당시 이스라엘을 지배하던 사제 오니아스(Onias)의 조카이며 토비아스(Tobias)의 아들이다. 그가 조세농부로 활동한 시기에 대해서는 이견이 있으나 대략 기원전 219~199년으로 추정되고 있으며 프톨레미 5세 시절과 비슷하다. 이 요셉은 이집트 왕의 꿈을 해석하고 해결책을 제시하여 성공한 창세기 요셉과 다른 인물이다.

36. For Good and Evil (Charles Adams, First Madison Books Edition 2001), Israel's Final Hour, page, page 36—37, Fight Flight Fraud (Charles Adams, Euro—Dutch Publishers, 1982), The Age of Terror—Taxes, page 36—39

수를 민간에 맡기는 것은 전쟁을 민간 용병에 맡기는 것과 같다. 국가는 왜 조세 징수를 민간에게 위탁했을까?

조세농부의 등장은 과거 조세 징수가 매우 어려웠다는 것을 반증한다. 국가가 조세 징수를 위탁하면 세리를 채용하고 관리할 필요가 없으며 부패 문제로 골치 아플 일이 없다. 과거 기록에서 징수 가능 금액을 추정할 수 있기 때문에 세수가 줄어들 위험도 적다. 물론 장점만 있는 것은 아니다. 국가는 더 많은 조세수입을 얻을 기회를 스스로 포기해야 한다. 국가 권한을 위탁하면 국가의 통치권 또한 약화된다. 조세농부는 중앙의 통제가 벗어난 곳에서 막대한 세금을 거두어 사익을 극대화했다. 과다한 조세 징수는 반란의 가능성을 높이며 이를 통제하기 위해 군대를 동원하면 더 많은 돈이 들 수 있다.

사람들은 조세농부를 천한 직업으로 여겼다. 조세농부는 신분이 낮은 사람이나 자수성가한 사람이 좋아하는 직업이었다. 조세농부는 계약 금액을 초과하여 징수한 금액을 자기 수입으로 가져갈 수 있기 때문에 세금을 무지막지하게 거두었다. 수익이 상당했지만 위험 부담 또한 적지 않았다. 정부가 부담하는 자연재해, 부패 등의 위험을 대신 지어야 하기 때문이다. 조세농부는 흉년이 들면 로비하여 계약 금액을 낮추었고 때로는 병역 면제의 특권을 누리기도 했다.

아테네는 매년 위탁계약을 맺고 징수 금액 일부를 비용으로 보전fee-for-service하는 방식으로 조세농부를 운영했다. 아테네는 관세, 항구세, 숙박세와 물품 판매세 등 간접세와 식민지에서 조공받는 일을 맡겼다. 아테네의 세율은 낮았기 때문에 위탁 징수는 큰 사업이 아니었다. 관세는 통상 2%였고 조세농부는 항구 및 도시의 출입구에 상주했다. 조세농부는 아테네에서 낮은 세율로 위탁 징수를 남용하는 일이 없었지만 조세농부 제도는 이후 세금을 징수하는 괴물로 변하여 2500년 동안 번성했다.

조세농부로 가장 유명한 사람은 성경의 마태이다. 마태는 카페나움 Capernaum 지방에서 관세를 위탁 징수하던 조세농부였다. 성경에서 마태는 세리로 번역되고 있지만 하는 일로 보면 세관원이다. 성경에서 마태는 요즘으로 치면 조세징수 청부업체 직원 혹은 공무 위탁 사인이었다.[37]

◇◇◇

초기 로마는 조세농부의 역할을 제한했으나 2세기 이후 재정위기에서 조세농부를 적극 활용했다. 로마시대 조세농부 제도는 이탈리아반도가 아닌 식민지에서 시작했다. 로마는 식민지에서 농산물 수확에 10% 수확세 decuma를 도입했고 이 세금은 조세농부[38]가 5년 계약으로 징수했다.

조세농부는 대규모 계약을 맺기 위해 많은 초기 투자자금이 필요했다. 로마 부자들은 당시 주식회사 격인 소사이어타테스 퍼블릭캐노럼 Societates Publicanorum을 만들어 자금을 조달했으며 주식은 카스토르Castor 신전에서 거래됐다. 이 회사는 세계 최초의 주식회사이며 여러 나라에서 영업하는 최초의 다국적 기업이라 할 수 있다. 카스토르 신전은 증권 거래소 역할을 했다. 주식의 수익은 상당하여 조세농부 주식회사는 최고의 투자처였다. 로마는 주주와 경영인을 법으로 구별했다. 로마의 상원의원은

---

37. A Fine Mess (T.R. Reid, Penguin Press 2017), Taxes: what are they good for? page 34, For Good and Evil (Charles Adams, First Madison Books Edition 2001), Public Revenue, page 69-73, Fight Flight Fraud (Charles Adams, Euro-Dutch Publishers, 1982), The ingenious Greek, page 51-54

38. 로마는 조세농부를 공공 업무를 담당한다는 뜻인 'publican'으로 불렀다.

주식을 소유할 수 있었으나 경영에 참여할 수 없었다. 그럼에도 다수의 의원이 주식을 소유하면 상원과 협상하여 조세농부가 유리한 제도를 만들기 쉽다.[39]

　권력을 가진 조세농부는 자연스럽게 부패했다. 조세농부는 곡물 가격을 낮게 평가하여 징수하면 시장에서 큰 차익을 얻을 수 있다. 세금으로 받은 곡물의 수급을 조절하여 가격을 조작하면 투기 소득까지 얻을 수 있었다. 키케로는 관세 5% 등을 착복한 베레스Verres 총독에 대한 기록을 남겼다. 베레스는 친구에게 위탁 징수를 맡기고 리베이트를 받았다. 그는 시실리Sicily에서 3개의 부를 축적했다고 한다. 이는 자신을 위한 축재, 시실리 주둔군에 준 뇌물, 귀국할 때 로마에서 사용할 입막음용 뇌물이었다. 베레스는 추후 처벌받았으나 이는 기록으로 남은 몇 안되는 처벌 사례이다.

　부패한 조세농부는 국가 위기인 전쟁 상황에서도 탐욕스러웠다. 한니발을 물리친 스키피오Scipio 장군이 대표적 피해자이다. 스키피오 장군은 스페인 정벌에서 군수품이 제때 공급되지 않아 현지 약탈에 의존할 수밖에 없었다. 군수물자의 긴급지원 요청을 받은 상원은 조세농부를 고용하여 물자를 공급하도록 했지만 조세농부는 일부러 낡고 오래된 배를 사서 쓰레기 화물로 배를 채웠다. 낡은 배는 출항하고 얼마 지나지 않아 침몰했다. 조세농부는 정상적인 선박과 화물이 침몰됐다고 주장하면서 상원

---

39. For Good and Evil (Charles Adams, First Madison Books Edition 2001), The Publicani Drive the Republic to Ruin, page 87–88, page 93

에서 보상을 받았다.[40]

조세농부 제도는 중세와 근대 초기 유럽에서 계속되어 프랑스 혁명까지 이어졌다. 독일 프리드리히 Frederick 왕은 조세 개혁으로 독일을 통일하였지만 징세를 프랑스 조세농부에게 맡겼다. 국가의 기본 업무를 적대국 프랑스 국민에게 위탁한 것이다. 프랑스 조세농부는 집요하게 세금을 징수했고 독일 사람들은 불행의 나락으로 떨어졌다. 한편 프리드리히는 백성이 많은 세금을 내고 있는데 왜 국고는 항상 비어 있는지 물었다. 이에 재무장관은 얼음 한 조각을 왕과 가장 먼 자리에 있는 각료에게 주고 왕에게 릴레이로 전달하도록 했다. 얼음이 왕에게 도착했을때 왕은 얼음 대신 젖은 손을 만질 수밖에 없었다. 재무장관은 이것이 세금이며 관료 조직이라 말했다.[41]

◇◇◇

조세농부는 조세의 위탁 징수보다 더 매력적인 부대사업을 개발했다. 그들은 세금을 낼 돈이 없는 납세자에게 돈을 빌려주고 높은 이자를 받았다. 또한 현물로 납부한 곡물, 와인 등의 물품을 보관하고 중개하여 이익을 얻었다. 기본적으로 조세농부는 사회에서 천시됐기 때문에 차별받던 유대인이 선택할 수 있는 최고의 직업이었다. 조세농부는 돈이 되는

---

40. For Good and Evil (Charles Adams, First Madison Books Edition 2001), The Early Republic, page 84-85, Fight Flight Fraud (Charles Adams, Euro-Dutch Publishers,1982), The Early Republic, page 60-61, The Republic in chaos, page 63-65

41. For Good and Evil (Charles Adams, First Madison Books Edition 2001), Taxes Forge Modern Germany, page 214-215, Fight Flight Fraud (Charles Adams, Euro-Dutch Publishers,1982), Taxes forge modern Germany, page 161-162

곡물 운송, 국제 금융까지 사업 영역을 넓혔다. 시간이 지나면서 이들은 각국에서 중앙 은행과 같은 역할을 하게 됐다.

프랑스에서 위탁 징수는 대규모 협동조합으로 발전했다. 협동조합 투자자들은 연 20%의 수익을 누릴 수 있었다. 계약은 징수 금액의 10%를 국가에 선납하고 6년 동안 계약 금액을 분할 납부하는 것으로 되어 있다. 조세농부는 약속어음을 발행하여 국가에 지불했다. 국왕은 이 어음으로 부채를 청산했으며 어음을 받은 사람은 만기 이전에 할인해 사용했다. 이는 현재의 화폐제도와 다르지 않다. 프랑스에서는 조세농부 대표를 Ferme General조세농부 장군이라 불렀다. 장군이라는 표현이 사용된 것은 조세를 징수하기 위해 사병을 고용하고 장군처럼 지휘했기 때문이다. 현재에도 많은 국가의 관세청장이 DGsDirectors' General 라는 장군 표현을 사용하고 있다는 점은 흥미롭다.

◇◇◇

인도양에 위치한 국가들 또한 조세 징수를 민간에 위탁했다. 심지어 외국인에게 위탁하는 일도 있었다. 이는 1500년 경 남아시아의 보편적 관행이었다. 위탁 업무는 대다수 중국 상인이 가져갔고 페르시아 상인도 일부를 가져갔다.

외국인 조세농부는 현대 국가에서 상상할 수 없는 특권을 누렸다. 이들은 위탁 받은 영토에서 무역독점권을 행사했다. 사병을 양성했으며 장군 및 해국 제독의 지위를 누렸다. 관세를 위탁 징수하는 조세농부는 모든 수출입 화물을 검사할 권한을 가지게 된다. 이는 엄청난 특혜였다. 조세농부는 자기가 수입한 상품을 판매할 때까지 경쟁 상품을 부두에 묶어두거나 경쟁자를 밀수 혐의로 조사할 수 있었다. 또한 수출입 관련 정보를 독점함으로써 다른 선주, 무역상, 금융업자 및 중개인보다 항시 유리한 지위를 선점했다.

영국 동인도 주식회사가 1757년 벵골^{Bengal}을 점령했을 때에도 영국은 벵골을 통치하기 위해 새로운 왕을 임명하지 않았다. 대신 영국은 동인도 주식회사를 벵골의 조세농부로 임명했다. 영국이 원했던 것은 인도를 실질적으로 지배하는 것이었고 이는 조세 징수를 통해 이룰 수 있었기 때문이다.[42]

◇◇◇

조세농부는 억압적으로 사생활을 침해했기 때문에 원망의 대상이었다. 이들은 프랑스 혁명에서 혹독한 대가를 치렀다. 조세농부 협동조합에 투자한 임원 40명 중 32명이 단두대에서 처형됐다. 조세농부는 프랑스 금화 3억 리브르^{livres}를 횡령했다는 혐의를 받았으며 즉시 형장으로 보내졌다. 이들이 단두대에서 머리가 잘려 나갈 때 눈물을 흘린 사람은 한 명도 없었다. 프랑스에서 조세의 위탁징수 제도는 이들과 함께 사라졌다. 혁명정부는 조세농부가 횡령한 3억 리브르를 충당하기 위해 이들의 재산을 압류했다. 반전은 유족들이 압류재산에 대하여 반환소송을 제기하면서 일어났다. 횡령 여부를 객관적으로 검증한 프랑스 법원이 조세농부는 횡령한 사실이 없다고 판단한 것이다. 오히려 국가가 조세농부에게 8백만 리브르를 빚졌다 하면서 압류한 재산을 되돌려주라고 했다. 조세농부

---

42. The World that Trade Created (Kenneth Pomeranz and Steven Topik, M.E. Sharpe 2006), Travelling Salesmen, Travelling taxmen, page 33–35, Merchant Kings (Stephen Bonn, Thomas Dunne Books 2009), Companies at War, page 103–148

가 실제 세금을 횡령했는지 여부는 알 수 없으나 여기서 확실한 것이 하나 있다. 조세농부는 기록을 통해 자신을 입증하고 서류로 말하는 능력이 뛰어난 전문가임이 확실하다. 이는 동서고금을 막론하고 유효한 진리이다.[43]

---

43. For Good and Evil (Charles Adams, First Madison Books Edition 2001), The Devil's Tax System, page 226–228, Fight Flight Fraud (Charles Adams, Euro–Dutch Publishers,1982), The Devil's Tax system, page 172–174

아데스타니

페르시아인 아데스타니^{Muhammed Sayyid Ardestani}는 조세농부의 역동적인 삶을 잘 보여준다. 1620년 무굴 제국^{Mughal Empire}이 영토를 확장하면서 제국 간 전쟁이 빈번해졌다. 당시 말은 인도에서 힘과 권력의 상징으로 전쟁 필수품이었지만 인도토양에서 사육이 힘들어 매번 수입해야 했다. 아데스타니는 말 무역과 조세농부 사업으로 돈을 벌었고 이후 다이아몬드 광산과 섬유 무역에 투자하여 천문학적인 부자가 됐다.

유럽 수입상은 자신이 원하는 품질의 옷을 얻기 위해 인도에서 선금을 주고 주문했다. 만약 돈을 받은 기술자가 부도를 내면 큰 손해를 볼 수밖에 없었다. 이를 중간에서 해결하는 사람이 아데스타니였다. 조세 징수 조직을 가진 아데스타니를 중개인으로 하면 부도의 확률이 급격히 낮아지기 때문이었다. 이러한 수입으로 아데스타니는 개인 경호원만 5,000명을 고용할 정도로 위세를 누렸다.

아데스타니는 자신이 망할 수 있는 유일한 길을 택했다. 왕권 투쟁에서 잘못된 후보자를 선택한 것이다. 새로운 술탄^{Sultan}은 그를 즉시 체포했지만 그는 뇌물을 주고 사면받아 무굴 제국으로 망명했다. 무굴 제국은 그에게 귀족 칭호를 부여하고 새로운 환경에서 조세농부를 계속하도록 허락한다.

술탄은 아데스타니의 망명을 왜 허락했을까? 조세농부를 가혹하게 처벌하는 것은 당시 현명한 선택이 아니었다. 조세농부는 주변 국가에 친인척을 조세농부로 두고 있었다. 강력한 네트워크를 가지고 있는 조세농부를 처단하는 것은 이웃 나라를 원수로 만들 위험이 있다. 또 다른 이유도 있었다. 조세농부로부터 과거의 징수 자료와 시스템을 온전하게 인수받기 위해서는 조세농부의 재산을 몰수하는 것보다 타협하는 것이 더 현명했다. 아데스타니의 삶을 보면 신라시대 장보고도 일종의 조세농부로 볼 수 있지 않을까 한다. 장보고 역시 청해진에서 해상 무역을 독점하고 사병을 키웠으나 중앙정치에 개입하다 살해당했다.

2.4 조공에 취한 그리스

기원전 6세기 페르시아는 이집트를 포함한 문명국가 대다수를 지배하던 강국이었다. 페르시아는 작은 도시국가 그리스에 조공을 요구했다. 조공을 바치는 것은 현실적인 방안이었으나 아테네는 다른 도시와 동맹을 맺고 페르시아에 대항했다. 동맹에 참가하는 도시는 방위비 분담금을 납부했고 이 돈은 델로스Delos 섬에 보관했다. 델로스 동맹Delian League이라는 이름은 여기에서 왔다.

전쟁에서 승리한 아테네는 델로스 동맹의 주도권을 가지게 됐다. 200여 개의 도시국가는 모두 하나의 투표권이라는 동등한 권리를 가졌지만 아테네는 동맹의 돈을 마음대로 사용했다. 아테네는 동맹의 국고를 델로스에서 아테네 파르테논 신전으로 옮기고 동맹이 납부하는 분담금을 4배 늘렸다. 그리고 동맹의 분담금을 아테네를 위해 사용했다.

일부 도시국가는 분담금이 과중하다며 동맹 탈퇴를 원했다. 대표적인 도시가 밀로스Melos와 미틸레네Mytilene였다. 아테네는 군대를 보내 탈퇴를 원하는 도시를 징벌했다. 남성은 살해했고 여성과 어린이는 노예로 팔았다. 아테네는 이들 도시를 폐허로 방치하여 다른 도시에 경고 메시지를 보냈다. 역설적이지만 이때가 그리스 전성기였고 아테네는 최고의 생활 수준을 향유했다. 그리스 황금기는 동맹이 바친 조공과 횡령한 돈으로 이룩한 인류 유산인 셈이다.

◇◇◇

그리스인들은 독재와 민주주의의 차이가 조세 제도에 있다고 믿었다. 독재는 직접세로 사유재산을 압류하고 시민을 감옥에 보낼 수 있다. 그래서 독재자가 마음대로 징수할 수 없는 간접세를 선호했다. 그리스인은 직접세를 자유에 대한 속박으로 인식했기 때문에 사람에 대해 직접 과세하지 않았다. 다만 도로, 다리, 항구 같은 공공시설을 이용할 때 세금을 매겼다. 이는 시설을 유지하는 데 필요한 비용이었다.

관세^{항구세}2%는 해적을 소탕하기 위한 비용으로 설명했다. 유독 해적 출몰이 빈번하고 경비가 어려운 항로에는 항구세 10%를 부과했다. 세금은 노예 경매 및 농지 매매 시에도 부과됐다. 그리스는 탈세액의 10배까지 벌금을 물렸지만 형사처벌은 하지 않았다. 계몽사상가들은 이런 이유로 그리스 조세 제도에 경의를 표했다.

하지만 그리스는 속국에서 직접세를 거두었다. 매춘과 점성술 같은 직업에도 직접세가 과세됐다. 여관에 묵는 것도 세금이 부과됐고 대부분의 숙박세는 사업을 위해 아테네로 몰려온 외국인이 납부했다. 직접세는 식민지에서 주민에게 걷는 인두세^{Poll tax}와 수확량의 10%를 거두는 추수세가 있었다.

아테네는 전시에 한하여 직접세를 징수했다. 이를 에이스포라^{Eisphora}라고 불렀다. 아테네는 시민을 100개의 그룹으로 나누었다. 각 그룹은 대표 1인과 부대표 2인을 선출하고 선출된 3인이 먼저 세금을 납부했다. 대표들은 자신이 선납한 세금을 시민에게서 받아야 하기 때문에 최선을 다하여 징수하게 된다.

세금은 시민들이 신고하고 선서한 내용을 바탕으로 부과됐다. 같은 지역에 거주하는 시민들은 서로의 재산을 잘 알고 있기 때문에 스스로 견제하고 균형을 찾는다는 장점이 있었다. 사람들은 정직하게 신고했고 전쟁 비용은 즉시 조달됐으며 관료조직이 전혀 필요하지 않았다. 아테네 시민들은 에이스포라가 영구적인 납세 제도로 정착되지 않도록 견제했다.

중국도 유사한 제도를 가지고 있었다. 가부장제는 행정력이 부족한 국가가 이용한 납세 및 통치 구조였다. 대표적으로 명나라의 보갑제保甲制가 있다. 보갑제는 열 가구가 한 개의 '갑甲'을 이루고 열 개의 갑이 모여서 한 개의 '보保'를 이룬다. 하나의 보에 속하는 주민이 범죄를 저지르면 보의 대표가 대신 처벌받았으며 세금도 국가조직이 아닌 보가 부과했다. 보의 대표는 가구의 형편을 고려하여 각 가구가 납부해야 할 세금과 병역의무를 결정했다.

보갑제는 장단점이 분명했다. 관리들은 100가구를 대표하는 보만 관리했기 때문에 편리하고 효율적이었다. 보에 속하는 가구의 소득을 파악하고 관리하는 것은 보의 대표가 맡았다. 보의 대표는 각 가구의 형편을 고려하여 적정한 세금을 부과할 수 있었다. 단 보의 대표가 탐욕스럽거나 정치적 이유로 타협하면 개인은 보호받기 어려웠다.[44]

◇◇◇

아테네는 전례Liturgy[45]라는 기증 제도도 만들었다. 전례는 도로 건설, 축제 등 국가에서 새로운 사업이 필요할 때 부자들이 기부하는 것을 뜻한다. 이는 조세가 아니었으며 지도층의 자발적 기증이었다. 기증은 축제, 체육 행사 등의 경비와 군함 건조에 사용하였고 부자들은 필요한 금

---

44. Sapiens (Yuval Noah Harari, HarperCollins Publishers, 2015), The Collapse of the Family and the Community, page 357–358

45. 전례 또는 예전으로 번역되는 liturgy는 백성을 뜻하는 헬라어 laos와 '일'이라는 ergon을 합친 말이다. 본래는 사역, 공공 의무라는 뜻이 있으며 70인역 성서(헬라어 구약성서)와 신약성서에서는 예배를 뜻하는 말로 쓰였다.

액보다 더 많이 기부했다. 기증자는 때로 자신이 책임지고 공공사업을 집행했기 때문에 국가가 복잡하게 감독할 필요가 없었다. 기부에 인색한 사람은 대중의 경멸을 받았으며 후한 기증은 대중의 사랑을 받았다. 이러한 아테네의 전례 제도는 로마시대까지 이어졌으나 로마는 전례를 강제하여 나쁜 세금이 됐다.

공공 기부는 명예로운 일로 전례는 현대에도 활용될 수 있다. 기부가 합당한 존경을 받는 명예로운 일이라면 기부는 더 활성화될 수 있다. 미국에서는 기부자의 이름을 딴 공연장, 대학 건물 등이 많다. 예를 들어 오라클은 2억 달러에 샌프란시스코 자이언트 야구장을 오라클 구장으로 20년 동안 사용할 권리를 샀다. 서울교통공사가 지하철역 이름을 병기[46]하면서 부수입을 얻을 수 있듯이 국가는 이름 사용권을 통해 자발적인 재정수입을 얻을 수 있다. 국가는 고속도로, 국도, 지하철 노선, 교량, 공원 등의 이름 사용권을 폭넓게 판매할 수 있다. 해군 함정의 이름도 판매 대상이 될 수 있다.

재벌 기업의 투자로 고속도로를 건설하고 이를 유지 · 보수하면서 기업 창업자의 아호를 선택한다면 이 또한 아름다운 교환이라 생각한다. 이를 지원하기 위해 일정한 세제 혜택을 준다면 정부가 복잡한 건설 계약을 체결하고 비리를 감시할 필요가 없게 된다.[47]

---

46. 현재 서울 교통공사는 지하철 유상 역명 병기 사업을 사용하고 있다. 역명 병기는 지하철역 본래 명칭 외에 기업이나 학교, 기관 등에서 비용을 받고 추가로 부역명을 적어 알리는 것이다.

47. For Good and Evil (Charles Adams, First Madison Books Edition 2001), Public Revenue, page 65–69, Fight Flight Fraud (Charles Adams, Euro–Dutch Publishers,1982), Proposition 13: Format for reform, page 283–284

그리스의 몰락은 외부의 침공이 아닌 조공을 원인으로 한 내전 때문이었다. 쇠락은 스파르타가 시작한 펠로폰네소스 전쟁[48]에서 시작됐다. 25년 넘게 지속된 전쟁에서 아테네의 세금은 높아졌고 소작농은 땅을 버리고 도주했다. 빈 땅은 귀족들이 차지했다. 귀족들은 대규모 영지를 노예와 이민족을 동원하여 경작했고 농업의 효율성은 떨어졌다. 영주들은 면세 특권을 이용하여 세금을 납부하지 않았다. 아테네는 부족한 세금을 충당하기 위해 농부에게 부과하던 세금을 다시 올렸다. 이는 더 많은 농부들이 땅을 버리고 도주하거나 농노로 전락하는 악순환으로 이어졌고 결국 그리스 농민군이 붕괴됐다. 그리스는 국가가 세금으로 망하는 일반적인 공식으로 무너졌다.

아테네는 위기 상황에서 동맹을 과도하게 착취하면서 동맹마저 잃어버렸다. 아테네의 강압적인 조공에 시달린 동맹은 제국에 대한 사랑과 충성을 잃어버렸다. 아테네는 인구, 부, 해군력에서 스파르타를 압도했지만 승리할 수 없었다. 전쟁은 아테네의 항복으로 끝났다. 그러나 붕괴된 경제 및 사회 안정은 회복할 길이 없었다. 스파르타는 전쟁에서 이겼지만 조공없이 그리스를 통합할 능력이 없었고 이 공백기를 이용하여 북부의 마케도니아가 쇠약해진 아테네를 격파하고 그리스를 통일하게 된다. 민주주의 그리스가 패망하고 알렉산더가 이끄는 제국주의 그리스가 등장한 배경이다.

---

48. 그리스 주도권을 차지하기 위해 기원전 431년 시작하여 기원전 405년까지 싸운 스파르타 동맹과 아테네 동맹의 전쟁이다. 이 소모전으로 찬란했던 그리스 도시국가가 쇠퇴하기 시작했다.

아테네의 패망은 현명하지 못한 조세정책의 결말을 잘 보여준다. 국가의 장기적인 성공은 다수에게 경제적 기회를 제공하는 데 있다. 농업이 주된 사회에서 경제적 기회는 토지 배분에 있다. 그리스 말기와 후기 로마제국에서 보여주듯이 소수 귀족이 토지를 독점하게 되면 그 결과는 항상 치명적이다. 민주주의의 근간인 경제 및 정치적 안정이 사라지고 국가가 쇠퇴하게 된다.

◇◇◇

보편적 정의라는 관점에서 보면 그리스 조세 제도는 실패작이다. 조세 평등은 신분에 따라 달라졌다. 외국인은 제외됐고 그리스 시민만이 직접세에서 면제되는 특권을 누렸다. 정부 지도자는 가벼운 세금을 납부했다. 이는 민주주의에서 투표권을 가진 사람이 투표권이 없는 사람을 부당하게 과세하는 것과 같다. 그리스 민주주의는 자신만의 민주주의였다. 그리스는 이웃 국가에 제국으로 군림했으며 조공을 강요했다. 그리스는 찬란한 문화를 세계에 전파했지만 민주주의와 조세 제도는 예외였다.[49]

2.5 세금으로 잃은 자유, 로마

로마제국은 정복으로 부를 창출했다. 정복은 부를 쉽게 만들지만 전

---

49. For Good and Evil (Charles Adams, First Madison Books Edition 2001), The Ingenious Greek: Tyranny and Taxes, page 53–63, Public Revenue, page 71–73

Fight Flight Fraud (Charles Adams, Euro-Dutch Publishers,1982), The ingenious Greek, page 41–51

리품과 조공이 사라지면 위기가 시작된다. 정복으로 사는 것은 날카로운 칼 위에 서 있는 것과 같다. 초기 로마는 합리적인 수준의 조공으로 안정적인 통치와 평화의 기반을 마련했다. 로마에 조공을 바치는 이유는 간단하다. 로마군이 평화와 질서를 유지하기 때문에 그 비용을 부담하는 것이다. 조공은 평화유지 비용이었다. 로마는 정복한 지역의 세금을 그대로 유지했다. 세금이 면제되던 지역은 세금을 면제하고 추수세 10%가 부과되던 지역에는 그 세금과 세율을 그대로 유지했다. 관세 또한 정복하기 전 세율을 그대로 유지하여 스페인에서는 2%였고 시실리에서는 5%였다. 로마인은 정복지에서 조세농부 사업을 할 수 없었다. 로마는 정복지 주민에게 익숙한 조세의 종류와 형태를 그대로 유지함으로써 체제의 안정을 가져왔다.[50]

◇◇◇

로도스Rhodes 섬은 터키 해안에 인접한 큰 섬이다. 기원전 4세기 해상 강국 아테네가 몰락하면서 이 섬은 지중해 상업과 교류의 중심으로 발전했다. 로도스가 해상 교통에 유리한 지정학적 위치를 기반으로 선박의 안전과 평화를 제공하자 무역선들이 모여들었다.

로도스는 2%의 관세항구세를 징수했다. 항구세는 선박에 적재된 모든 화물에 대하여 과세했기 때문에 적은 금액이 아니었다. 해적의 출몰이 심한 지역을 통과하는 선박은 10%의 항구세를 징수했다. 로도스는 항구세 수입으로 해상 치안을 유지할 수 있었고 그 덕분에 전성기에는 항구 입구에 세계 7대 불가사의인 거대한 청동상을 세울 수 있었다.

---

50. For Good and Evil (Charles Adams, First Madison Books Edition 2001), The Early Republic, page 84

로마는 로도스에 시리아 지방의 조공 국가를 할애하여 주었고 특혜를 받은 만큼 우방의 역할을 기대했다. 페르시아의 확산을 견제하는 방파제 우방을 기대한 것이다. 로마의 기대와 달리 로도스는 로마와 그리스의 전쟁에서 중립을 지키면서 중재를 자처했다. 이를 괘씸하게 여긴 로마는 전쟁 대신 자유무역이라는 기상천외한 무기로 로도스를 응징했다. 로마는 델로스Delos 섬에 로도스에 필적하는 자유무역항을 세우고 관세를 면제했다. 관세를 징수하는 로도스의 무역거래는 자연스럽게 위축됐다. 델로스가 세워지고 1년이 지나자 로도스의 무역거래는 85%나 줄었고 항구세 수입은 은화 1백만에서 15만 드라크마drachmas로 줄었다. 로도스는 청동상을 무너뜨린 지진 피해는 극복하고 재건할 수 있었지만 무너진 재정 손실은 회복할 길이 없었다.

로마는 이 과정에서 치명적인 실수를 저질렀다. 해상 치안의 중요성을 잊은 것이다. 로도스가 재정 파탄으로 해상 순찰을 중단하자 해적들이 출몰했고 해적들은 지중해 동부의 해상무역을 불능상태로 만들며 자신들의 왕국을 구축했다. 로마 원로원은 해적을 소탕하기 위해 폼페이우스에게 전권을 부여했고 그는 해적 소탕에 성공했다.

폼페이우스는 이후 갈리아 지방을 평정한 카이사르와 함께 군사력으로 로마 공화정을 무너뜨린다. 이는 공화정 말기 장군들이 현지에서 징수한 세금을 자기 돈처럼 횡령하여 사용했기 때문에 가능했다. 원칙적으로 조세수입은 원로원에 보고하고 국고에 보관하여야 했지만 이 규정은 지켜지지 않았다. 장군들은 징수한 세금을 병사의 충성을 사기 위해 정치적으로 사용했다. 그 결과 병사들은 로마의 군인이 아니라 슐라, 폼페이우스, 카이사르의 사병으로 전락했다.

아리스토텔레스는 군주가 현명하고 공정하다면 가장 좋은 정부 형태는 절대군주제라고 했다. 이 말은 아우구스투스 같은 지도자를 염두에 두고 한 말로 보인다. 아우구스투스는 로마 내전을 수습했고 조세에 안정을 가져왔다. 그는 제1시민First Citizen이라는 칭호를 사용했지만 실질적으로 권력을 독점했다. 그는 로마 시민에게 빵과 오락을 제공했다. 직업 군인에게는 보수와 연금을 지급하면서 공공시설을 개선하는 일을 책임졌다.

아우구스투스는 문제가 많았던 조세농부 제도를 폐지해 조세수입을 직접 통제했다. 이는 민심을 잃고 원흉의 대상이었던 조세 제도를 개선하는 효과도 있었지만 주목적은 황제의 재정 통제 강화였다. 조세농부는 원로원과 계약하고 통제를 받았으므로 이를 폐지하면 원로원을 유명무실하게 만들 수 있었다. 조세농부의 폐지는 원로원이 가진 재정 통제 권한을 황제가 가져오는 것으로 로마가 공화정에서 제정으로 변하는 것을 말한다.

아우구스투스는 대대적인 인구조사를 실시했다. 인구조사는 로마제국에 있는 모든 사람과 재산을 등록하는 절차로 예수가 베들레헴에서 탄생한 이유이기도 하다. 킹 제임스 성경[51]에는 인구조사가 세금을 부과하기 위한 것임을 명확히 하고 있다. 로마는 인구 및 재산에 대한 통계Censor를 바탕으로 각 지방에서 납부해야 할 세금 총액만을 결정하고 세부 징수는 지방에 일임했다. 중앙정부의 조세농부는 사라지고 각 지방은 자신

---

51. 킹 제임스 성경은 잉글랜드와 스코틀랜드 그리고 아일랜드의 국왕 제임스의 명으로 번역한 기독교 성경의 영어 번역본이다.

이 원하는 방식으로 세금을 징수했다. 일부 지방은 과거의 관습대로 조세 농부를 사용했고 일부는 10% 내지 20%의 수확세를 징수했다.

기원전 30년 아우구스투스에서 기원후 180년 아우렐리우스까지 로마의 황금기 동안 납세자의 이익은 잘 보호됐다. 기원후 35년 티벨리우스 황제는 세금을 올려 달라는 총독의 요청에 "양의 털을 깎는 것이지 가죽을 벗기는 것이 아니다." 했다. 하지만 무리하게 세금을 징수하는 세리의 문제는 계속됐다. 납세의무자가 도주하면 그의 가족을 잡아 고문하기도 했다. 이를 방지하기 위해 로마 초기에는 무리하게 세금을 징수한 세리를 잡아 현장에서 십자가형에 처했다. 흉년이 들면 조세 징수를 유예하여 민심이 폭발하는 것을 방지했다. 아우렐리우스는 전쟁에서 승리한 후 보너스를 요구하는 군인에게 "정기적인 임금 외에 보수는 여러분 부모와 친척의 피에서 강제된다." 하며 이를 거절했다.[52]

◇◇◇

제국의 외연이 확장되던 시기 넘쳐나던 전리품은 시간이 지나면서 사라졌다. 3세기 로마 재정은 세금으로 운영될 수밖에 없었다. 농민들은 지주에게 토지 임대료와 영지세를 납부하고 수확의 9%에 해당하는 십일조를 교회에 납부해야 했다. 귀족과 성직자는 면세됐기 때문에 세금은 전적으로 농부들이 부담했다. 흉년이 들거나 생필품 가격이 오르면 농부는 생업을 포기하고 도주했다. 조세수입이 감소하자 로마는 가장 쉬운 상대인 농민에게서 세금을 더 많이 거두었다. 이는 더 많은 농민들이 농업을 포

---

52. For Good and Evil (Charles Adams, First Madison Books Edition 2001), Augustus: Master Tax Strategist, page 97–109

기하게 만들었다. 로마제국이 몰락하는 시발점도 결국 농촌 인구의 감소였다.

　로마는 재정수입을 해결하는 가장 손쉬운 방법을 채택했다. 조세 저항이 없는 화폐를 증발한 것이다. 로마의 은화인 데나리우스Denarius의 순도는 점차 낮아졌다. 로마 초기에는 은 함량이 100%였지만 210년에는 50%, 270년에는 5%로 떨어졌다. 물가는 자연스럽게 상승했다. 200년에는 밀 1부셸bushel을 사기 위해 10데나리우스가 필요했으나 344년에는 200만 데나리우스를 지불해야 했다.

　통화 가치가 급락하자 병사들은 법정 화폐 데나리우스Denarius로 급료를 받는 것을 거부했다. 세리 또한 데나리우스로 세금을 받는 것을 거절하고 현물을 징수하기 시작했다. 병사들은 급료로 지역화폐 또는 현물을 선호했다. 인플레이션으로 통화가치와 함께 법과 질서가 무너지고 강도와 해적이 난무했다.

　디오클레티아누스Diocletianus, 245~313 황제는 상황을 타개하기 위해 사형까지 동원하여 물가를 안정시키려 했다. 하지만 물가가 통제불능 상태에 이르자 결국 황제는 화폐 제도를 포기하고 대신 밀, 보리, 고기, 와인, 의류 등 현물로 세금을 징수했다. 현물로 과세하기 위해서는 엄청난 징세 조직이 더 필요했다. 세금으로 걷은 곡물을 운반하고 보관하는 조직, 곡물 창고와 운송 수단을 관리하는 조직, 이들의 부패를 감시하는 조직뿐 아니라 지역 간 곡물 수요를 조절하는 조직까지 필요했다. 조세 개혁으로 괴물 같은 조직이 탄생한 것이다. 로마 말기에는 세리의 수가 납세자보다 더 많았다는 기록도 있다. 비대한 관료 조직을 유지하기 위해서는 더 많은 세금이 필요했다. 기번Gibbon은 로마의 관료 제도를 '그 자체의 무게로 무너진 놀란 만큼 큰 의류'라고 비유했다.

디오클레티아누스는 로마 시민이 누리던 거주 이전의 자유도 제한했다. 과도한 조세로 농부가 도주하면 세금을 징수할 수 없기 때문에 농부와 그 가족은 토지에 종속되어야 했다. 농민의 주거 이전을 제한하면서 로마 제국에는 중세 농노 제도의 씨앗이 뿌려졌고 시민들은 노예로 전락했다. 조세 개혁으로 로마가 자랑하던 자유로운 시민 제도가 사라진 것이다.

조세 징수를 위해 폭력은 당연하게 사용됐다. 세리는 여러 사람에게 보여주기 위해 광장에서 공개적으로 농민을 고문했다. 어린이와 노약자도 성인으로 등록돼 조세를 납부해야 했다. 세리는 탈세의 증거를 찾기 위해 부인이 남편을, 자녀가 부모를, 노예가 주인을 고발하는 것을 장려했다. 기독교 탄압도 재정수입을 만들었다. 기독교인을 처벌하는 명령서에는 "교인의 재산을 국고에 귀속시킨다." 또는 "교인의 재산을 국고에 귀속시키고 광산으로 보낸다."라고 쓰여 있다.

◇◇◇

말기 로마는 비대해진 관료 조직과 50만 이상의 군대를 유지하기 위해 세금을 더 올릴 수밖에 없었다. 로마 초기 10%였던 수확세는 33%까지 높아졌다. 이를 감당하기 힘든 농부들은 도주를 선택했다. 농부가 도주하면 이웃집 농부가 책임져야 했다. 세리가 도주한 농부의 토지 경작과 세금을 이웃에게 넘겼기 때문이다. 조세부담이 두려운 농부는 자신의 토지를 대지주에게 넘기고 농노가 되어 납세의무를 면제받았다. 토지 소유를 넘긴 농부는 같은 집에서 자고 같은 땅을 경작하면서 지주에게 소작료를 납부했다. 중세 봉건 제도는 여기에서 시작됐다.

로마를 붕괴시킨 탈세는 대지주가 주도했다. 대지주는 면세특권을 누렸다. 일반 지주는 뇌물을 주고 토지의 평가 금액을 낮추었다. 조세 사면령도 중요한 역할을 담당했다. 로마는 붕괴를 앞두고 조세 사면령을 남발했다. 조세 사면령은 미납된 조세를 없던 것으로 만든다. 사면령이 유행하자, 지주들은 조세 납부를 미루고 원로원에 로비하여 조세를 사면받았다. 상원의원에게 면세 특권을 주는 대신 부과하던 세금인 글레바 gleba도 상속세 및 판매세와 함께 폐지됐다. 로마는 귀족들의 로비로 재정 수입이 고갈되어 <u>스스로 퇴락했다.</u> 이들 귀족은 중세 시대에 화려하게 부활했다. 이들은 자신의 영지에 성을 쌓아 작은 왕국을 건설했고 소작농을 농노로 전락시켰다. 이들 탈세범의 이름은 봉건영주이다.

병역비리 또한 로마의 붕괴에 기여했다. 로마는 공식적으로 징병을 면제해주는 세금이 있었다. 세금은 금화로 납부해야 했기 때문에 부자만이 병역을 면제받았다. 로마의 영주들은 형편없는 문제아나 병든 노예를 사서 군대로 보냈다. 이를 통해 영주들은 최고의 일꾼을 보호하고 나쁜 일꾼을 제거했으며 조세부담을 최소화했다. 출신이 좋은 군인들은 이탈리아 반도에 배치받았다. 따라서 최일선 부대는 사회의 이단아 또는 이민족 용병으로 채워졌다. 로마제국이 삼류 군대인 훈족과 반달족에 농락당하고 455년에는 로마까지 약탈당한 이유이다.

◇◇◇

몽테스키외는 국가의 흥망에는 일반적인 원인이 있으며 국가가 한 번의 전투에서 무너지는 것은 일반적인 원인에 의해 병약해졌기 때문이라 했다. 로마는 과도한 세금으로 시민들이 도주하거나 농노로 전락하여 조세 기반이 무너지고 귀족들의 조직적인 탈세로 국가부도 상태였다. 재정 수입을 확보하기 위해 세금을 현물로 징수하고 더 많은 관리를 채용했지만 부패와 무능이 발목을 잡았다. 일부 황제가 문제를 개선하고자 했지만 제도 자체의 개혁보다는 세금을 과도하게 징수하는 세리 처벌, 회계 감독 등 피상적인 개혁 수준에 머물렀다.[53]

로마 몰락 이후 정체됐던 유럽은 봉건영주들이 노예제도의 문제점을 개선하면서 발전했다. 영주들은 농업 노예 대신 일정 수확량을 받고 농지를 분할해 주는 소작 농노 제도의 장점을 발견했다. 새로운 제도에서 농노는 일정 수확량만 납부하면 됐기 때문에 새로운 기술과 노력으로 농업 생산을 늘리고자 했다. 총생산량이 증가하자 소작 농노를 보유한 영주의 소득도 증가했다. 보이스Bois는 기원후 1000년경에 일어난 변화가 농업 노예 시대의 종말을 고하고 역동적인 생산이 가능한 소작 농노의 시대를 만들었다고 한다. 이후 유럽은 농업생산을 기반으로 부흥하게 된다.[54]

2.6 종교와 세금

국가는 기독교인에게 세금을 두 배 더 내라고 할 수 있을까? 불교 재산을 몰수하고 소득세를 부과하는 것이 가능할까? 지금은 상상하기 어렵지만 이는 과거에 종종 일어났던 일이었다. 힘없는 이웃 나라에서 조공을

---

53. For Good and Evil (Charles Adams, First Madison Books Edition 2001), Rome Falls: Was it Tax Evasion, page 125–126, Fight Flight Fraud (Charles Adams, Euro-Dutch Publishers,1982), The Kaleidoscopic Romans, page 55–97

54. A people's history of the World (Howard Zinn, Verso 2017), European Feudalism, page 143–144, For Good and Evil (Charles Adams, First Madison Books Edition 2001), Rome Falls: Was it Tax Evasion, page 119–128

받듯이 국가는 힘없는 사람에게서 많은 세금을 거두었다. 집권세력이 종교, 언어, 민족이 다른 사람에게서 세금을 더 징수하는 것은 정상적인 일이었다. 특히 종교적 관용이 없던 시절 다른 종교를 차별하여 과세하는 것은 결코 이상한 일이 아니었다.

반대로 공인 종교는 많은 특권을 누렸다. 고대 이집트 사원은 왕에 필적할 만한 부를 소유했다. 사원은 전체 토지의 1/3을 소유했고 조세가 면제되는 특권을 누렸다. 사원에 속한 농부는 왕에게 내는 인두세, 추수세를 면제받았지만 똑같은 금액을 사원에 납부해야 했다. 이집트의 농부들은 사원 또는 왕의 과도한 납세 요구로 고달픈 삶을 살았다.

사원은 면세 특권만 누리는 것이 아니었다. 사원의 토지 및 건물은 정부의 박해, 특히 세리의 폭력으로부터 도피할 수 있는 안식처였다. 이집트를 정복한 아시리아는 사원의 면세 특권은 폐지했으나 도피처 제도는 폐지하지 않았다. 이는 삼한시대 도망자를 잡아내지 못했다는 소도蘇塗와 유사한 개념으로 국제사회에서 관례화된 망명자 보호 제도의 시작이라 할 수 있다.[55]

◇◇◇

기독교와 불교는 초기 변방 종교에서 시작했다. 로마제국에서 기독교인의 숫자가 늘어 기원후 250년 신도가 백만 명을 넘어서자 문제가 생기기 시작했다. 로마인 40명 중 1명에 해당하는 기독교인은 황제의 눈엣가시 같은 존재였다. 기독교는 로마의 빈약한 재정을 십일조로 나누어 가졌

---

55. For Good and Evil (Charles Adams, First Madison Books Edition 2001), Ancient Egypt, page 13-15, Fight Flight Fraud (Charles Adams, Euro-Dutch Publishers,1982), Ancient Egypt, page 21

으며 왕이 사후에 신이 된다는 믿음을 배척하여 황제의 권위를 약화시켰다. 로마는 기독교인들이 유일신을 섬기는 것을 문제 삼은 것이 아니었다. 그보다는 기독교인들이 당시 보편적인 로마의 신을 인정하지 않으면서 갈등이 커졌다.

기원후 250년 데키우스Decius 황제는 기독교를 박해하기 시작했다. 발레리아누스Valerianus 황제는 257년 기독교인을 대량학살했다. 기독교도에 대한 박해는 식민지 이집트에서도 이루어졌다. 로마는 기독교인에게 로마의 신에게 재물을 바치도록 강요하고 이를 입증하는 증명서를 발급해 주었다. 이를 거부하는 사람은 배교背敎하거나 죽을 때까지 고문당했다. 고문은 당시의 기준으로도 가혹했다. 눈이나 내장 제거하기, 화형, 온몸 갈기갈기 찢기, 산채로 튀기기와 같은 잔인한 방법이 동원됐다. 부자는 재난을 모면할 여지가 있었다. 뇌물을 주고 자신의 노예를 대신 보내 재물을 바치도록 하거나 가짜 증명서를 발급받았다. 로마 황제는 주기적으로 기독교를 박해했다. 하지만 예수처럼 희생되는 것을 최고의 가치로 여기는 기독교인을 탄압하는 것은 무의미했다.

310년 기독교인 숫자가 천만 명이 되면서 로마제국 인구의 1/4이 기독교인이 되자 상황은 달라졌다. 콘스탄티누스Constantine 황제는 기독교를 억누르는 대신 타협을 선택했다. 그는 많은 자산을 교회로 이전하고 교회에 면세 특권을 부여했으며 교회의 계급제도를 인정했다. 교회도 콘스탄티누스 황제를 정식으로 인정했다. 황제는 기독교로 개종했으며 이교 사원의 금을 모두 몰수했다. 개종으로 금이라는 엄청난 부수입이 생긴 것이다. 몰수된 금은 금화로 제작하여 유통했고 세금도 금화로 납부하도록 했다. 금은 이후 로마 재정의 기본 단위가 되었고 로마는 금본위제 국가가 됐다.

콘스탄티누스 이후 많은 사람들이 기독교인이 됐다. 일부 귀족은 교회의 지도자가 됐으며 국가와 교회는 이교 사원을 경쟁적으로 약탈했다. 이로 인해 인류 역사상 가장 큰 부의 약탈과 재분배가 일어났다. 기독교는 시대 정신이 되었다.[56]

◇◇◇

중국에서 불교도 유사한 과정을 겪었다. 기원후 400년경 불교도는 백만 명에 불과했으나 기원후 500년경 신자가 천만에 이르자 황제는 콘스탄티누스와 같은 결정을 내린다. 황제는 불교에 토지 재산을 아낌없이 증여하고 조세를 면제했으며 불교 지도자를 명예롭게 했다. 남북조 시대 양무제梁武帝는 불교 행사를 지원하고, 동물 희생을 금지했으며 경전을 수집하기 위해 인도로 사절을 파견했다. 불교는 양무제를 백성을 구원하는 보살로 인정하여 화답했다. 북위 황제는 이보다 더 좋은 조건을 얻었다. 북위 황제는 최고 승려의 임명권을 얻었고 최고 승려는 황제를 부처님의 화신이라고 선언했다. 이는 콘스탄티누스 황제도 부러워했을 특혜다.

시간이 지나면서 당나라는 불교를 위험한 사상으로 보았다. 유교는 가부장제의 정점에 황제를 두고 있으나 불교는 이를 인정하지 않았기 때문이다. 불교 사원과 승려는 생산적인 경제 활동을 하지 않았을 뿐 아니라 세금도 납부하지 않았다. 불교가 인도에서 넘어온 외래 종교라는 점도 도움이 되지 않았다. 당 무종은 845년 4,600개의 사찰과 40,000개의 암

---

56. Fight Flight Fraud (Charles Adams, Euro–Dutch Publishers,1982), The empire in tax bondage, page 90–91

자를 폐쇄하고 재산을 몰수했다. 그리고 금, 은, 동으로 만들어진 불상 및 장식품은 녹여서 유통했다. 승려 25만 명에게는 납세의무가 부과됐고 승려들은 세금을 납부하기 위해 농부, 기술자, 상인, 투자자 및 고리 대부업자로 일했다. 당 무종은 압수한 불교 재산으로 위구르족과의 전쟁에서 발생한 재정 문제를 손쉽게 해결했다.[57]

◇◇◇

역사적으로 종교는 국가와 밀접한 관계를 맺어 왔다. 때때로 대립하면서 때때로 협력한 국가와 종교는 세금 문제로 적지 않은 다툼이 있었다. 국가는 교회를 면세했지만 교회는 자신이 소유한 토지와 재산에서 세금을 거두었다. 수도원은 많은 토지를 소유했으며 지방 곳곳으로 퍼져나갔다. 종교적으로는 이해하기 어렵지만 수도원은 술을 만들어 판매했다. 수도원에서 만든 술은 면세 혜택을 받아 경쟁력이 있었다. 지금도 유럽에서 수도원 맥주가 최고의 전통을 가지고 있으며 최고의 맛을 내는 이유이다.

중세 성직자는 높은 지위를 누리었고 상당한 영향력을 행사했다. 국왕과 영주에 버금가는 이들의 권력은 조세 징수권에 기초하고 있었다. 사제는 도로 및 다리에서 통행세가 면제됐다. 영국 상인들은 이를 이용하여 북유럽을 여행할 때 종교적 목적의 순교자 또는 성직자로 행세했다. 종교 면세는 가짜 성직자를 많이 만들었으며 탈세 상인을 성스러운 신분으로

---

57. Why the West Rules - for Now (Ian Morris, First Picador Edition, 2011), Decline and Fall, page 328–329, The Eastern Age page 375–376

만들었다.[58]

1075년 이전까지 봉건 영주는 자기 부하를 주교로 임명할 권한을 가지고 있었다. 이는 영주 자신이 임명한 가신을 통해 교회에서 나오는 수익을 사용할 수 있다는 뜻이다. 이를 못마땅하게 여긴 교황 그레고리 7세는 1075년 독일 내 모든 주교의 임명권을 주장했다. 그러면 교황의 재정을 강화할 수 있다. 이에 놀란 독일 하인리히 4세는 교황에게 신의 은총으로 다른 모든 주교와 함께 내려오라고 했다. 하지만 교황은 자리에서 내려오는 대신 황제를 파문하고 그를 기독교계에서 추방했다.

독일 제후들은 황제의 편이 아니었다. 제후들은 하인리히 4세에 반기를 들고 새로운 황제를 뽑으려 했다. 황제는 어쩔 수 없이 소수의 수행원을 데리고 카노사Canossa로 향했다. 그는 참회자의 옷을 입고 교황을 만나기 위해 성문 밖에서 3일을 기다리며 선처를 구했다. 이 사건이 카노사의 굴욕이다. 하인리히 4세는 눈 속에서 맨발로 3일간 무릎 꿇고 빌어서 용서를 받았지만 곧바로 교황과 전쟁에 돌입했다.

이 전쟁에서 이긴 사람은 없다. 황제는 자신의 아들을 피해 도망 다니다가 사망했다. 교황은 자기가 고용한 용병의 급료를 지급하지 못해 용병들이 로마를 약탈하는 수모를 겪었다. 이러한 일련의 사건이 서임권 투쟁 Investiture Controversy, 1075~1122이다.

한편 프랑스 필립 4세는 교회의 면세가 못마땅했다. 그래서 교회 자산의 과세에 눈을 돌렸지만 교황은 파문으로 대항했다. 필립 4세는 성가신

---

58. For Good and Evil (Charles Adams, First Madison Books Edition 2001), Medieval Taxation, page 147

교황 보니파시오Bonifatius 8세를 납치해 프랑스에 가두고 자신에게 협력하도록 했다. 이것이 카노사의 굴욕 약 200년 후에 일어난 '아비뇽 유수'이다. 교황의 유수 이후 몇 명의 추기경들은 로마로 돌아가 새로운 교황을 선출했다. 이후 50년 동안 아비뇽과 로마 교황은 자신이 진정한 신의 대리인이라고 건건이 대립했고 보호자에 의존하는 교황의 권위는 위축됐다. 교황은 재정수입을 왕과 나누어야 했기 때문에 재원을 만들기 위해 성직 판매, 면죄부 판매를 시작했다. 교회 상업화의 시작이다.[59]

중세 이후 국왕은 교회와의 투쟁에서 조금씩 승리를 쟁취했다. 왕은 자신의 영토에서 세금을 부과했고 사람들이 국가의 존재를 인정하도록 하는 데 성공했다. 영국 왕은 13세기에 교회의 토지를 임차한 사람에게도 과세했으며 14세기에는 교회 재산의 1/10에 대해 정기적으로 과세했다. 영국 에드워드 1세는 사전 통보 없이 수도원 재산을 이탈리아 금융가에게 담보로 제공하기도 했다.

왕과 교회가 항상 적대적이지는 않았다. 12세기 후반 교황은 십자군 전쟁을 지원하기 위해 성직자의 수입에 과세하는 것을 허용했다. 이후 성직자 과세는 자연스러운 일이 됐다. 프랑스와 합스부르크 왕은 교황을 지지했지만 정기 또는 수시로 교회의 재산에서 세금을 징수했고 전시에는 추가지원을 요구했다. 14세기 아비뇽의 교황은 프랑스 필립 6세에게 노골적인 선물을 했다. 백년전쟁에서 프랑스를 지원하기 위해 1년 전비인

---

59. For Good and Evil (Charles Adams, First Madison Books Edition 2001), The Ancient Regime, page 218, Fight Flight Fraud (Charles Adams, Euro-Dutch Publishers,1982), The Ancient Regime, page 163-164

백만 플로린florin을 필립 6세에게 빌려준 것이다. 이러한 노력에도 불구하고 종교개혁은 성직자의 면세 특권을 폐지했다.

성 베드로 성당

종교개혁은 성 베드로 성당을 건설하면서 촉발됐다. 1505년 교황 율리오 2세는 성 베드로 성당을 재건축하기로 했다. 당시 성당은 성 베드로가 순교한 자리에 건설되어 자기 역할을 다하고 있었다. 그는 돈 낭비라는 비난에도 기존 성당을 철거하고 이를 장엄하게 재건축하여 교회의 권위를 살리고자 했다. 로마를 화려하게 만들어 세계의 수도로 존경받도록 하고 싶었다. 이곳에 자신의 무덤을 만들려는 사심도 있었기 때문에 미켈란젤로를 초대하여 가장 웅장한 건물을 설계했다.

110년에 걸친 성당 건설에는 많은 돈이 필요했다. 교황은 면죄부를 대량 발행했고 판매를 독려했다. 면죄부는 적절한 금액을 내면 절도, 간통까지 죄를 면해줬다. 하나님은 죄인의 죽음보다 살아서 회계하고 납부하기를 원한다는 명분 아래 살인죄 또한 사면했다. 면죄부는 과거에 저지른 죄뿐만 아니라 미래의 죄까지 사면했으며 죽은 사람에게도 면죄부를 팔았다. 설교에서 면죄부 이외 다른 이야기를 하는 것을 금지했고 면죄부를 비판하는 사람은 파문했다.

종교개혁은 루터가 면죄부에 의문을 제기하면서 시작된다. 루터의 종교개혁은 교회의 부패로 터질 수밖에 없는 상황에서 나온 것이었다. 우리가 경외하는 르네상스 명작들의 배경에는 면죄부와 성직 판매가 숨어 있다. 율리오 2세는 사후 베드로 성당이 아닌 다른 장소에 묻혔다.[60]

---

60. The March of Folly (Barbara W. Tuchman, Random House Trade paperback edition 2014), The
    Warrior: Julius II page 99-112

2.7 고난의 유대인

법은 지배 세력을 선호하며 그 부담은 나머지 사람들이 지게 된다. 종교적 관용이 없던 시절 희생자는 주로 다른 종교를 가진 사람이었다. 자신의 종교를 지킨 유대인은 늘 차별 대상이었다. 유대인이 특혜를 받은 몇 안 되는 경우는 페르시아 북쪽의 유대 국가인 카자Khazars에서 있었다. 카자는 이교도를 과세하는 전통에 따라 유대교를 제외하고 기독교와 이슬람에 대해서 과세했다. 이교도를 높이 과세하는 관습은 서유럽에서 천년 이상 계속된 전통이었다.[61]

영국 헨리 8세는 교황과의 분쟁 이후 교회에서 탈퇴하고 수도원 재산을 몰수했다. 종교개혁에서 개신교는 가톨릭의 재산을 몰수했으며 청교도 혁명1642년에서는 반대로 올리버 크롬웰이 왕당파와 성공회의 재산을 몰수했다. 개신교는 가톨릭과 유대인에게 2배 또는 4배 높은 세율로 과세하기도 했다.

중세 기독교는 예수가 유대인 때문에 순교했다고 믿었기 때문에 유대인을 이슬람과 같은 적으로 취급했다. 십자군 전쟁 중 중세 유럽에서는 독일 라인랜드Rhineland 대학살[62]과 같은 유대인 학살 사건이 많이 일어났다. 명분은 성전이었지만 실제로는 십자군 원정에 필요한 자금을 조달하

---

61. For Good and Evil (Charles Adams, First Madison Books Edition 2001), Islam: Death or Taxes for the Infidel, page 129

62. 라인랜드 대학살 사건은 1096년 독일 기독교인이 유대인을 대량학살한 사건이다. 이는 유럽에서 유대인 대량학살의 시발점으로 반유대인 정서는 독일의 홀로코스트에서 정점을 맞이한다.

기 위해서였다. 상업과 금융을 장악한 유대인은 많은 돈을 가지고 있었기에 좋은 약탈 대상이었다.

영국 헨리 2세는 제3차 십자군 전쟁을 준비하면서 유대인에게 6만 파운드의 세금을 부과했다. 이는 유대인이 가진 재산의 1/4에 해당하는 금액이었다. 그는 출정에 앞서 요크York 등에서 유대인을 학살했다. 제1차 십자군 원정에서 예루살렘을 정복한 기독교 전사는 유대인과 이슬람 교도를 모두 살해했다.

유대인은 종교 때문에 좋은 직업을 가질 수 없었다. 전문직업 길드에 가입할 수 없었고 토지소유권이 인정되지 않았기 때문에 농업에 종사할 수 없었다. 토지를 소유하더라도 세금으로 몰수될 위험이 높았다. 따라서 유대인은 기독교인이 천시하는 조세농부, 고리대금업, 사형 집행관, 도축업 등의 직업을 가질 수밖에 없었다. 천박한 직업을 가진 유대인은 더 무시당했고 많은 미움을 받았다.

시간이 지나면서 조세농부는 상업과 국제금융 산업으로 발전했다. 유대인은 금융으로 많은 돈을 벌 수 있었지만 왕은 이 돈을 그대로 두지 않았다. 유럽의 왕들은 돈이 필요하면 유대인에게 특별 조세를 징수했고 이 관행은 프랑스 혁명과 나치정권에서도 계속됐다. 이들은 더 많은 세금을 걷기 위해 유대인이 기독교로 개종하는 것을 장려하지 않았고 재산을 몰수하기 위해 유대인을 추방했다.

영국 존 왕은 유대인 아브라함Abraham of Bristol에게 1만 마르크Mark를 요구했다. 부자이던 아브라함이 이를 거절하자 왕은 돈을 납부할 때까지 매일 이빨 하나씩 뽑도록 세리에게 지시했다. 아브라함은 7일 만에 항복하고 돈을 납부했지만 후유증을 견디지 못하고 자살했다.

영국 에드워드 1세는 웨일스 정복 비용을 마련하기 위해 유대인 고리대금업자를 과세했다. 유대인이 더 이상 납부할 돈이 없게 되자 에드워드는 유대인을 매국노라고 비난하면서 고리대금업을 금지시켰다. 유대 지도자들은 체포됐으며 300명 이상이 런던 타워에서 처형됐다. 살아남은 유대인은 재산을 몰수당하고 1290년 영국에서 추방됐다. 영국은 350년이 지나서야 유대인을 다시 받아들이기 시작했다.

프랑스도 유대인 재산을 몰수하고 추방하기를 수차례 반복했다. 대표적인 것이 1182년 필립 2세, 1254년 루이 15세, 1306년 필립 4세, 1322년 찰스 4세, 1394년 찰스 6세 때이다. 유대인은 당시 이슬람 국가이던 스페인에 200년 간 정착했으나 스페인도 이슬람을 몰아내고 1492년 유대인을 추방했다. 포르투갈은 돈을 받고 은둔처를 제공했으나 6개월이 지나자 약속을 무시하고 유대인을 추방했다.

나치 독일은 1934년부터 유대인에게 모든 재산을 등록하도록 하고 20%의 부유세를 걷었다. 등록하지 않은 재산은 몰수했다. 해외로 피난하기 위해서는 이주세를 납부해야 했다. 제2차 세계대전이 길어지며 전비가 급증하자 1938년에는 유대인의 모든 재산을 몰수하고 대신 전쟁채권War Bonds을 발행하여 주었다.

독일은 제2차 세계대전 중에 유대인을 빈민가에 가두고 기상천외한 세금을 거두었다. 세금은 임금, 임대수입, 수도, 전기, 의약품, 배급 카드, 묘지 등에 부과됐다. 유대인이 빈민가로 강제 이주하는 경우와 우편 서비스 사용에도 과세됐다. 젊은 청년은 강제노역에 등록되는 비용까지 납부해야 했다. 1942년에는 빈민가에 부과하던 모든 세금을 폐지했다. 유대인들이 더 이상 납부할 돈이 없었기 때문이다. 이후 유대인들은 양배추국 및 빵 조각으로 연명하면서 강제노역에 종사하다 아우슈비츠에서 종말을 맞이하게 된다. 독일은 유대인의 재산을 몰수하여 제2차 세계대전 전비의 1/3을 충당했다.[63]

◇◇◇

유대인은 강압적인 세금을 과연 성실하게 납부하였을까? 그렇지 않다. 그들은 여러 가지 방안을 고안했다. 유대인은 주로 땅속에 묻기 쉬운 귀금속과 상업 서류 증서를 통해 재산을 보호했다. 스위스 은행의 비밀 계좌도 이용했다. 계좌 주인이 사망하자 스위스 은행은 입장을 바꾸어 이를 후손에게 돌려주지 않았다. 스위스 은행은 국제사회의 압력이 커지면서 문제가 부각되자 뒤늦게 이스라엘 금융 펀드에 이 돈을 돌려주었다.

다른 종교에 대한 세금 차별은 프랑스 혁명으로 막을 내리게 된다. 프랑스 혁명으로 모든 사람은 법적으로 평등해졌고 다른 종교에 대한 차별 또한 폐지됐다. 중세 성직자들이 주장하듯이 종교는 영혼을 구제하기 때문에 세금을 면제받아야 한다는 주장이 사라지게 된 것이다. 종교도 국가를 구성하는 한 부분이고 국가로부터 보호와 혜택을 받고 있기 때문에 평등하게 세금을 납부하게 된 것이다. 종교가 면제받는 세금은 결국 다른 사람이 부담해야 하기 때문이다.

---

63. The Sex of a Hippopotamus (Jay Starkman, Twinser Inc 2008), Use and abuse of Jews page 106-110, For Good and Evil (Charles Adams, First Madison Books Edition 2001), The Jews: On the Road to the Final Solution, page 149-158, Fight Flight Fraud (Charles Adams, Euro-Dutch Publishers,1982), The Jews: The Medieval way—on the road to the Final Solution, page 109-117, Daylight Robbery (Dominic Frisby, Penguin Random House UK 2019), How the Holocaust Began with taxes, page121-12

2.8 세금은 이교도에게

636년 이슬람군은 유대 지방을 점령하고 세금을 거두었으나 로마군이 대규모로 진격해왔다. 이슬람군은 급하게 철수해야 했고 이 상황에서 이슬람 지도자는 세리를 불러 기독교인과 유대인에게서 징수한 세금을 돌려주라 했다. 인두세는 평화를 유지하는 대가로 받는 세금이므로 평화를 보장하지 못하면서 세금을 거둔 것은 부당하다고 했다. 이 조치에 감동한 기독교인은 눈물을 흘리면서 신의 가호로 당신들이 우리에게 다시 돌아오기를 바란다고 했다. 유대인은 율법과 선구자의 힘으로 우리의 생명이 있는 동안 로마가 다시는 이 도시를 점령하지 말아야 한다고 했다.

기독교가 유럽에서 뿌리내리기까지는 300년 이상의 세월이 필요했다. 이슬람은 100년 만에 강력한 종교로 자리 잡았다. 이슬람의 성공은 "이교도에 죽음을!"이라 알려진 이슬람의 잔혹성 때문이라고 믿는 사람이 많으나 이보다는 조세정책 덕분이라고 보는 것이 진실에 가깝다.

이슬람은 7세기 과도한 세금으로 억압받던 로마와 페르시아 통치 지역 주민들을 해방했다. 새롭게 등장한 이슬람은 타락한 로마보다 더 적은 세금을 부과하겠다고 약속했다. 이는 다음 세계에서 천국을 보장하는 것보다 더 큰 효과가 있었다. 이슬람군은 수적으로 열세인 경우가 많았으나 주민들의 환영을 받았고 쉽게 승리를 거두었다. 대부분의 도시들은 이슬람에 저항하지 않았다. 세금은 이슬람이 초기에 승승장구한 이유였다.

이슬람 등장에는 시대의 특혜도 있었다. 무함마드Muhammad가 신의 계시를 받기 전부터 로마와 페르시아는 유스티니아누스 역병Plague of Justinian, 540~800으로 심각한 피해를 입었다. 역병으로 콘스탄티누스에서 매일 만

명 이상이 사망했다. 이 역병은 10년 주기로 재발하여 면역 능력이 없는 젊은 층을 위협했으며 상거래와 경제활동을 위축시켰다. 이슬람은 역병의 침투가 어려운 사막에 위치했고 인구 밀집도가 낮아 역병 피해가 거의 없었다. 로마와 페르시아는 이 와중에도 예루살렘 등에서 엄청난 전쟁을 치렀다. 두 제국은 역병과 전쟁으로 국력이 쇠퇴하여 새롭게 부상하는 이슬람 세력을 견제할 힘이 없었다.

이슬람이 승승장구한 또 다른 이유는 효율적인 수입 배분 시스템에 있었다. 무함마드는 충성과 복종의 대가로 금전을 보상했다. 그는 이교도에게서 몰수한 재산을 군인들에게 나누어 주었다. 이슬람은 630년 약탈한 재산을 분배하는 공식 기구인 디완diwan을 설립했다. 디완은 종교지도자인 칼리프Caliph에 약탈한 재물의 20%를 넘기고 나머지는 전쟁의 공과에 따라 병사들에게 나누었다. 이는 이슬람 전사에게 싸움의 동기를 부여했다. 이슬람 정복이 확산되면서 전사들은 많은 수입을 올리었고 엄청난 부수입은 새로운 전쟁을 자극했다.[64]

◇◇◇

초기 이슬람은 정복민을 개종하는데 전혀 관심이 없었다. 이슬람 지도자는 오히려 다른 민족이 이슬람을 믿는 것을 장려하지 않았다. 종교적 차이를 인정한 대신 이교도에게 세금을 부과했기 때문이다. 이슬람은 피정복민에게 죽음, 세금, 개종 세 가지 중에 하나를 선택하게 했다. 이슬람은 이교도가 인두세Jaliya를 납부하고 이슬람 남성을 폭행하지 않으며 여성을 건드리지 않는다면 안전과 평화를 보장했다. 이교도는 자신의 종교

---

64. The Silk Roads (Peter Frankopan, First Vintage Books Edition 2017), The Road to Revolution page 74–76

를 자유롭게 믿을 수 있으며 자신이 원하는 삶을 영위할 수 있었다.

다만 아무리 낮은 세율이라 하더라도 이슬람은 세금을 싫어하는 사람의 기본적인 본능을 통제할 수 없었다. 개종은 확실하게 세금을 면제받는 길이었기 때문에 이슬람의 폭력보다 세금이 더 많은 개종을 가져왔다. 세금은 기독교인이 다수였던 이집트, 북아프리카와 스페인 사람들을 개종시켰다. 배화교가 지배하던 페르시아 사람들도 세금 때문에 개종했다. 결과적으로 이교도에 부과한 세금이 무력보다 더 빠른 속도로 개종을 가져왔다.

시간이 흐르면서 세금을 납부하는 이교도들이 부족해졌고 재정수입은 고갈됐다. 수입이 부족한 이슬람은 결국 신과의 약속을 포기했다. 복음의 전파와 세금의 갈등에서 이슬람은 주저없이 돈을 선택했다. 그제서야 종교로서 이슬람은 확장을 멈췄다.

이슬람은 페르시아의 관습에 따라 납세영수증을 사람의 목에 새기기도 했다. 일부 학자들은 이를 굴욕이라 비난했지만 장점도 있었다. 지워지지 않는 잉크로 새겨진 영수증은 잃어버릴 수 없는 조세 납부기록이다. 여행 중 납세영수증을 잃어버리고 오가지도 못하던 유대 상인이 가족에게 보낸 편지는 모든 것을 말해준다. 편지는 집으로 돌아가기 위해서는 납세영수증이 필요하니 빨리 만들어 보내 달라는 애원으로 가득 채워져 있다. 이슬람 세계에서 납세영수증은 이교도에게 여권과 같은 역할을 한 것으로 보인다.

◇◇◇

이슬람은 시간이 지나면서 자연스럽게 부패했고 스페인에서 한계를 보이기 시작했다. 당시 상황은 다음과 같이 기록되어 있다. "국가를 망하게 하고, 토지 경작을 중단시키고, 백성을 파탄에 빠트리며 세금 납부를 중단시키는 가장 좋은 방법은 독재와 착취이다. 농부들이 토지를 경작할수 없을 정도로 높은 세금을 부과하는 지도자는 배가 고프다고 자신의 살을 베어내어 먹는 사람과 같다. 이슬람은 세리를 파견하여 매월 군비를 강제 징수함으로써 백성들이 농지를 버리고 도주했다. 결과적으로 재정수입은 감소했고 군대는 약해졌으며 적들이 이슬람 땅에서 강성하여 많은 영토를 차지했다." 천 년 전에 쓰여진 이 기록에 의하면 이슬람은 험준한 피레네 산맥을 넘지 못하여 몰락한 것이 아니라 과도한 세금으로 무너졌다.

이슬람 종교 지도자 칼리프Caliphs는 호화스러운 궁전과 후궁을 짓고금은 보화로 치장했다. 그러나 칼리프는 조세 징수를 지방의 술탄에게 맡기는 치명적인 실수를 했다. 칼리프 자신의 선택으로 권한 없는 상징적인정신지도자가 된 것이다. 지방의 술탄은 징수금액의 80%를 가지고 나머지 20%를 칼리프에게 지급했다. 효율적인 재정 통제 시스템이 없는 상황에서는 술탄은 20%마저 제대로 납부하지 않았다. 재력을 확보한 술탄은칼리프 못지 않은 궁전을 짓고 후궁을 들이는 등 사치를 누렸다.

탐욕스러운 술탄이 더 많은 세금을 징수하면서 조세에 대한 불만이이슬람 제국으로 퍼졌다. 인두세는 금 1디나르Dinar에서 4디나르로 늘어났으며 수확세 25%는 모든 사람을 조세의 노예로 만들었다. 이슬람군은억압적인 조세로부터 해방군이 아니라 폭력으로 세금을 징수하는 세리로변했다. 파피루스 기록에 의하면 이집트 이교도는 세리에게 절을 하고 세금을 납부하면서 목을 두들겨 맞았으며 경비원에 의해 쫓겨났다고 기록하고 있다. 이슬람은 세금으로 흥했지만 스스로 세금으로 쇠퇴했다.[65]

---

65. For Good and Evil (Charles Adams, First Madison Books Edition 2001), Islam: Death or Taxes for

2.9 탈세 본능과 처벌 본능

고대 왕들은 인간을 비열한 존재로 인식했다. 자기 이익을 위해 행동하는 사람들은 통제가 없으면 본능적으로 왕의 재산을 착복한다. 혀끝에 떨어진 꿀의 맛을 볼 수밖에 없듯이 세리가 왕의 재산 일부를 맛보는 것은 어쩔 수 없다고 보았다. 마키아벨리의 《군주론》보다 천 년 앞서 쓰인 인도의 《아타샤스트라arthashastra》도 군주가 국가재정을 직접 통제하라 했다. "국가 내부의 문제는 숨어 있는 뱀처럼 위험하기 때문에 외부의 문제보다 더 심각하다. 재무장관으로 인한 문제는 다른 사람으로 인한 문제보다 더 심각하다. 군주는 배신을 예방하기 위해 재정을 직접 통제해야 한다."라고 했다.

과거 제국은 교통과 통신의 한계로 지방 권력을 효율적으로 통제하기 어려웠다. 이를 보완할 수 있는 것은 믿을 만한 사람이었다. 고대 제국은 정복한 나라의 왕족을 볼모로 데려와 키웠다. 이들은 만약을 대비하는 볼모이기도 했지만 제국은 이들을 우대하여 자국에 친화적인 인물로 키워 활용했다.

방대한 정복지를 관리할 인력이 부족한 몽골 제국은 정복한 지역의 통치 체계와 관행을 대부분 인정했다. 하지만 몽골은 주요 관직을 다른 민족으로 임명했고 부패 방지를 위해 이들을 빈번하게 전보했다. 징기스 칸은 유대인을 이란, 페르시아, 위구르의 고위관료로 임명했다. 몽골은

---

the Infidel, page 131-141, Fight Flight Fraud (Charles Adams, Euro-Dutch Publishers,1982), Islam: Death or Taxes for the Infidel, page 101-107

특히 중국 관료를 경계했다. 원나라는 중국인에게 하급 관리를 맡기었지만 재정과 군사의 고위직은 이슬람, 위구르 또는 몽골 인이 차지했다. 이는 마르크 폴로가 원나라에서 세리 및 고위 관리로 임명될 수 있었던 이유이다.

오스만 제국은 예니체리^{Janissaries}라는 노예 관료제를 발전시켰다. 이 제도는 기독교도의 어린 자녀를 노예로 데려와 이슬람으로 개종시키고 교육하여 관료 및 군인으로 양성했다. 예니체리는 결혼할 수도, 재산을 가질 수도 없었기 때문에 황제에게 충성할 것이라 믿었다. 황제는 예니체리에게 특권을 주었고 교육을 통해 일상의 번뇌와 고민에 휘둘리지 않는 최고의 행정가와 군인을 얻었다고 생각했다. 예니체리 제도는 기대처럼 일정 기간 성공적이었으나 이들도 시간이 지나면서 결혼했고 재산을 축적했다. 오스만 제국은 자신의 특권을 지키기 위해 반란을 일으킨 예니체리와 함께 쇠퇴하게 된다.[66]

동서양의 왕들은 내시를 믿을 만한 사람이라 보고 중용하기도 했다. 내시는 재산을 물려줄 후손이 없었기 때문에 재물 욕심이 없을 것이라고 기대한 것이다. 또한 내시는 신분이 낮아 천시됐기 때문에 스스로 왕이 되기 위해 군사를 일으킬 위험도 없었다. 왕은 부정 축재와 반란의 위험이 적은 내시를 측근으로 많이 활용했다. 내시는 특히 재무장관과 장군으로 임명하기 좋았다.

최고의 내시는 어린 나이에 외국에서 수입된 내시였다. 수입된 내시

---

66. The March of Folly (Barbara W. Tuchman, 2014 Random House Trade Paperback Edition), A Lantern on the Stern, page 408

는 어린시절 가족과 단절되고 낯선 세계에 던져졌기 때문에 자신을 키워준 사람을 하늘처럼 섬겼다. 로마는 인도에서 내시를 많이 수입했고 관세를 부과했다. 내시는 중국뿐 아니라 인도, 페르시아, 로마 말기에 중용됐다. 명나라 초기 대선단을 이끌고 아프리카까지 원정한 정화[67] 장군도 환관 출신이다. 내시 제도도 성공을 보장할 수 없었다. 일부 내시들은 기대와 달리 정치에 개입했고 많은 돈을 축재했다.

통치자는 자신의 돈과 권한을 넘보고 횡령하는 것을 막아야 한다. 이를 위해 왕은 세리의 보수를 대폭 올려 부패하지 않도록 달래 보기도 하고 사형으로 처벌하는 채찍을 사용했다. 가장 보편적인 방식은 관료의 기능을 중복하는 것이다. 자신의 도덕성을 다른 사람이 감시하고 있다면 사람들은 정직하게 된다. 전문 감독 기관을 두고 부패를 방지할 수도 있었다. 암행어사와 같은 제도이다. 상세한 징수 내용과 지출을 기록한 서류 감사와 현장을 점검하는 제도도 실시됐다. 이러한 관료 체계는 엄청난 비용이 필요했기 때문에 아예 조세 징수를 민간에 위탁하는 것도 과거에 유행했던 한 방법이었다.

◇◇◇

고대 인도에서 재무장관은 '욕망 검증'을 거쳐야 했다. 후보자 검증은 비선 스파이를 통해 이루어졌다. 왕은 신뢰하는 여성을 몰래 보내 장관 후보자를 유혹했다. 스파이는 "여왕이 귀하에게 매료됐으며 여왕의 침실

---

67. 명나라 영락제의 명을 받아 1405년부터 1430년까지 일곱 차례에 걸친 대항해의 업적을 남긴 전설적인 환관이다. 정화는 인도, 아프리카까지 항해했다고 하며 중앙아시아의 이슬람교 집안 출신으로 한족이 아니다.

로 몰래 들어갈 수 있도록 준비해 두었다. 여왕은 많은 재산을 가지고 있으며 이를 나누어 주려 하고 있다."라는 말을 전했다. 이를 거절해야 순순하고 믿을 만한 사람이라고 보았다. '욕망 검증'을 통과한 사람은 돈을 다루는 재무장관 또는 궁정대신으로 임명됐다. 이는 2000년 전 인도의 통치서인 《아타샤스트라arthashastra》를 집필한 차나카야 재상의 권고이다.

물고기가 연못에 물을 마시는지 알 수 없듯이 과거 세리의 횡령도 알 수 없었다. 현물거래를 일일이 기록하기 어려웠고 감시할 능력이 없었기 때문이다. 은밀한 거래를 방지하기 위해 고대 왕이 선택한 최고의 수단은 스파이였다. 인도 왕은 은둔자, 가짜 문하생, 상인, 학자, 고행자, 여성 탁발승으로 분장한 스파이를 고용했다. 정보의 진실성을 검증하기 위해 서로를 알지 못하는 세 개의 채널에서 비선 보고를 받았다. 스파이를 감시하는 스파이까지 고용하기도 했다. 무려 2000년 전에 있었던 엄청난 부패 감시체계이다. 이를 유지하기 위해 얼마나 많은 인원과 비용이 필요했을까? 사람을 믿는 것이 얼마나 힘들었기에 이런 조직을 만들었을까?

성경은 이집트의 정보원에 대해 언급하고 있다. 이집트는 곳곳에 정보원을 심어두고 세금을 징수하면서 반대 세력을 억압했다. 전도서는 유대 지방은 억압받은 사람들의 눈물로 가득 차 있다고 하고 있다. 모든 곳에는 파라오의 스파이가 숨어 있어 숨어서라도 왕을 욕하면 하늘의 새가 듣는다고 했다. 유대인들이 저주하는 것은 조세부담과 이를 강제하는 세리와 정보원이었다. 파라오는 도청장치로 정보원을 활용했고 불평 불만하면 처벌했다.[68]

---

68. For Good and Evil (Charles Adams, First Madison Books Edition 2001), Ancient Egypt, page 10–11

국가는 공적조직으로 스파이를 운영하는데 만족할 수 없었다. 국가는 사인私人을 정보원으로 활용했다. 사설 정보원은 보수를 지급할 필요가 없었지만 왕이 가진 조직의 한계를 잘 보충했다. 정보원은 납세자뿐 아니라 세리의 비리도 감시했다. 정보원은 제공한 정보를 통해 징수한 금액의 일부를 포상금으로 받는다. 이들이 받는 포상금Moiety은 최대 50%까지 지급됐다. 최악의 상황은 직업적인 정보원을 증인으로 사용하는 것이었다. 근대 미국에서 전문 증인은 종종 세리의 친인척으로 선량한 사람에게 불리한 증언을 하기 위해 전국을 돌아다녔다. 막대한 포상금을 노린 이들의 위증으로 정의는 부당하게 침해됐으며 시민들은 조작된 탈세 누명을 벗기 어려웠다. 시민들은 부당한 제도에 분노했고 부패한 세리에 대한 폭력은 정당화됐다.[69]

영국은 밀수 방지를 위해 정보원 제도를 남용했다. 그 결과 높은 포상금이 범죄자들에게 좋은 먹잇감이 되었다. 정보원은 밀수를 제보하겠다고 협박해 수입상에게서 뒷돈을 받거나 법정에서 허위로 진술하는 경우가 많았다. 그래서 정보원으로 의심되는 사람은 밀수조직에 살해되기도 했다. 미국에서는 밀수 정보를 제보하면 평생 관세 면세 혜택을 주기도 했다. 밀수포상금을 노린 정보원의 돈벌이 방식도 시간과 함께 진화했다. 일부 정보원은 밀수품을 팔고 이를 산 사람을 밀고했다. 그리고 이들은 공매에서 압수된 밀수품을 싼 가격에 다시 구입했다. 세관에서 공매한 물

---

69. A history of taxation and expenditure in the western world (Carolyn Webber and Aaron Wildavsky, Simon & Schuster 1986), Goals of the ancient kings and how they achieved them, page 65–76 Those Dirty Rotten Taxes (Charles Adams, Simon & Schuster 1998), Discovering the Roots of the IRS and the Second Whisky Rebellion, Page 122–123

품은 합법적 수입물품이기 때문에 시장에서 높은 가격을 받을 수 있었다.

미국에서 노예의 국제거래가 금지되던 시절 밀수범은 놀라운 사업 능력을 보여주었다. 노예 밀수 선박은 입항하면서 스스로 밀수했다고 세관에 신고했다. 세관은 절차에 따라 노예와 밀수 선박을 압수하고 이를 공매했다. 밀수범은 일부러 높은 가격으로 신고한 노예 가격의 절반을 포상금으로 지급받았다. 이후 밀수범은 다른 업자와 짜고 싼 가격에 압수된 노예를 다시 샀다. 세관 공매를 통해 구입한 노예는 합법적인 수입물품이 되어 시장에서 더 높은 가격을 받고 팔 수 있었다.

정보원 제도는 편리하나 위험한 양날의 검이다. 로마와 이집트는 전성기에 정보원을 금지했다. 콘스탄티누스 황제는 고문, 십자가 형과 조세 정보원을 폐지했다. 조세정보원은 십자가형보다 더 사악한 제도로 간주됐다. 미국을 제외한 대다수의 국가는 이러한 문제를 인식하고 직업적인 정보원제도를 폐지했다. 불법행위 신고는 명예로운 시민의 자랑스러운 의무이여야 한다.[70] 반면에 국가가 불법을 신고하도록 장려하는 파파라치와 같은 제도는 행정편의를 위해 돈으로 국민을 이간질하는 나쁜 제도이다.

◇◇◇

몽테스키외가 말하듯이 세금이 과도하면 정부는 과도한 억압 수단을 사용해야 한다. 가장 손쉬운 방법은 처벌 강화이다. 영국은 1726년 밀수

70. For Good and Evil (Charles Adams, First Madison Books Edition 2001), Augustus: Master Tax Strategist, page 104
Those Dirty Rotten Taxes (Charles Adams, Simon & Schuster 1998), The Detestable Race of Informers, page 160-166

를 억제하기 위해 월섬 블랙Waltham Black 법을 제정했다. 법은 사람들이 밤에 얼굴을 검게 칠하거나 검은 복장으로 돌아다니면 사형으로 처벌했다. 이는 밀수꾼이 자신을 숨기기 위해 쓰던 복장이었기 때문이다. 야간에 밀수 선박과 불빛으로 교신하는 것, 밀수품을 운반하는 것 또한 사형으로 처벌했다. 이러한 처벌에도 밀수는 근절되지 않았다. 강력한 처벌은 오히려 밀수범의 무장을 촉진했고 세관의 체포 과정에서 극렬한 폭력과 저항을 불러왔다. 밀수범의 입장에서 보면 어차피 사형이라면 순순히 체포되는 것보다 격렬하게 저항하고 싸우는 것이 살아남을 가능성이 높았다.

국가가 잘못된 법을 고치는 대신 탈세를 강하게 처벌하는 것도 같은 결과를 가져온다. 과거 제국은 탈세범을 사형으로 처벌하거나 고문했다. 하지만 사람들이 부당하다고 생각하는 법은 집행하기 어려웠고 탈세는 계속됐다. 이 때문에 계몽주의 사상가들은 탈세범의 형사처벌을 반대했다. 이들은 살인과 같은 진정한 범죄와 국가가 범죄라고 규정한 위반Offenses을 구분했다. 블랙 스톤은 위반행위자는 자연법이 아닌 국가가 정한 규칙을 위반했음으로 탈세를 형사처벌하는 것은 잘못이라고 했다. 그는 탈세를 범죄로 만들면 "전혀 나쁜 사람이라고 생각되지 않는 사람이 악당이라 처벌받는다. 이는 온건한 정부의 정신에 어긋난다." 하였다.[71]

애덤 스미스는 스코틀랜드에서 세관장을 지냈다. 13년 동안 관세를 징수하고 밀수를 예방하는 일을 했지만 그는 《국부론》에서 밀수를 옹호하는 발언을 했다. "밀수범은 국법을 어기었기 때문에 비난받아야 하지만

---

71. For Good and Evil (Charles Adams, First Madison Books Edition 2001), How a Good Tax Goes Bad, page 389

대부분 자연적 정의를 위반할 만한 인물이 아니다. 국가가 부자연스럽게 밀수를 범죄라고 하지 않았다면 이들은 모든 면에서 훌륭한 시민이다.” 애 덤 스미스는 탈세범도 같은 맥락으로 이야기하면서 오히려 세수를 잘못 배분하거나 불필요한 경비를 지출한다는 의심이 있는 정부를 비판했다.

당시 밀수범은 자신을 어떻게 생각했을까? 자신이 중대한 범죄자라 고 생각했을까? 전혀 아니었다. 그들은 시민들이 혐오하는 관세와 정부 규제에 맞서는 개방주의자라 생각했다. 밀수는 시민의 거래 자유를 회복 하는 자유무역 행위이다. 그들은 남의 물건을 훔치지 않았으며 자유를 회 복하기 위해 자신을 희생하는 정직한 도둑이라고 했다. 애덤 스미스의 밀 수 옹호 발언은 당시 대다수의 시민들이 이와 같이 생각했기 때문에 가 능했을 것이다.[72]

◇◇◇

페인Thomas Paine[73]은 상식적으로 “처벌하려는 욕망은 항상 자유에 위협 이 된다.”라고 했다. 프랑스 철학자 몽테뉴Michel de Montaigne는 16세기 “사람의 생각과 행동을 자세히 관찰하면 정직한 사람 또는 바른 사람이 없어, 법에 의해 평생 열 번 정도는 사형에 처해질 만한 불법을 저지른다.”라고 했다.

로마 콘스탄티누스 황제는 조세법 위반을 형사처벌 대상에서 제외했 다. 지각 있는 사람들은 단순한 탈세를 범죄로 만드는 것이 잘못됐다고

---

72. For Good and Evil (Charles Adams, First Madison Books Edition 2001), The Enlightenment Had the Word on Taxation, page 285–286, For Good and Evil (Charles Adams, First Madison Books Edition 2001), How a Good Tax Goes Bad, page 386–387, Fight Flight Fraud (Charles Adams, Euro-Dutch Publishers,1982), The artful dodger: evasion or avoidance, page 266

73. 토머스 페인은 미국 작가이자 혁명이론가로 미국 독립운동에 막대한 영향을 끼쳤다.

생각한 것이다. 나아가 납세자가 세리에게 민사 손해배상 청구를 가능하게 함으로써 납세자를 보호했다.

네로 황제는 기원후 58년 세리에게 제기된 민원을 우선 처리하라고 지시했다. 테오도시우스Theodosius 황제는 납세자 보호에 나태한 판사에 대해서 민사 손해배상 소송이 가능하도록 했다. 판사가 세리의 잘못된 행동을 제지하는 것을 거부한다면 금 30파운드의 벌금을 판사에게 부과할 수 있으며 이 금액은 납세자에게 돌아갔다.

현재 세무공무원에게 민사 손해배상 소송을 제기하는 것이 가능할까? 세무공무원은 면책특권이 있기 때문에 법이 정한 한도를 넘어 징수하더라도 현행법으로는 민사소송 제기가 불가능하다.[74]

현재의 세법은 너무 복잡하고 엉망진창으로 꼬여 있어 탈세의 개념이 애매모호하다. 어느 정도 복잡한 금융 및 재정 상태를 가지고 있는 사람은 누구나 쉽게 기소되거나 추징당할 수 있다. 제도적으로 조세권의 남용을 견제하는 불복절차가 있으나 막대한 변호 비용 때문에 이용하기 쉽지 않다. 불공정한 세금에 이의를 제기하려면 세금을 먼저 납부하고 소송해야 한다. 이는 채무자가 논란이 되는 돈을 먼저 갚고 이 돈을 돌려달라고 소송하는 것과 같다. 국가에게 유리한 기울어진 운동장이다. 법 앞에 평등이라는 관점에서 보면 이는 이해하기 어려운 불복제도이다.

로마 시대에는 세관원이 수입화물을 검사하겠다고 하면 수입상은 화물을 하역하고 검사 준비를 해야 한다. 신고 내용이 정확하다면 세관은

---

74. For Good and Evil (Charles Adams, First Madison Books Edition 2001), Taming the Monster, page 466-468

하역 비용을 부담했다. 관세청에서도 최근 수입화물 검사에 이 제도를 도입했다. 이러한 제도는 다른 세무 분야에서도 확대되어야 한다. 납세자의 신고를 점검할 필요가 있어 현장 조사를 하는 경우 납세자의 신고가 정확하다면 조사 비용은 국가가 부담하는 것이 공정하다. 많은 납세자가 심한 경우 몇 년에 거쳐 값비싼 세무조사를 받지만 아무런 위법 사항이 없다고 결론 나는 경우가 많다. 이 경우 납세자가 이긴 것으로 보이지만 조사 비용과 시간은 납세자의 몫이다. 성실한 납세자는 세무조사의 시작부터 패자가 된다. 정부는 아무런 죄가 없는 사람도 방어 비용과 시간 부담으로 망가트릴 수 있다.

로마는 법이 정한 금액 이상을 징수한 세무공무원을 처벌했다. 우리는 잘못된 납세자를 처벌하지만 세무공무원을 처벌하지 않는다. 세금을 많이 추징한 공무원은 좋은 평가를 받고 승진한다. 현행 법규는 이러한 관행으로부터 납세자를 보호하지 않는다. 국가는 처벌하고 징수하려는 욕망을 제어하기 위해 우선 세법을 단순하게 정리해야 한다. 성과를 내기 위해 법을 무리하게 해석하는 공무원을 장려하는 것이 아니라 이를 견제하는 장치를 도입해야 한다. 국가는 형사소송에서 가난한 사람에게 변호사를 지원하고 있다. 국가는 세금 사건에서도 형사사건과 동등하게 시민을 보호하는 장치를 만들고 여력이 없는 시민도 최상급 변호사를 고용한 사람과 같은 보호를 받을 수 있도록 해야 한다.[75]

---

75. For Good and Evil (Charles Adams, First Madison Books Edition 2001), Rome Falls: Was it Tax Evasion, page 123-124, Taming the Monster page 461-466, Fight Flight Fraud (Charles Adams, Euro-Dutch Publishers,1982), Proposition 13: Format for reform, page 285-287

⟨3⟩

혁명과 전쟁

3.1 수치스러운 헌장

영국에서 대헌장이라 불리우는 마그나 카르타^{Magna Carta}는 1215년 귀족들이 존 왕의 잘못된 정치에 분노하여 왕의 권한을 제한하고 자유와 권리를 보장한 문서라고 한다. 여기서 귀족을 분노하게 한 존 왕의 잘못된 정치는 무엇일까? 귀족들이 반란을 일으킨 이유는 무엇일까?

존 왕은 프랑스로부터 노르망디를 되찾기 위해 엄청난 군비를 사용했다. 십자군 전쟁에서 돌아오다 납치된 사자왕 리차드^{Richard the Lionheart}의 몸값으로도 많은 돈을 지출했다. 비용을 조달하기 위해 그는 생각할 수 있는 모든 세금을 인상했다. 존 왕은 재임 17년 동안 병역 면제세^{Scutage}를 11배나 올렸다. 관세를 인상했고 일종의 상속세를 징수했다. 토지 임대료를 올리고 영주의 토지를 침해하거나 몰수했다. 그는 적법절차를 거치지 않고 귀족의 자산을 몰수했으며 예고 없이 법을 선포하고 소급처벌했다. 돈이 궁한 그는 교황에게 납부하는 보호비 지급마저 중단했다.

왕은 이론적으로 교황의 가신이었다. 왕은 토지의 소유권을 교황에게 넘기었기 때문에 영국 땅은 교황 소유였다. 왕은 토지를 임대하여 사용하고 그 대가로 교황에게 일정 금액을 납부해야 했다. 존 왕은 매년 은화 일천 마르크를 납부하도록 되어 있었다. 이는 교황에게 바치는 일종의 보호비였다. 교황은 이 돈을 받고 왕에게 반항하는 영주를 파문하여 주었다. 존 왕이 보호비 납부를 거부하자 교황 이노센트 3세는 1209년 존 왕을 파문하고 공식 폐위시켰다. 존은 파문에도 몇 년을 잘 버티었으나 결국 바티칸의 위세에 굴복하고 보호비를 다시 납부했다.

1214년 존 왕의 노르망디 침공이 다시 실패하자 영주들은 반란을 일으켰다. 반군은 스스로 신의 군대라고 부르며 런던을 점령하고 존 왕을 압박했다. 반란은 1215년 6월 왕이 런던 외곽에서 대헌장이라 불리는 합의문에 서명함으로써 일단락됐다. 존은 귀족들의 위세에 눌려 대헌장에 서명할 수밖에 없었다. 당시 중세 유럽에는 왕의 권한을 제한하는 많은 헌장Charters이 있었다. 따라서 마그나 카르타Magna Carta는 절대 새롭거나 고귀한 서류가 아니었다.

◇◇◇

대헌장은 세부적으로 63장으로 이루어졌지만 4개의 큰 원칙으로 압축될 수 있다. 첫째, 존 왕은 불법적으로 탈취한 모든 재산을 돌려준다. 둘째, 존 왕은 과거와 같이 재산의 탈취, 납치 및 처형을 하지 않는다. 셋째, 시민의 권리를 법제화하고 이를 모든 시민에게 확대한다. 넷째, 이러한 권리를 확실하게 하기 위한 세부 절차를 정한다. 대헌장은 이로써 의회의 동의 없이 새로운 조세를 부과할 수 없다는 것을 명문화 했다. 또한 영국법이 보호하는 대상을 성직자 및 귀족에서 모든 자유인에게 확대했다. 이는 그리스 민주주의 이후 처음으로 가난한 농부와 왕이 법적으로 동등하다는 것을 말한다. 여기에 더하여 대헌장은 존 왕의 월권 행위를 심사하여 이를 되돌릴 수 있는 25명의 영주로 구성된 위원회도 설립했다.

◇◇◇

존 왕은 처음부터 대헌장을 준수할 생각이 전혀 없었다. 존 왕은 배신에 익숙한 사람이었다. 존은 대헌장에 서명한 잉크가 마르기도 전에 군대를 모집하고 반격을 시작했다. 그리고 존은 바티칸에 투자한 결실을 뒤늦게 맺었다. 1215년 8월 교황은 대헌장을 무효로 하는 칙서를 발표하면서 이를 "수치스럽고, 품위를 손상시키며, 불공정하다."라고 했다. 여기에 더하여 교황은 반란을 이끄는 봉건 영주를 파문했다. 새로운 내전은 존 왕이 일찍 사망하여 피할수 있었다. 존은 교황의 칙서 발령이후 1년이 지나지 않아 이질로 사망했다. 왕의 후계자 헨리 3세는 9살로 보호자가 필요했다. 섭정 윌리엄William the Marshal은 일흔의 나이에도 반군과의 전투에서 승리할 정도로 힘이 있었으나 어린 군주를 위해 타협을 선택했다. 헨리 3세와 윌리엄은 타협을 위해 대헌장을 두 차례나 더 승인했다. 헨리 3세도 왕으로 즉위하면서 대헌장을 재확인해야 했다.

영국 왕은 대헌장에 의해 원칙적으로 의회의 동의를 받아 새로운 세금을 징수할 수 있었다. 왕이 새로운 세금을 요구하면 의회는 왕에게 상응하는 대가를 요구했다. 이를 협상하는 과정에서 영국 의회민주주의가 발전했다. 영국 국민이 누리는 자유와 재산권 보호는 왕에게 세금이라는 돈을 주고 산 것이라 할 수 있다. 영국 의회는 왕에게 1년이 넘는 과세권을 인정하지 않았다. 의회가 왕의 권력을 제한했기 때문에 영국 왕들은 교묘한 방법을 찾아 세금을 부과하려 했다. 재산권 보호와 법의 지배를 회피하려는 왕의 탈선과 의회의 견제는 수백 년 동안 계속됐다. 왕이 노리기 쉬운 재산은 공인 종교가 아닌 종교와 유대인의 재산이었다.

영국이 강대국으로 부상한 이유는 좋은 조세 제도 때문이다. 재산권을 보장하는 영국의 조세 제도는 현명한 지도자가 만든 것이 아니라 세금을 싫어하는 시민들이 만들었다. 시민들은 납득할 수 없는 세금의 납부를 거부했다. 시민들은 세관에 방화하고 세리를 폭행하는 것을 주저하지 않았으며 국왕과의 싸움조차 두려워하지 않았다. 영국 사람들은 양식 있는 판사, 철학자, 시민의 힘으로 개인의 재산권과 자유를 지킬 수 있었다. 재산권을 존중하는 영국 법치주의의 선례가 없었다면 유럽의 번영 또한 불가능했을 것이다.[76]

◇◇◇

비슷한 시기 중국 송나라는 화약, 나침반, 인쇄기술을 개발했고 세계 최대 철강 생산국이었다. 중국은 기술 선진국이었으며 인구 부국이었다. 중국이 이후 쇠퇴한 이유는 관료들이 자본과 기술을 지배했기 때문이다. 시장경제는 관료가 허용하는 범위내에서만 가능했다. 관료들이 지지하는 산업은 빠르게 성장할 수 있었지만 정책이 바뀌면 해당 산업은 생존이 어려웠다. 자본은 자유롭게 재투자 될 수 없었으며 막대한 부는 관료의 주목을 받았다. 관료들은 교묘하게 뇌물을 받거나 재산을 몰수하거나

---

76. For Good and Evil (Charles Adams, First Madison Books Edition 2001), Medieval England: How Englishmen Purchased Liberty with Taxes, page 162-166, The Birth of Plenty (William J. Bernstein, The McGraw-Hill Companies, 2004), England's happy accident, page 68-73, Those Dirty Rotten Taxes (Charles Adams, Simon & Schuster 1998), There Were Giants in the Earth in Those days, page 19, Fight Flight Fraud (Charles Adams, Euro-Dutch Publishers,1982), Medieval England, page 119-124, Daylight Robbery (Dominic Frisby, Penguin Random House UK 2019), The Greatest Constitutional Document of all time, page 44-47

해당 산업을 국유화했다.

중국 황제는 무제한적 이윤 추구로 상인들의 세력이 커지는 것을 두려워했다. 실제 당나라를 붕괴시킨 황소의 난[77]도 상인들이 일으킨 난이다. 중국은 문민 관료를 우대하여 왕에게 부담스러운 상인과 군인을 통제했다. 관료들은 예측할 수 없는 조세로 상인을 통제했고 군인은 군비를 죄어 쿠데타를 억제했다. 관료들은 국가 발전에 대가가 있더라도 이들을 철저하게 통제했다. 중국은 이를 통해 정치적 안정을 가져올 수 있었으나 대가가 있는 조치였다.

군인들에 대한 통제는 국방을 약화시켰고 상인들에 대한 통제는 새로운 기술과 자본의 축적을 어렵게 했다. 유교적 가치 하에서 상인들은 자신의 위치를 낮추고 역할을 스스로 제한했다. 그들은 상거래와 기술혁신에 투자하는 대신 귀족들이 선호하는 땅에 투자했다. 자녀 교육에 있어서도 관료를 최고의 가치로 여기고 과거시험에 투자했다. 중국에서 관료가 번성하는 동안 기술 발전은 더디어졌고 국력은 쇠락했다. 반면 서양은 대헌장과 같은 재산권 보호장치를 통해 약탈적 세금을 통제할 수 있었기 때문에 상업과 산업이 발전하게 됐다. 근대 동양과 서양의 기술과 국력 차이는 약탈적 세금 때문에 만들어졌다 할 수 있다.[78]

---

77. 당 나라 말기 황소와 왕선지가 일으킨 반란이다. 황소는 과거에 낙방하고 소금을 밀매하여 부자가 되었고 세금 문제로 난을 일으켰다. 황소는 장안을 점령하고 황제 위에 올랐지만, 결국 반란은 실패하고 당을 몰락하게 하는 계기가 되었다.

78. The Pursuit of Power (William H. McNeil, The University of Chicago Press 1982), The Ear of Chinese Predominance, page 47–50

3.2 영국 국교회의 탄생

영국 국교회는 헨리 8세가 이혼 문제로 교황과 대립하다 세운 것으로 알려져 있다. 헨리 8세는 형이 죽자 형수였던 스페인 공주 캐서린과 결혼하고 1509년 왕위에 올랐다. 헨리 8세는 왕위를 계승할 아들이 없자 1527년 캐서린과 이혼하고 앤 불린과 결혼하려 했다. 교황 클레멘스 7세는 이를 거부했다. 교황의 반대에도 영국 대법관 크롬웰[79]Thomas Cromwell은 1533년 새로운 결혼을 승인했다. 이후 그는 대주교가 되어 헨리의 첫 번째 결혼이 무효라고 공식 선언했다. 헨리는 이 일로 교황과 결별하고 영국 국교회를 설립했다는 것이 일반적인 설명이다. 하지만 이러한 공식적인 설명 뒤에는 재미있는 세금 이야기가 숨어 있다.

◇◇◇

영국에서 종교개혁을 돈 문제라고 보면 이는 전혀 다른 이야기가 된다. 당시 영국 인구는 3~4백만으로 프랑스나 스페인에 비해 작은 나라였다. 허풍쟁이로 알려진 헨리 8세는 약한 국력에도 독일 용병을 고용하여 끊임없이 외국을 침공했다. 헨리는 1513년 스코틀랜드, 1522년과 1528년에 프랑스 침공을 단행했다. 1513년 스코틀랜드 침공에서 헨리 8세는 70만 파운드의 재정수입 중 63만 파운드를 전비로 사용했다. 당시 재무장관 월씨Wolsey는 비용을 조달하기 위해 귀족들에게 강제 대출, 헌납Benevolence을 강요하여 악명이 높았다. 막대한 전쟁 비용에도 헨리는 사치와 낭비를 포기하지 않았다. 그는 프랑스를 방문할 때 금으로 장식한 범포를 달고 항

---

79. 1651년 항해령을 주도한 Oliver Cromwell 과는 다른 인물이다

해했다. 사치는 왕의 품격을 유지하기 위해 당연한 것이었다.

헨리는 전쟁을 위해 새로운 조세를 원했지만 영국 의회는 이를 거부했다. 헨리는 의회의 동의를 받지 않고 왕이 부과할 수 있다고 생각한 전쟁세Supplementary Subsidy 등을 부과했지만 사람들은 이를 납부하지 않았다. 헨리는 할 수 없이 이 세금을 포기하고 다시는 영국 국민이 원하지 않는 세금을 부과하지 않기로 약속했다. 이는 허풍쟁이의 진심이 아니었으며 그는 다른 방안을 모색했다. 헨리의 관심은 교회로 향했다. 교회와 수도원은 막대한 땅과 재산을 소유하고 있었기 때문이다. 여기에 더하여 교황은 십일조와 자산임대수입으로 매년 엄청난 수입을 거두고 있었다. 교황은 세금 문제로 의회와 다툴 필요가 없었지만 수입은 헨리 8세보다 훨씬 더 많았다.

영국은 국내에서 생산되지 않는 금과 은을 무역으로 확보했다. 어렵게 구한 이들 귀금속은 영국에서 유통되지 않고 교황에게 흘러갔다. 영국은 이로 인해 통화 부족 문제를 겪었고 이는 기업 활동을 위축시켰다. 상인들은 국제통화 금과 은이 교황에게 흘러가는 것을 반대했다. 헨리 8세는 이러한 불만을 이용했고 영국 의회는 1529년 교황에게 귀금속 송금을 금지했다. 이는 교황에게 이혼을 신청하기 이전의 일이다.[80]

◇◇◇

교황 클레멘스 7세는 자신의 돈을 착복한 헨리 8세의 이혼 요청을 거절했고 그는 1538년 헨리를 파문했다. 이때는 유럽에서 종교개혁 운동이

---

80. The Rise and Fall of the Great Powers (Paul Kennedy, First Vintage Edition 1989), International Comparisons, page 60–63

한창이던 시기였다. 헨리는 파문을 기다리고 있었던 것으로 보인다. 영국 의회는 헨리를 영국 교회의 위대한 지도자라고 선언하면서 국왕을 지지했다. 헨리 8세가 교황을 제치고 영국 교회의 수장이 된 것이다. 헨리는 교회가 가지고 있던 토지와 재산을 몰수하고 성직자에게 세금을 부과했다. 헨리가 가톨릭 교회의 재산을 강탈한 것이다. 이는 영국 역사상 가장 큰 공식 강도 사건이자 자산 재분배 사건이다. 영국의 종교개혁은 사랑 때문이 아니라 돈 때문에 일어났다.

헨리는 종교개혁으로 재정수입을 두 배로 늘렸고 재정은 안정됐다. 하지만 헨리는 이후 프랑스, 스코틀랜드와 전쟁에서 2백만 파운드가 넘는 돈을 탕진했다. 이는 정상적인 재정수입의 10배에 이르는 지출이었지만 전쟁에서 승리를 가져오지도 못했다. 헨리는 교회 토지의 헐값 매각, 혐의를 조작한 귀족의 재산몰수, 은행에서 강제 대출, 은화 및 금화의 함량을 줄이는 평가절하, 조세 징수 확대 등의 조치를 취했다. 그는 매주 일요일 1회 단식한다는 가정하에 매주 1끼의 식사 비용에 과세하는 금식세도 만들었다. 이러한 노력에도 헨리 8세는 많은 빚을 엘리자베스 1세에게 넘겼다. 엘리자베스는 세금을 늘리는 대신 스페인 무역선을 약탈하는 해적 사업에 투자했고 15년 후에야 비로소 유산으로 받은 재정 문제를 해결했다. 그녀가 해적여왕으로 불리는 이유이다.

헨리가 교회 재산을 몰수하자 예기치 못한 문제가 발생했다. 지금까지 수도원에서 돌보던 가난한 사람, 병자, 고아 및 부랑자를 돌봐 줄 사람이 없어졌다. 이제 이 불행한 사람을 어떻게 하느냐고 물었을 때 헨리는

마을에서 피난처와 돌봄을 제공하라며 책임을 회피했다.[81]

◇◇◇

헨리 8세를 파문한 교황은 신성 로마 제국과 프랑스에 특사를 파견하여 영국과 국교를 단절하고 상거래를 중단할 것을 요청했다. 외교 단절은 곧 전쟁을 의미할 수 있기 때문에 헨리는 이 사태에 온 신경을 기울였다. 대륙에서 영국 침공을 준비하고 있다는 첩보와 적군이 이미 스코틀랜드로 출발했다는 소문이 떠 돌았다. 네덜란드는 헨리 8세가 주문한 대포 300기의 계약을 취소했다. 신성로마제국 황제는 네덜란드와 벨기에에 정박하고 있는 모든 선박의 출항을 금지했다. 영국은 이를 전쟁에 대비하여 배를 징발하는 전 단계라 믿었다. 신성로마제국은 영국 배의 출항까지 금지시킴으로써 영국은 전쟁 선언과 동시에 이들을 몰수할 것이라고 생각했다. 새로운 십자군 전쟁이 일어날 것이라고 생각한 헨리 8세는 모든 상선을 해군 함정으로 무장시켰다. 해안을 방어하는 성벽도 쌓기 시작했다. 이는 당시 가장 큰 성곽 구축사업이었다.

예상과 달리 새로운 십자군 전쟁은 일어나지 않았다. 실제 교황 클레멘스 7세는 십자군 전쟁을 일으킬 힘이 없었다. 당시 이탈리아반도는 스페인과 프랑스의 개입으로 나뉘어 있었고 전쟁이 빈번했다. 르네상스 도시간 주도권 다툼도 교황에 도움이 되지 않았다. 가톨릭 교회 자체도 끝없는 부패에 시달렸고 이에 반발하는 종교개혁 운동으로 병약해졌다. 로

81. For Good and Evil (Charles Adams, First Madison Books Edition 2001), After Magna Carta, page 240-242, Fight Flight Fraud (Charles Adams, Euro-Dutch Publishers,1982), The True Sovereign of England, page 185-187 Those Dirty Rotten Taxes (Charles Adams, Simon & Schuster 1998), Fiscal Whiz-kids or Nitwits? page168-169

마 시내가 반군에 의해 약탈당하고 교황이 연금당할 정도였다. 힘 빠진 교황은 헨리 8세의 반란을 묵인할 수밖에 없었고 이로써 영국의 종교개혁은 완성됐다.[82]

3.3 대혁명의 도화선

1789년 프랑스 혁명은 모순 덩어리이다. 프랑스 혁명은 자유, 평등, 박애를 기본 이념으로 하고 있지만 독재자가 통치했다. 혁명은 주변국을 정복했을 뿐 아니라 군대를 주둔시키고 사유재산을 약탈했다. 주변 국가는 프랑스에 전쟁 배상금과 세금을 납부하고 젊은이들을 침략 전쟁에 보내야 했다. 나폴레옹은 봉건제도 폐지, 국내관세 철폐, 국가행정체계 통일, 중산층bourgeois 중심 정책 등 사회 혁신을 이루었다. 하지만 그는 혁명의 도화선이었고 자신을 몰락하게 만든 세금 문제는 전혀 해결할 수 없었다. 세금은 프랑스 혁명의 원인과 나폴레옹의 패망을 가장 잘 설명할 수 있다. 프랑스 혁명은 재정錢 문제 때문에 일어났다. 그리고 나폴레옹은 자금 부족으로 워털루 전투에서 패하면서 망하게 된다.

당시 모든 왕조가 그러하듯이 18세기 프랑스 왕의 유일한 관심사는 재정수입 확보였다. 프랑스는 영국과 7년전쟁에서 패했고 엄청난 비용을 지출했다. 천문학적인 부채에도 프랑스는 미국의 독립 전쟁을 지원했다.

82. The March of Folly (Barbara W. Tuchman, Random House Trade paperback edition 2014), The Sack of Rome: Clement VII page 127-136

경쟁국 영국을 이기고 싶은 자존심과 명예 때문이었다. 프랑스의 도움으로 미국이 독립하면 대서양 무역의 주도권을 프랑스가 가져올 것이라는 기대도 있었다. 루이 16세는 7년 전쟁보다 더 많은 10억 리브르 이상의 빚을 져가면서 미국 독립을 지원했다.

영국은 미국 독립으로 더 심각한 피해를 입었다. 영국은 해외에서 가장 큰 식민지를 잃었으며 2억 파운드 이상의 전쟁 부채를 지게 됐다. 프랑스는 전쟁 중간에 끼어 들었고 많은 군대를 파견하지 않았기 때문에 전쟁 비용은 영국의 절반이었다. 전쟁의 승패와 비용의 차이에도 양국은 예상과 다른 길로 가게 된다. 패전한 영국은 상처를 회복하고 번성했고 승리한 프랑스는 오히려 혁명을 겪게 된다. 양국의 차이는 재정조달 능력에 있었다. 영국은 패전에도 3%대의 금리로 자금을 조달했다. 금융시장에서 신뢰가 높았기 때문이다. 국가부도가 빈번하던 프랑스는 이보다 두 배 높은 이자를 지불했다. 부채는 영국이 2배 더 많았지만 양국 모두 재정수입의 절반 이상을 이자비용으로 지출했다. 이후 영국은 재정 개혁으로 부채를 갚아나갔지만 프랑스는 매년 새로운 부채를 발행하여 적자가 늘어났다.

대서양 무역의 주도권을 차지하려던 프랑스의 희망은 절망으로 돌아왔다. 영국은 금융과 무역의 힘으로 전쟁 부채를 갚았다. 영국 해군은 해상 교역로를 지속해서 순찰했으며 상인은 미국이 필요로 하는 물건을 수출했다. 영국은 1789년 전쟁 이전 수준으로 대서양 무역을 회복했으나 프랑스는 재정 개혁에 실패하고 국가부채에 시달렸다.[83]

---

83. The Rise and Fall of the Great Powers (Paul Kennedy, Frist Vintage Edition 1989), The Winning of

프랑스는 귀족을 제외하고 나머지 사람들이 세금을 납부하는 불공평한 조세 제도를 가지고 있었다. 그 결과 과도한 세금으로 조세 폭동이 빈번하게 일어났다. 나쁜 세금으로 토지 및 재산에 부과되는 타유Taille라는 직접세가 있었다. 타유는 프랑스 조세수입의 80%를 차지했고 영국과 백년전쟁에서 재원을 조달한 세금이었다. 타유가 모든 토지 및 재산에 공평하게 부과된다면 좋은 세금이나 성직자와 귀족은 면제됐다. 기사의 검과 성직자의 기도는 국가를 위해 이미 자기 희생을 했다는 이유였다. 일부 지방은 낮은 세율의 타유가 적용되거나 면제됐다. 타유는 시간이 지나면서 농민들만의 세금이 됐고 엄청난 부담으로 작용했다.

프랑스 농민은 타유Taille뿐 아니라 수확의 9%에 이르는 십일조를 교회에 납부해야 했다. 흉작이 들거나 생필품 가격이 오르면 이는 치명적이었다. 조세부담이 과도하면 농민들은 토지를 귀족에게 넘기고 그 땅을 경작하는 소작농을 선택했다. 귀족은 국가에 세금을 납부하지 않았지만 소작농에게 영주세와 소작세를 징수했다. 세금을 면제받는 가장 좋은 방법은 귀족의 신분을 사거나 성직자가 되는 것이었다. 이는 정신적으로나 물질적으로 엄청난 특권이고 좋은 투자처였다. 미국으로 건너가 듀폰을 창업한 듀폰Pierre Samuel Dupont은 "부자는 (돈으로) 귀족이 될 수 있다. 귀족은 세금을 납부하지 않아도 된다. 세금을 피하는 유일한 방법은 부자가 되는 것이다."라고 했다.

Wars, page 121-139, The Financial Revolution, page 84-85

프랑스는 간접세를 통해 재정수입 대부분을 징수했다. 간접세는 관리하기 편하기 때문에 국가가 선호하지만 가난한 농부가 더 많은 세금을 부담한다. 프랑스는 직접세 타유의 불공평에 더하여 농부에게 가혹한 간접세 부담을 지웠다. 일부 학자는 이러한 정책을 옹호했다. 그들은 가난한 사람은 잡초와 같아서 많이 깎을수록 더 강해진다 했다. 가난한 사람에게 조세부담을 늘리면 생존을 위해 노력하여 사회전체의 생산성이 높아진다 했다. 따라서 빈자 과세는 빈곤을 해결하는 좋은 정책이라고 했다.

프랑스는 민간인 조세농부에게 세금 징수를 위탁했다. 조세농부는 관세, 담배, 소금, 와인 등에 세금을 징수했다. 조세농부는 세금 징수를 위해 개인 사생활을 침해했고 폭력을 상습적으로 사용했다. 당시 조세농부의 수는 20~30만 명이었으며 이는 프랑스 전체 인구의 2% 이상이었다. 인구의 2%가 세리라면 현재 3만 명 정도인 우리나라 국세청과 관세청 직원은 백만 명 이상으로 늘어나야 한다. 세리의 숫자가 많으면 시민들은 매일 세리에 시달릴 수밖에 없다.

프랑스는 영국과 달리 국경에서 관세를 징수하기 어려웠다. 출입을 통제할 육지국경과 해안선이 너무 넓었기 때문이다. 이를 해결하기 위해 프랑스는 도시 외곽에 담장을 쌓고 출입이 허용되는 장소에서 관세를 징수했다. 이러한 국내세관은 불어로 옥트로이Octroi라 불린다. 프랑스 세리는 베를린 장벽 같은 벽을 도시 외곽에 설치하고 출입하는 사람의 짐을 일일이 검사하고 과세했다. 사생활을 침해하는 파리의 옥트로이는 시민들의 증오 대상이었다. 옥트로이는 프랑스 혁명에서 바스티유 감옥 습격 사건에 앞서 시위대에 의해 불태워졌다. 당시 한 작가는 "악마가 프랑스를 망하게 하는 방법을 선택할 수 있다면 악마는 아무것도 할 필요가 없이 현재의 조세 제도를 그대로 가져가면 될 것이다."라고 했다.

◇◇◇

프랑스는 재정수입을 위해 작위와 공직까지 판매했다. 관직을 파는 것은 16~17세기 유럽에서 일반적인 현상이었다. 시민의 입장에서 관직을 구매하는 것은 일종의 투자였다. 관직의 가격은 관직이 주는 사회적 지위와 기대 수입에 의해 결정됐다. 부자는 관직을 사서 명예를 얻고 실제 업무는 다른 사람에게 위임했다. 관직은 양도할 수 있었기 때문에 관직 가격이 오르면 별도의 투자 수입도 가능했다. 부자들이 당시 관직에 투자하는 것은 일종의 장기 연금에 투자한 것과 같았다.

황제는 관직을 적극적으로 만들어 팔았다. 황제 주변에서 변기 시중을 드는 자리도 관직으로 판매됐다. 브리트니 지방에는 양을 키워 가죽을 생산하는 사람이 많았다. 왕은 '가죽검사관'이라는 직책을 만들어 팔고 법으로 모든 양가죽을 검사하도록 했다. 명분은 가죽의 품질 향상이지만 숨은 의도는 검사 수수료이다. 수수료는 가죽검사관에게 상당한 수입을 가져다준다. 그는 현지에 대리인을 고용하고 파리 시내를 벗어날 이유가 없었다. 패자는 양치기 목동과 소비자이다. 가죽의 품질 검사는 실질적인 가치가 없었고 가죽 생산자에게 부과한 새로운 조세일 뿐이었다.

신흥 부자는 신분 상승에 대한 열망이 있었다. 작위와 공직은 낮은 출신을 감출 수 있는 수단이었다. 부자는 자기 아들을 미래가 보장되는 관료 또는 조세농부로 키우고자 했다. 왕은 작위와 공직을 판매하여 지금 당장 수입을 만들고 미래의 수입을 포기했다. 16세기 황제는 관직을 이중 삼중으로 판매했다. 관직을 산 관리들은 이 문제를 해결하기 위해 두세 사람이 돌아가면서 자리를 맡기도 했다. 프랑스는 종교전쟁 당시 재정

수입의 30~40%를 관직 판매에서 조달했다. 이후 황제는 관직을 가진 사람에게 매년 관직 가격의 1/16을 납부하도록 했고 관직은 일종의 재산권처럼 행사되고 상속됐다.

◇◇◇

"짐이 곧 국가이다."라는 루이 14세의 말은 허풍이었다. 그는 세금이 너무 많다는 불평에 대해 "국가는 모두 자신의 것이기 때문에 세금은 단순히 나의 것을 도로 가져오는 것이다."라고 했다. 하지만 태양 왕 루이 14세도 세금에 항거하는 민심을 두려워했다. 프랑스에서 세금을 올릴 것이라는 소문이 있으면 곳곳에서 폭동이 일어났다. 왕은 세금을 올릴 거라는 소문을 퍼트리는 사람을 사형에 처했고 높은 관리를 보내 그런 계획이 없다고 무마하기도 했다. 강력한 절대왕조도 세금을 이유로 하는 폭동에는 절대 약한 허풍이었다.[84]

프랑스 혁명 이전에도 조세 개혁을 위한 많은 노력이 있었다. 이들 노력은 기득권에 막혀 번번이 실패했다. 루이 14세 시절 재무장관인 콜베르Colbert는 타유Taille가 면제되는 브르타뉴Brittany 및 보드도Bordeaux 지방에 간접세를 부과하려 했지만 폭동이 일어나는 바람에 이를 철회했다. 브르타뉴 지방의 폭동은 심각하여 황제는 값비싼 스위스 용병을 구입하여 투입해야 했다. 새로운 재무장관 보방Vauban은 타유 개혁 대신 10%의 소득세를 도입하려 했지만 역시 실패했다. 보방은 프랑스에 17가지 유형의 면세 규정이 있으며 하나의 면세 특권에는 하나의 특권 세력이 자리잡고 있다 했다. 보방은 황제의 조세정책을 비판하다 해고됐다.

---

84. For Good and Evil (Charles Adams, First Madison Books Edition 2001), Public Revenue, page 6

루이 15세 또한 조세 개혁을 추진했다. 루이 15세는 성직자, 귀족, 특정 지방의 면세 특권을 폐지하고자 했지만 암살을 모면하고 현실을 직시하게 됐다. 그는 개혁을 철회하고 개혁을 추진하던 재무장관을 파면했다. 루이 16세가 집권할 즈음 지식인들의 조세 개혁 요구는 거세졌다. 볼테르, 루소, 몽테스키외는 조세 제도의 불공정을 부각시키는 서적을 발간했다. 볼테르는 "조세 문제에 있어서 모든 특권은 불공정하다."라고 했다. 루소는 "겨우 필요한 것을 가지고 있는 사람은 세금을 납부하면 안된다. 잉여를 가진 사람에게는 필요한 것을 제외하고 과세할 수 있다. 부자는 그의 지위로 인해 가난한 사람이 불필요하다고 생각하는 것도 꼭 필요하다 할 수 있지만 귀족도 가난한 사람과 같이 두 개의 다리와 하나의 배를 가지고 있다." 했다.

루이 16세는 파산이 임박했다는 것을 알았다. 조세수입을 획기적으로 늘리지 못하면 파산이 불가피했다. 면세 특권을 폐지하고자 하는 그의 1789년 개혁은 법원에 의해 좌절됐다. 법원 또한 귀족 편이었다. 법원은 삼부회[85]Estates General만이 조세 개혁을 승인할 수 있다고 판결했다. 법원은 삼부회에서 성직자 1부와 귀족 1부가 힘을 합해 평민 1부를 쉽게 누를 것이라는 것을 알고 있기 때문이다.

황제는 조세개혁을 위해 지난 150년 간 소집된 일이 없던 삼부회를 소집하면서 잔꾀를 부렸다. 그는 평민회 대표 수를 2배로 늘려 이들을 통해 성직자와 귀족 세력을 누르자 했다. 그러나 평민 대표 일부는 '인간의

---

85. 프랑스 절대왕조에서 국가의 중요 사안에 관해 토론한 일종의 신분제 의회이나 실질적 권한이 거의 없었다. 1신분은 가톨릭 성직자, 2신분은 귀족, 3신분은 평민의 3부로 구성되었다.

기본 권리'를 주장하며 평등사상으로 정국을 주도하려 했고 일부는 예측 불가능한 혁명과 내전에서 안정을 찾으려 했다. 하지만 급진주의자들은 "테러는 오늘의 질서이다." 하면서 분위기를 주도했고 결국 왕과 그의 가족 그리고 동료 혁명가들을 처형했다. 폭도들은 파리세관과 정치범 수용소인 바스티유 감옥을 습격하고 불태웠다. 세금을 위탁 징수하던 조세농부 주식회사 임원 40명 중 32명을 단두대에서 처형했다.[86] 세금 혁명이 일어난 것이다.

3.4 나폴레옹과 조세전쟁

혁명정부는 이후 고질적인 세금 문제를 개혁하려 했으나 근본적인 변화는 없었다. 프랑스는 국가를 운영해 본 경험이 없는 사람 손에 넘어갔다. 정부는 돈이 없었고 상식이 부족했다. 파리 세관은 불타고 조세농부는 단두대에서 처형됐기 때문에 혁신적인 아이디어를 가진 사람은 많았으나 조세 전문가는 하나도 없었다. 세금에 대한 불만으로 혁명이 일어났다면 혁명정부는 조세를 개혁하여야 한다. 개혁을 이루어 혁명을 합리화하여야 한다. 하지만 혁명정부는 더 많은 돈이 필요했다. 금융시장에서는 아무도 새 정부에 돈을 빌려주지 않았다. 파산한 국가를 인수한 혁명정부는 더 많은 세금을 걷을 수밖에 없었다. 혁명정부는 어쩔 수 없이 혁명의

---

86. For Good and Evil (Charles Adams, First Madison Books Edition 2001), The Devil's Tax System, page 221-228

원인인 세금 문제는 사유재산권 보호라는 두리뭉실한 주제에 묻어두고 자유, 평등, 박애의 혁명 정신을 강조했다.

혁명정부는 대신 세금의 이름만 바꾸었다. 사람들이 싫어하던 세금을 '공공기여'라는 말로 바뀌었다. 개혁 없이 말을 바꾸어 사람들을 현혹한 것이다. 국민의회는 혁명의 원인인 소금세를 맹렬하게 비난했으나 생각을 바꾸었다. 그리고 적절한 다른 세금을 찾아낼 때까지 소금세를 납부 해 달라고 시민들에게 요청했다. 자발적인 성격의 소금세가 무시되자 의회는 모든 시민에게 소득의 1/4을 기부하도록 요청했다. 새롭게 도입된 토지세 또한 국민들로부터 무시됐다. 국민의회는 마지막으로 영국 헨리 8세처럼 교회 재산을 압수하고 이를 담보로 종이 돈을 발행했다. 프랑스 혁명은 비틀거리는 금융시장을 더욱 황폐화시켰다. 1797년 나폴레옹은 국가부채 2/3의 불이행을 선언했다. 이는 국가신용 등급을 무한정 떨어뜨려 국채 이자가 30%가 넘도록 상승했다. 국가부도를 선언할 정도로 돈이 없던 나폴레옹은 어떻게 전쟁에서 승승장구했을까?[87]

◇◇◇

프랑스 혁명에서 등장한 나폴레옹은 전쟁사에 뚜렷한 발자취를 남겼다. 나폴레옹은 군의 전술과 전략은 물론이고 훈련, 조직, 군수 분야에서 많은 영향을 미쳤다. 다른 유럽국가들은 당시 최강이던 프랑스 육군을 모방했다. 강력한 군사력을 가지고 있었음에도 나폴레옹은 유럽 대륙을 통

87. Taxing the Rich (Kenneth Scheve & David Stasavage, Princeton University, 2016), Treating Citizens as Equals, page 38, For Good and Evil (Charles Adams, First Madison Books Edition 2001), Many Revolts -One revolution, page 229-237.

합하지 못했다. 불가능이 없다던 그의 꿈은 워털루에서 신기루처럼 사라졌다. 나폴레옹은 세금을 혐오하는 시민에게서 가장 큰 제약을 받았다. 그가 백마를 타고 파리를 순시할 때 시민들은 도열하여 '황제폐하 만세'와 '조세 폐지'를 동시에 외쳤다. 나폴레옹에게 가장 큰 위협은 영국과 러시아가 아니라 세금을 내고 싶지 않은 프랑스 시민이었다. 프랑스 농부들은 세금을 폐지하기 위해 혁명에서 싸우는 것으로 믿었다. 세금은 나폴레옹의 취약점이었다. 그는 유럽의 모든 군대를 격파했으나 세금을 납부하지 않아도 된다는 프랑스 농부의 신념을 이길 수 없었다.

나폴레옹은 60만이 넘는 군대를 유지하기 위해 많은 돈이 필요했다. 혁명정부는 조세 개혁으로 재정수입을 확보하는데 실패했다. 그는 혁명 이전 방식인 약탈에 의존할 수밖에 없었다. 프랑스는 우선 '혁명의 적'이라고 생각되는 귀족의 재산을 몰수하고 판매했다. 군대는 현지에서 필요한 물자를 약탈했다. 혁명군의 주둔 비용은 피정복국에서 부담해야 했다. 나폴레옹은 점령한 국가의 재산, 군수물자, 박물관, 재정수입을 몰수하고 전쟁배상금을 부과했다. 피정복 국가의 젊은이에게 병역의무까지 부과했다. 따라서 러시아 원정군 대부분은 프랑스인이 아니었다.

전쟁이 길어지자 모든 것을 약탈하는 프랑스군은 증오의 대상이었고 반발은 최악의 상황으로 발전했다. 벨기에, 이탈리아, 프로이센 등 피정복 국가는 재정수입의 50%를 프랑스에 조공으로 바쳐야 했다. 나폴레옹은 이를 통해 전쟁비용을 조달했을 뿐 아니라 자신의 사익까지 챙겼다. 워털루에서 나폴레옹에 맞선 국가는 영국을 제외하면 프랑스에 조공을 바치던 네덜란드, 벨기에, 프로이센이었다. 영국은 프랑스를 증오하고 싸울 기회를 노리는 이들에게 무기와 자금을 지원하여 승리를 가져왔다. 나폴레옹은 많은 적을 가지고 있어 한번 패하면 재기하기가 어려웠다. 나폴레옹은 빈약한 재정 수입을 다른 국가에서 약탈했기 때문에 스스로 적을 만들었고 스스로 몰락했다.[88]

◇◇◇

영국은 인구와 군사력 면에서 나폴레옹의 상대가 될 수 없었다. 그러나 영국은 프랑스 혁명의 확산을 두려워했고 모든 수단을 동원하여 이를 막으려 했다. 영국은 프랑스와 정면승부 대신 돈으로 동맹을 사서 프랑스와 싸우게 하거나 우회적인 게릴라 전술을 택했다. 재정의 힘으로 프랑스에 맞서 싸운 것이다. 전쟁 중 영국은 동맹에 총 65백만 파운드를 지원했으며 프로이센은 매년 67만 파운드를 지원받았다. 트래펄가로 해전의 승리에도 영국은 프랑스 육군을 이길수 없었다. 대신 영국은 러시아 및 오스트리아에 병력 10만명당 1.7백만 파운드를 별도로 지원했다. 엄청난 비용이었지만 영국은 재정적으로 이를 감당할 능력이 있었다.

영국은 약탈적 조세 징수를 제한하는 대헌장과 명예혁명 때문에 어느 정도 공정한 조세 제도를 가지고 있었다. 영국의 조세 제도는 현명한 정치인이 만든 것이 아니라 세금에 대한 반란과 타협으로 이루어졌다. 모든 사람들이 국가 재정에 기여했으며 특정인이 억압받는 일이 없었다. 비록 낮은 액수이나 토지소유주는 토지세를 납부했다. 상인들은 밀수와 탈세

---

88. For Good and Evil (Charles Adams, First Madison Books Edition 2001), The Ancient Regime, page 218, The Tax that Beat Napoleon, page 349–351, Fight Flight Fraud (Charles Adams, Euro-Dutch Publishers,1982), The Devil's tax system, page 166–174, Many Revolts—one Revolution 175–181, The tax that beat Napoleon, page 237–239 / Those Dirty Rotten Taxes (Charles Adams, Simon & Schuster 1998), On the Horns of a Dilemma, page 49

를 주저하지 않았지만 관세와 물품세를 납부했다. 집을 소유한 사람은 창문세를 납부했고 가난한 사람은 면제됐다. 다른 나라에 비해 영국은 부자에게 조세감면 혜택이 적거나 없는 편이었다.

여기에 더하여 영국 피트Pitt 수상은 세율 1~10%의 전시 소득세를 도입했다. 지금의 기준으로 보면 낮은 세율이지만 소득세는 나폴레옹을 물리친 세금이라 불리운다. 새로운 소득세 및 재산세는 1천 5백만 파운드의 재정수입을 가져왔고 관세 및 물품세 수입은 4천 5백만 파운드로 늘어났다. 1793년에서 1815년 사이 영국은 12억 파운드의 세수를 확보했고 4억 파운드를 차입하여 전비로 사용했다. 이는 다른 주변 국가에서 상상할 수 없는 금액이었다. 영국의 인구는 프랑스의 절반이었고 국가부채는 3배 증가했지만 영국은 나폴레옹보다 더 많은 세금을 거두었고 이를 바탕으로 전쟁에서 승리를 가져왔다. 영국은 조세의 힘으로 승리했다.

◇◇◇

전투에서 한 번 패한다고 망하는 국가는 없다. 정상적인 국가라면 다시 군대를 모아 싸우거나 협상을 통해 재기를 모색할 수 있기 때문이다. 하지만 민심도 돈도 없었던 나폴레옹에게는 전혀 다른 이야기였다. 혁명정신으로 싸우던 프랑스 군의 전투력 한계는 분명했다. 영국의 재정지원을 받은 연합국에 비해 장비와 보급도 형편없었다. 상황을 잘 알고 있는 나폴레옹은 "새로운 영광과 승리가 없으면 나의 권력은 패망한다. 정복이 나를 만들었고 정복이 이 자리를 유지하게 만든다."라고 했고 자신의 말처럼 워털루에서 패하면서 스스로 몰락했다.[89] 프랑스 혁명은 윌리엄

---

89. The Rise and Fall of the Great Powers (Paul Kennedy, Frist Vintage Edition 1989), The Winning of

섬너^{William Sumner}의 말처럼 "전쟁과 혁명은 원하는 것을 만들어내지 못하고 오직 과거의 악과 새로운 악을 혼합한 어떤 것을 만들어 냈다."

3.5 밀수꾼의 독립운동

미국 독립운동은 왜 일어났을까? 알기 어려운 수수께끼이다. 당시 미국은 지구상에서 가장 축복받은 땅이었다. 넓은 토지는 모든 사람에게 일자리를 제공했고 출신성분이 아니라 노력으로 부자가 될 수 있었다. 소득수준은 영국보다 월등히 높았고 삶은 풍요로웠다. 미국은 영국의 보호를 받았으며 영국인과 같은 권리가 보장됐다. 지방정부와 의회도 가지고 있었으며 영국 보통법과 배심원제도에 의해 권리를 보장받았다. 미국 청년은 영국과 달리 먼 이국에서의 전쟁에 강제 징집되지 않았다. 미국이 영국에 반란을 일으킬 이유가 하나도 없어 보인다.

"대표 없이 과세 없다."라며 조세혁명이 일어났다면 이는 더 이해하기 어렵다. 당시 영국이 미국에서 거두고자 한 세금은 영국군 주둔 비용이었다. 이는 지극히 작은 세금이다. 혁명을 촉발시킨 차에 대한 관세 3펜스는 차 가격의 10% 정도로 적은 금액이었다. 이 금액 때문에 목숨과 재산을 걸고 최강국 영국에 반란을 일으킬 이유는 없어 보인다. 보스턴

Wars, page 127–133, Geopolitics, page 98, The Financial Revolution, page 76–80 / For Good and Evil (Charles Adams, First Madison Books Edition 2001), Parliament Searches for a Better Tax, page 266–268, Was it Taxes, rather than Slavery, that caused the Civil War? Page 342

항에 차를 버린 사건은 세금에 저항하는 애국지사의 의거가 아니었다. 다수의 미국인은 이를 신성불가침한 사유재산을 파괴한 패륜아의 미친 짓이라고 비난했다. 오히려 미국인은 독립 이후 신설된 정부에 영국이 요구한 세금보다 몇 배 더 많은 세금을 내게 된다. 세금의 문제라면 독립전쟁을 왜 했는지 알 수 없다.

◇◇◇

북미에서는 1750년 이후 영국과 프랑스 정착민 간 충돌이 빈번했다. 양국은 무력 충돌을 예방하기 위해 평화협정을 체결했으나 잘 지켜지지 않았다. 북미에서 갈등은 영국이 7년전쟁에서 승리하면서 1763년 마무리됐다. 영국은 전쟁 비용으로 1억 6천만 파운드를 사용했고 6천만 파운드 이상을 빌렸다. 영국은 이 비용을 식민지 미국에 일부 부담시키고 싶었다. 전쟁의 최대 수혜자인 미국이 최소한 비용을 부담하는 것은 공평했다. 미국은 전쟁의 최대 수혜자이면서 영국보다 소득 수준이 높았고 영국이 누리는 모든 권리를 누리면서 세금을 내지 않았기 때문이다. 영국은 본국에서 파견된 관료의 급여를 포함하여 더 많은 비용을 미국이 납부하기를 원했다. 영국은 인디언, 잔존 프랑스 세력으로부터 미국을 보호하기 위해 군대를 주둔시켰다. 그러므로 최소한 이 비용을 미국이 납부할 것은 당연했다. 법적으로도 영국 의회는 식민지를 과세할 권리가 있었다.

반면 미국인은 왕실 헌장을 들어 정착민은 왕의 주민이고 주민들이 영국 의회에 대표권이 없으므로 의회의 과세대상이 아니라 했다. 과세권은 영국 의회가 가지는 것이 아니라 미국 지방의회가 가지고 있다는 입장이었다. 미국인들은 세금을 내지 않더라도 영국 시민의 모든 권리가 자신에게도 동등하게 적용된다 믿었다. 재산권 보장과 참정권은 당연한 권리였다. 영국군이 미국에 주둔하면서 정착민들은 이를 점령군으로 의심했으며 식민지 주권이 침해됐다고 생각했다. 군대를 주둔시키는 것은 미국을 동등한 파트너가 아닌 열등한 식민지로 취급하는 것과 같았다. 여기에 더하여 영국이 군대 주둔 비용을 조달하기 위해 직접 세금을 걷겠다는 것은 참을 수 없는 굴욕이었다.

반면 영국 입장에서 손익계산은 명백했다. 영국은 미국 세관을 유지하기 위해 7,000~8,000파운드를 지출했다. 밀수와 탈세로 관세는 1,000~2,000파운드밖에 징수하지 못했다. 애덤 스미스도 국부론에서 영국 의회가 미국에서 적정한 세금을 징수하지 못한다고 했다. 영국은 부자인 미국이 최소한의 역할을 다 해주기를 기대했다. 이러한 영국의 계산은 자국이 누리는 중상주의 무역 이익을 제외한 편협한 판단이었다. 재정수입만을 계산하는 영국의 소탐대실 계산법은 미국의 반란과 독립이라는 참담한 결과를 가져왔다.[90]

◇◇◇

영국의 중상주의 입법은 미국의 자유로운 상거래를 제한했다. 정착민들은 유럽의 다른 나라와 직거래할 수 없었다. 모든 수출입 물품은 영국을 경유하여야 했다. 해상운송 또한 영국과 미국의 선박을 이용하여야 했다. 중상주의 정책은 미국에서 관세를 징수하기 보다는 다른 나라의 경쟁을 제거하기 위해 사용됐다. 결과적으로 영국은 미국에서 관세수입에서 손해를 보고 있었지만 독점무역으로 막대한 이익을 누렸다. 밀수는 영국

---

90. The Rise and Fall of the Great Powers (Paul Kennedy, Frist Vintage Edition 1989), The Winning of Wars, page 111–115

의 재정수입보다 무역 이익을 더 크게 침해했다. 당시 영국은 미국에 매년 200만 파운드를 수출하고 있었고 미국에서 공업 생산을 억제하여 못 하나도 만들지 못하게 하는 궁핍화정책을 취했다.

대표적 중상주의 입법인 당밀법Molasses Act, 1733년은 프랑스가 서인도제도에서 생산한 당밀을 미국으로 수출하는 것을 막기 위해서 높은 관세를 부과하였다. 당밀은 원산지 표시가 어렵고 쉽게 밀수될 수 있었기 때문에 밀수가 만연했다. 영국은 밀수를 해결하기 위해 설탕법Sugar Act, 1764년을 만들었다. 설탕법은 당밀에 부과하는 관세를 갤런 당 6펜스에서 3펜스로 낮추어 관세를 제대로 징수하려 했고 밀수 단속과 처벌을 강화했다.

하지만 미국인들은 관세가 낮아져도 프랑스산 당밀을 계속 밀수했고 럼주를 만들어 인디언에게 팔았다. 당연히 관세는 납부하지 않았다. 영국은 미국인이 밀수할 권리를 가지고 있는 것처럼 행동한다고 비난했다. 미국인은 자신이 원하는 때와 장소에서 마음대로 거래할 때까지 밀수하고 불평할 것이며 이를 충족시키지 못하면 고충이며 노예의 징표라고 한다고 비난했다.

◇◇◇

7년전쟁은 영국의 부채를 7천 2백 만 파운드에서 1억 3천만 파운드로 늘렸다. 파탄 지경인 영국은 1763년 영국에서 사과 술Cider Tax을 과세하려 했다. 사과 술은 당시 가난한 사람이 마시던 술이었다. 이 세금은 폭동을 불러와 세리가 습격당했고 이를 추진한 뷰트Bute 수상은 사임했다. 새로운 조세수입이 가능한 유일한 곳은 식민지였다. 당시 미국에는 약 1만 명의 영국군이 주둔하고 있었다. 영국 수상은 의회에서 "과도한 세금으로 우리가 겪는 어려움을 완화하기 위해 식민지가 적은 돈을 기부하도록 한다면 식민지는 이를 거절할 것인가?"라고 물었다. 의회에서는 아무런 반대 의견이 없었다.

미국에서 인지세Stamp tax는 1765년 도입됐다. 인지세는 당시 유럽에서 보편적인 세금으로 신문, 공식 서류, 사업 허가, 졸업장 등에 부과됐다. 이 세금은 과도하지 않았고 북미에 주둔한 영국군의 지원 비용으로 사용할 예정이었다. 영국은 인지세에 대한 거부감을 줄이기 위해 관세와 달리 영국에서 관리를 파견하지 않았다. 대신 미국인에게 인지를 발행하고 판매할 수 있는 권리를 주었다. 벤자민 프랭클린도 인지세의 판매를 신청했다. 하지만 인지세는 흩어져 단합한 일이 없었던 미국 식민지 13개 주를 똘똘 뭉치게 만들었다. 영국 상품 불매운동과 폭동이 일어났다. 인지세 판매를 신청한 미국 사람들은 안전을 우려하여 판매권을 모두 반납했다. 영국에서 대규모 군대를 파견하지 않는 한 인지세는 사실상 징수가 불가능하게 됐다.

영국 의회는 까칠한 식민지에 교훈을 주고 싶어 했다. 세금은 의회의 고유 권한이었고 식민지에 세금을 부과하면 영국의 재정적자를 해소하는 데 도움이 된다. 그러나 영국 상인들은 미국의 불매운동으로 수출에 엄청난 타격을 받았고 이 때문에 인지세의 철회를 요구했다. 영국 상인들은 '인지세 6만 파운드를 걷기 위해 수출 200만 파운드를 포기하는 것은 어리석은 일'이라며 정부를 비난했다. 지방 의회는 왕에게 인지세 철회를 청원했으며 미국도 대표를 파견하여 인지세의 부당함을 청원했다. 미국은 1766년 인지세에 항의하는 의회Stamp act of Congress를 개최했고 현실을 인식한 영국 의회는 다음 해 인지세를 폐지했다.

인지세가 무산되자 영국은 1767년 톤젠드법Townshend Acts을 제정했다.

이는 차, 유리, 종이 등에 관세를 부과하는 법이나 징수 예상 금액은 4만 파운드에 불과했다. 이 금액은 영국이 식민지 유지에 드는 비용의 1/10 수준으로 사실상 영국 재정에 도움이 안 되는 조치였다. 그래서 영국은 주둔군 비용부담법Quartering Act을 제정해 식민지에 군대 주둔 비용을 부담하도록 했다. 보스턴에서는 이에 대한 반감으로 1770년 3월 군중들이 눈뭉치를 영국 군인들에게 던졌다. 여기에 영국군이 발포했고 시민 5명이 희생됐다. 이 사건이 보스턴 학살사건이다. 이 사건을 무마하기 위해 영국은 차를 제외한 모든 물품에 대한 관세를 폐지했고 민심은 안정됐다.

영국은 미국이 독립하기 전 50년 동안 미국에 재정을 분담시키기 위해 노력했다. 하지만 차에 매긴 세금은 파운드당 3펜스로 실질적인 수입을 기대하기 어려웠다. 영국은 식민지를 상대로 의회가 과세할 권리가 있다는 것을 선언적으로 보여주기 위해 차에 대한 과세를 유지했다. 미국은 과세권은 영국 의회가 아니라 미 의회가 가지고 있다는 입장이었다. 정착민이 원하지 않는 군대를 주둔시키면서 비용을 분담하라는 영국의 요구는 미국을 식민지로 생각하는 독재였다. 영국 의회는 미국에 끈질기게 세금을 부과하려 했고 미국은 이를 줄기차게 거부했다.

◇◇◇

이러한 조세 갈등에도 불구하고 미국 독립운동의 기폭제인 보스턴 차사건의 원인은 세금이 아니었다. 톤젠드법으로 관세가 부과됐지만 밀수로 아무런 불편 없이 살고 있었기 때문이다. 매사추세츠 총독 허친슨 Thomas Hutchinson은 미국이 매년 6.5백만 파운드의 차를 소비한다고 추산했다. 이는 1인당 2.5파운드이다. 관세는 10% 정도로 낮게 부과되었지만 미국 상인은 차를 밀수했고 실제 소비되는 차의 5% 정도만 세관에 신고됐다. 차에 대한 10%의 관세도 내지 않는 미국인에게 세금은 전혀 고충이 아니었다. 그렇다면 보스턴 차사건은 왜 일어났을까?

보스턴 차사건은 1773년 초 재정난에 처한 동인도 주식회사가 영국 정부에 도움을 요청하며 시작된다. 동인도 주식회사는 영국 왕이 지분을 가지고 있는 회사였다. 영국은 이 회사를 돕기 위해 일석삼조一石三鳥인 차법Tea Act을 제정했다. 차 법으로 동인도회사는 미국 식민지에 차를 직접 판매할 수 있게 되었다. 이는 회사의 과도한 차 재고를 줄여준다. 파운드당 3펜스의 낮은 관세는 영국 차의 판매를 촉진한다. 정치적으로도 영국이 식민지에 과세할 권리가 있다는 것을 보여준다. 여기에 더하여 당시 미국에서 밀수로 20실링에 판매되던 차를 직거래하여 10실링으로 낮추면 밀수를 일삼는 미국 상인을 실직자로 만들 수 있다는 장점이 있었다.

차법은 동인도회사가 차를 미국으로 직접 수입할 수 있도록 허용한 법이다. 이는 결코 새로운 세금을 부과한 법이 아니었다. 이 법은 차의 가격을 절반으로 낮출 수 있었기 때문에 미국 소비자에게는 엄청난 이익이었다. 그렇다면 영국에서 차를 더 싸게 공급하겠다고 했는데 왜 혁명이 일어났을까?

차법으로 실직의 위기에 몰린 밀수꾼과 도매 상인은 엄청난 충격을 받았다. 정식으로 수입된 차가 밀수된 차보다 낮은 가격에 판매될 것이기 때문이다. 자유경쟁으로 밀수꾼들은 실직과 파산의 위기에 처하게 되었다. 미국에서는 동인도회사가 차뿐만 아니라 다른 물품까지 직거래를 확대할 것이라는 흉흉한 소문까지 떠돌았다. 밀수꾼은 생존을 고민할 수밖에 없었다. 자칭 애국지사들은 영국의 '불공정한 해외경쟁'에 폭력으로 항거했다. 미국 소비자가 저렴한 가격으로 혜택을 누린다는 사실은 무시하고 세금과 국익이라는 보호무역 언어로 자신들의 폭력을 정당화했다.

1773년 11월 동인도회사 선박 3척이 직거래 된 차를 싣고 보스턴 항에 입항했다. 새뮤얼 애덤스로 추정되는 밀수꾼과 상인들은 인디언으로 가장하고 수입 차 342박스를 바다에 던졌다. 폭도들은 절제된 모습을 보여주었다. 이들은 파티가 끝나고 갑판을 청소했고 개인적으로 차를 빼돌리거나 착복하지 않았다.

'일관된 애국자'라는 사설은 영국이 동인도회사를 살리기 위해 열심히 일하는 미국인의 정직한 삶과 이익을 위협한다 했다. 다른 사설은 군중의 무지를 이용하여 "대표 없이 과세 없다."라는 문구를 인용하거나 영국이 미국을 탈취하려 한다고 했다. 일부 사설은 현실을 정확히 인식하고 '동인도회사의 새로운 판매방식이 차를 취급하는 개인의 이익을 침해하기 때문'이라 했다. 하버드 대학의 역사학자 슐레진저Arthur M. Schlesinger는 보스턴 차사건을 '동인도회사에 대한 반란'이라고 한다. 이는 국제경쟁에서 집단 이익을 보호하고자 하는 일종의 '반세계화 시위'였고, 반란을 주도한 사람은 실직 위기에 처한 밀수꾼이었다.[91]

◇◇◇

차 파티는 법적으로나 도덕적으로 곤란한 문제를 제기했다. 사유재산이 절대가치이던 당시에 타인의 재산을 무분별하게 파괴한 도발이었기 때문이다. 식민지 다른 주에서는 사유재산을 무시한 폭도들을 비난했고 보스턴은 불순한 도발자의 온상이 됐다. 식민지에서 존경받는 지도자들조차 경악했다. 벤자민 프랭클린은 이를 '부당한 폭력행위'라고 비난하면

---

91. The Sex of a Hippopotamus (Jay Starkman, Twinser Inc 2008), Salt Taxes page 110–114

서 차 소유자에게 완전한 배상이 즉시 이루어져야 한다 했다.

영국에서는 강경파의 입장이 강화됐다. 영국 왕은 동인도 주식회사의 지분을 가지고 있었기 때문에 이는 반역이었다. 영국은 유실된 차에 배상을 요구하는 한편 법을 어기는 식민지 주민은 본국으로 소환하여 재판하겠다고 선언했다. 영국은 군대를 파견하여 보스턴 항을 폐쇄하고 완전한 배상과 관세 납부를 요구했다. 영국은 말 그대로 식민지를 침공했다.

영국의 강경 조치는 오히려 미국인의 감정을 자극했다. 밀수꾼의 폭력을 독립 혁명의 시발점으로 만든 것은 영국의 강력한 보복이었다. 영국은 종주국의 체면과 과세할 권리를 앞세우다 최고의 식민지를 잃었다. 영국은 이 실패를 교훈 삼아 1769년 재정수입을 목적으로 식민지에 세금을 부과하지 않겠다는 법을 만들고 선언했다. 영국은 이 선언을 잘 준수했고 이후 영연방국가에서 추가적인 독립운동이 일어나지 않았다.[92]

◇◇◇

최근 한미 방위비분담 협상을 보면 미국은 역사에서 배운 것이 없다는 것이 확실하다. 미국 독립운동은 영국의 주둔군 방위비 분담 요구 때문에 발생했다. 7년전쟁에서 패한 프랑스가 철수하면서 미국은 영국군이 필요하지 않았지만 영국은 군대를 주둔시키고 방위비 분담을 요구했다. 당시 영국은 재정적자 때문에 어쩔 수 없었다고 하나 이는 현재 미국도

---

92. For Good and Evil (Charles Adams, First Madison Books Edition 2001), Tax Revolt in the Colonies, page 301–312, The March of Folly (Barbara W. Tuchman, 2014 Ramdom House Trade Paperback Edition), The British Lose America page 137–247 / Those Dirty Rotten Taxes (Charles Adams, Simon & Schuster 1998), The Roots of the American Revolution, page 12–13, Vandalism with a Patriotic Fever, page 44–48

마찬가지이다. 주한 미군은 중국을 견제하는 데 더 큰 역할을 하고 있음
에도 우리나라에 엄청난 비용 분담을 압박하는 것은 잘못된 판단이다. 영
국처럼 눈앞에 이익 때문에 동맹의 신뢰를 잃을 수 있다. 현재까지 우리
나라에 반미정서가 크다 할 수 없지만 미국은 영국처럼 소 잃고 외양간
고치는 우를 범하지 않았으면 한다.

3.6 나쁜 제도, 거만한 세관원

　미국 독립운동은 영국의 오만과 잘못된 판단이 촉진했다. 미국은 영
국군 주둔과 조세의 직접 징수에 대해 영국이 자신을 식민지처럼 통치한
다는 반감이 있었다. 영국은 군대 주둔 비용을 미국 지방의회에 요청하여
분담하도록 할 수 있었지만 조세의 직접 징수를 고집했다. 미국의 반발은
상당했다. 가장 큰 타격은 불매운동으로 인한 영국의 수출 감소였다. 영
국의 대미 수출은 2.4백만 파운드에서 1.6백만 파운드로 줄었으며 미국
에서 자국산업을 육성하자는 운동과 경쟁국 제품의 밀수가 더욱 성행하
게 됐다. 초기 미국은 분리독립까지 생각하지 않았지만 영국의 계속된 오
판이 사태를 악화시켰다. 영국은 이길 수 없는 전쟁에서 크게 보고 타협하
는 대신 미미한 재정수입을 얻기 위해 억압적인 통치를 강화했다.
　하지만 미국 독립운동은 조세 자체보다 조세의 억압적인 집행이 원인
일 수 있다. 정착민들은 영국의 사법제도를 통해 권리를 보호받았다. 배
심원은 법이 공정하지 못하다고 판단하면 무죄 판결을 내릴 수 있었다.
미국 배심원은 밀수를 나쁜 세금에 대한 저항으로 보았고 대부분 무죄판

결을 내렸다. 미국에서 밀수는 성행했고 영국의 재정 이익은 심각하게 침해됐다. 이를 해결하기 위해 영국은 처벌을 강조하는 나쁜 법을 계속 만들었고 이 법에 대한 반감이 흩어진 식민지 미국을 뭉치게 했다. 미국 건국자는 계몽사상에 영향을 받아 나쁜 법, 특히 나쁜 세금에 대해서 저항할 신성한 권리가 있다고 믿었다. 미국 정착민의 이러한 믿음을 촉진한 것은 나쁜 세관원이었고 처벌을 강조하는 나쁜 법이었다.

1764년 설탕법은 모든 조세 사건을 배심원이 주도하는 지방법원에서 핼리팩스Halifax에 있는 해군법원으로 이관했다. 밀수범들은 더 이상 미국 배심원의 보호를 받을 수 없게 됐으며 해군법원 판사는 지방법원 판사보다 매수가 더 어려웠다. 재판을 받기 위해서 핼리팩스까지 가야 한다는 문제도 있었다. 설탕법 이전 밀수 사건은 무죄추정의 원칙이 적용됐다. 무죄 판결을 받은 피고는 세관의 기소에 문제가 있다며 민사손해배상을 청구할 수 있었다. 설탕법은 이러한 민사소송을 금지했고 밀수신고자에게 몰수한 자산의 1/3까지 포상했다.

설탕법은 무역상을 잠재적 밀수범으로 취급했다. 단속이 강화되면서 수입상과 선박은 복잡한 규정에 옥죄었다. 선박과 수출입 화물은 조그마한 절차 위반에도 압수됐다. 선원 개인용품도 신고하지 않으면 몰수했다. 영국 해군은 압수된 선박과 물품의 판매에서 나오는 수익을 나누어 가졌다. 이는 해군에게 해적 면허를 발급한 꼴이 됐다. 해군은 밀수 여부를 불문하고 부적절한 서류만으로 선박 및 물품을 적극적으로 압류했다.

설탕법은 밀수로 죄지은 사람보다 죄 없는 사람을 더 많이 처벌했다. 영국은 여기에 더하여 조세 법원이 발부하는 집행영장Writ of Assistance의 발급을 쉽게 했다. 세관원은 과거 법원에 선서하고 특정 장소에 밀수가 있다는 것을 증언하고 영장을 발급 받을 수 있었다. 설탕법은 선서 절차를 폐지하고 세관 스스로 영장을 발부할 수 있도록 했다.

영국 세관 순시선 게스피GASPEE호 사건은 민심에 이반하는 단속의 결말을 잘 보여주었다. 게스피호는 호전적인 선장에 의해 운영됐다. 그는 모든 선박에 승선하여 철저하게 수색했고 비협조적인 선박을 폭파한다고 협박했다. 그는 로드아일랜드주에서 저주의 대상이었다. 게스피호가 순시 중 좌초되자 주민들은 복수를 위해 몰려들었다. 인근에서 8척의 선박이 몰려왔고 주민들은 게스피호를 공격하여 선장을 상해하고 배에 불을 질렀다. 이 사건에 놀란 영국은 500파운드의 현상금을 걸고 청문회를 열었으나 제보하는 사람이 하나도 없었다. 영국은 관계자를 찾아 엄벌하겠다 엄포했지만 단서가 없어 조사를 진행할 수 없었다. 주민들은 누가 영웅인지 알고 있었지만 영국은 범인을 찾아내지 못하고 사건을 종결해야 했다.

거만하던 보스턴 세관원도 미국 혁명에 기여했다. 벤자민 프랭클린은 1773년 영국 세관 직원에 대해 다음과 같이 비판했다. "세금을 지겹게 하고 저항을 더 크게 하기 위해 영국에서 가장 비열하고 교양 없는 직원을 선발하여 미국으로 보냈다. 세관 직원이 일말의 친절함이라도 보이면 해고하고 민원을 일으키면 승진시킨다."라고 했다.

세관의 강압적인 태도는 많은 반발을 가져왔다. 보스턴에서 가장 큰 선주인 핸콕John Hancock은 세관 직원이 자신의 선박을 검사하는 것을 허용하지 않겠다고 선언했다. 1768년 핸콕은 자신의 선박 리디아호Lydia에 세관 검사를 거부했다. 세관은 이에 대한 보복으로 핸콕의 다른 선박인 리버티Liberty호에 기술적인 문제를 걸어 선박을 압수하고 기소했다. 세관은 리버티 호를 영국 해군 함정 옆에 보관했다. 성난 보스톤 시민의 습격을 두려워했기 때문이다. 폭도들에게 습격당한 세관장은 영국 군함으로 어렵게 피신했고 영국에 추가 파병을 요청했다.

세간의 관심을 집중적으로 받았지만 핸콕의 재판은 증거 부족으로 싱겁게 끝났다. 핸콕은 자유를 위해 투쟁하는 시민의 영웅으로 떠올랐다. 영국은 사태를 진압하고자 병력을 추가로 파견했고 이후 보스턴 학살 사건이 일어나게 된다. 핸콕은 일련의 과정에서 독립운동을 이끌었고 독립선언서에 최초로 서명한 인물이다. 반면 캐나다는 세관원의 부패와 부당함을 묵과하지 않던 총독 덕분에 독립 운동에 참여하지 않았다.[93]

◇◇◇

독립전쟁에서 미국은 전비 조달에 어려움을 겪었다. 체계적인 보급은 곤란했고 급료를 지급할 돈도 없었다. 병사들은 오합지졸이었지만 영국 또한 육상에서 장기전을 수행할 능력이 없었다. 영국은 9만 명이 넘는 병력을 투입했지만 병력과 물자 모두를 대서양을 건너 수송해야 했다. 영국을 도와주는 우군은 아무도 없었다. 영국은 적대적인 땅에서 전쟁을 수행했고 넓은 식민지에서 병력을 분산할 수밖에 없었기 때문에 상황은 악화됐다. 영국은 여러 지역에 흩어져 싸우고 있는 군인들이 필요로 하는 식량, 무기 등을 본국에서 적기에 공급하기 어려웠고 천문학적인 비용이 필

---

93. The March of Folly (Barbara W. Tuchman, 2014 Ramdom House Trade Paperback Edition), Remember Rehoboam: 1772-75, page 205-206, The British Lose America page 137-247 For Good and Evil (Charles Adams, First Madison Books Edition 2001), Tax Revolt in the Colonies, page 301-312, Fight Flight Fraud (Charles Adams, Euro-Dutch Publishers,1982), Tax Revolt in the colonies, page 207-217

요했다. 6년 간의 전쟁에서 빈약한 미국이 영국에 승리할 수 있었던 이유이다.

전쟁 상황은 1777년 영국군 8,000명이 사라토가Saratoga에서 항복하면서 반전됐다. 프랑스는 영국이 패하면서 완화된 조건으로 미국과 평화협상을 체결하는 것을 두려워했다. 미국과 영국이 적대적이기를 바라는 프랑스는 신속하게 신생국 미국을 독립국으로 인정하고 동맹을 맺었다. 프랑스와 스페인은 미국을 도와 참전했다. 이들은 카리브해와 플로리다를 점령함으로써 영국군을 분산시키고 보급을 더 어렵게 만들었다. 네덜란드 또한 반군을 지원했고 러시아는 영국의 해상봉쇄를 문제 삼았다. 프랑스는 미국에 엄청난 병력과 자금을 지원했다. 미국은 대륙의회Continental Congress를 통해 전쟁을 지휘했으나 재력 없는 허수아비였다. 대륙의회는 전쟁 부채에 대한 이자는 물론 참전 용사의 보수조차 지급할 능력이 없었다. 대륙의회는 전후 복구계획을 발표했지만 세금없이 할 수 있는 일은 아무것도 없었다.[94]

해밀턴Alexander Hamilton은 미국 초대 재무부장관이었다. 그는 관세 수입으로 재정을 유지하기 어려웠기 때문에 위스키에 물품세를 부과하도록 의회에 요청했다. 그는 위스키에 대한 세금은 사치세이며 술 소비를 줄여 국민건강에 도움이 될 것이라고 했다. 위스키에 세금이 도입되자 펜실베니아 주에서 위스키 반란1791~1794이 일어났다.

---

94. The March of Folly (Barbara W. Tuchman, 2014 Ramdom House Trade Paperback Edition), A Disease; a Delirium: 1775-83
    page 232-234

당시 서부 개척지는 도로망이 없어 곡물 운송이 어려웠고 유통되는 화폐도 없었다. 농부들은 호밀을 재배하고 이를 가볍게 운송하기 위해 위스키를 만들어 판매했다. 위스키는 사치품이 아니라 화폐와 같은 교환 수단이었다. 농부들은 위스키 세금 25%에 항의하여 세리를 습격하고 폭행했다. 폭도의 입장에서 남부의 농민은 목화와 담배에 물품세를 납부하지 않는다. 목화와 담배를 제외하고 호밀에 대한 과세는 형평에 어긋난 세금이었다. 이 폭동은 워싱턴 대통령이 민병대를 이끌고 무력 시위하면서 마무리됐다.

위스키 반군은 물리적 충돌 없이 사면 조건을 받아들이고 항복했다. 미국은 워싱턴이 조세 반란에 강력하게 대응했다고 칭송하고 있으나 사실은 이와 다르다. 조세반란으로 체포된 20명의 반군 중 2명만이 반역혐의로 기소됐고 유죄 판결을 받았다. 워싱턴은 이들을 곧 사면했다. 이후 제퍼슨Jefferson 대통령은 위스키에 대한 세금을 폐지했다. 조세 반군은 세금을 폐지하고자 하던 자신의 목적을 별다른 희생 없이 달성했다.

미국에서는 이후 참전 용사들이 조세에 반대한 1786~1787년 쉐이Shay's 반란이 있었고, 부동산 과세에 반대하는 1798년 프라이스Fries 반란 등도 있었다. 하지만 주동자들은 사면이라는 선물을 받았다. 미국의 독립전쟁도 조세 반란이라 할 수 있다. 제퍼슨 대통령은 조세 반란은 정부에 필요한 강장제라 했다. 그는 1785년 메디슨Madison에게 보낸 편지에서 국가는 20년마다 폭동이 필요하다 했다. 또한 국가는 치료가 필요한 관료주의의 병폐를 지적해준 폭도를 엄하게 처벌하지 말아야 한다 했다. 폭동은 '건강한 정부를 위한 약'이라고 했다. 그는 편지의 마무리에 '평화로운 노예보다는 위험한 자유'라는 교훈을 적었다.

독립 이후 미국은 연방정부 수입을 확보해야 했다. 직접세는 몽테스키외가 경고하듯이 필연적인 독재를 가져오는 세금이었다. 제임스 메디슨은 직접세는 예외적인 비상시에만 허용해야 한다고 했다. 이러한 이유로 미국은 직접세 제도를 채택하면서 이를 완화하는 분배Apportionment의 원칙을 도입했다. 독립제정의회에서 분배의 원칙은 난관에 부딪쳤다. 각 주별로 연방정부에 내는 세금을 분배하는 기준이 문제가 됐다. 분배는 각 주의 자산에 기초하여 세금을 안분하는 것이 맞지만 노예 제도가 발목을 잡았다. 당시 노예는 사람이 아니라 자산이었고 남부 인구의 40%가 노예였다. 노예를 자산으로 과세하면 남부에 과중한 세금이 부과된다. 남부는 자산을 기준으로 세금을 분배하는 것에 절대 반대했다. 하지만 남부는 유권자 수를 계산함에 있어 노예를 사람으로 인정할 것을 요구했다. 북부는 세금을 납부하지 않는 노예를 유권자로 인정할 수 없다고 맞섰다. 정치적 타협 과정에서 제정 회의는 이상한 개념을 만들었다. 노예에 대한 직접세를 보통 사람의 3/5로 하고 하원의석을 배정하는 유권자 수를 계산함에 있어서도 3/5로 한다 였다.[95]

95. Those Dirty Rotten Taxes (Charles Adams, Simon & Schuster 1998), There Were Giants in the Earth in Those days, page 19–20, Perfect Nonsense, page 28–43, On the Horns of the Dilemma, page 49–60, Tax revolts Against the Federalists, page 65–72

For Good and Evil (Charles Adams, First Madison Books Edition 2001), The Tax Struggle for "a More Perfect Union", page 315–327, Fight Flight Fraud (Charles Adams, Euro–Dutch Publishers,1982), The Tax struggle for "a more perfect Union", page 223–226

3.7 링컨의 관세전쟁

우리가 학교에서 배운 미국 남북전쟁은 노예를 해방하기 위한 고귀한 전쟁이었다. 이는 위대한 대통령 링컨의 인간 승리 신화이다. 불굴의 지도자 링컨은 흑인의 자유와 인권을 위해 전쟁을 불사했다. 링컨은 전쟁에서 어려움을 극복하고 승리했고 노예제도를 폐지하여 4백만 흑인의 인권 발전에 기여한 훌륭한 대통령이다. 이 설명이 사실일까? 최근 새로운 해석에 의하면 이는 대부분 사실이 아니다. 링컨 대통령의 신화는 승자가 꾸며낸 허구이며 전쟁의 진짜 이유는 '관세'였다.

◇◇◇

노예의 인권을 보장하는 입법은 영국에서 시작됐다. 영국은 1807년 노예의 국제거래를 금지하는 법을 만들었다. 노예 거래는 영국 상인과 선주들이 많은 돈을 벌던 사업이었다. 영국이 이를 포기하고 노예의 국제 거래를 금지한 이유에 대해서는 여러 가지 설명이 있다. 가장 유력한 설(說)은 산업혁명으로 부의 원천이 이동했기 때문이라는 해석이다. 부의 중심이 노예가 필요한 농업에서 노동자가 필요한 제조업으로 변해 노예의 경제적 가치가 낮아졌기 때문이다. 물론 노예의 인권을 주장하는 인권 운동가와 노예의 조직적 저항도 노예의 국제거래 금지에 힘을 실어 주었다. 이 법은 노예의 국내거래까지 금지하는 것은 아니었다. 영국은 노예의 국제거래 금지로 농업이 주력인 후진국 프랑스를 견제할 명분도 생겼다.

영국은 자기 혼자 노예의 국제거래를 금지하는 데 그치지 않았다. 외교적 압력을 통해 다른 나라에서도 이러한 입법을 강제했다. 영국은 노예의 국제거래를 단속하기 위해 해군 함정을 아프리카에 파견하고 다른 나라 선박에도 영국 해군이 승선하여 이를 단속할 수 있도록 압력을 행사했다. 노예의 불법거래에 대한 벌금 최고액은 노예 1인당 100파운드였다. 영리한 선주들은 영국의 단속이 어려운 나라로 선박 국적을 변경하여 노예 거래를 계속했다. 해군이 노예 운반 선박에 접근하면 선장은 노예를 바다에 던지기도 했다. 영국 해군은 1808년부터 약 50년 동안 노예 운반선 1,600척을 적발했고 15만 명의 노예를 석방했다.

미국은 1808년 노예의 국제 거래금지에 동참했다. 1820년에는 해적법을 제정하여 노예 밀수를 사형에 처할 수 있도록 했다. 미국 또한 해군을 파견하여 노예 거래를 단속했으며 세관 감시정이 해안선을 순찰했다. 강력한 법과 달리 실제 미국은 노예의 국제거래를 단속하고 처벌하는 데 관심이 없었다. 1859년 한 해에만 뉴욕에서 85척의 선박이 3만 명 이상의 노예를 밀수했다는 기록이 있을 정도이다. 이러한 위법에도 뉴욕 법원은 10년 동안 노예 밀수로 단 한 명만을 처벌했고 대법원은 이 사건마저도 기각했다.

1858년 발생한 흑인노예 밀수 사건은 당시 분위기를 잘 이야기해준다. 해군은 쿠바 해안에서 400명의 흑인을 밀수하려던 선박을 검거했다. 이 선박은 찰스턴 항으로 예인됐고 선원들은 해적 혐의로 기소됐다. 찰스턴은 노예제도를 지지하고 남북 분리 운동을 이끄는 중심지였다. 변호인은 선원을 기소하는 것은 공화당의 음모라고 비난하면서 잘못된 법 자체가 무효라고 주장했고 배심원들은 선원들을 석방하는 결정을 내렸다.

미국 남부는 처음부터 노예의 국제거래금지에 반대했다. 대규모 농장에 노예가 절대적으로 필요했기 때문이다. 남부 언론은 노예의 국제거래를 금지하는 법을 폐지하자고 주장했다. 데보우James Debow는 흑인들이 미

국으로 납치되면 기독교와 서구 문명을 경험하게 됨으로 이들에게 엄청
난 이익이 된다고 주장했다. 노예 거래의 금지를 주장하는 사람들은 노예
가 만들어낸 노동의 결과는 즐기면서 노예의 비참한 상황에 경악하는 병
약한 사람들이라고 했다.[96]

◇◇◇

   남북의 관세 갈등은 영국과 미국의 1812년 전쟁에서 시작됐다. 나폴
레옹 전쟁중 영국의 해상봉쇄로 미국의 무역 거래는 90%까지 감소했다.
전쟁이 끝나고 양국 간 적대관계가 완화되자 영국 상인들은 그동안 쌓여
있던 재고를 미국에 헐값으로 수출했다. 영국 상품은 싸고 질이 좋았기
때문에 덤핑은 미국의 산업화를 막을 수 있는 중상주의 정책이기도 했다.
미국은 영국의 약탈적 덤핑행위를 예방하고 전쟁 부채를 갚기 위해 높은
관세율을 선택했다. 1816년 이전 미국의 평균 관세율은 5% 정도였으나
관세율은 25%까지 높아졌다. 남부는 영국의 약탈적 중상주의를 견제하
고 국내산업을 육성해야 한다는 명분과 애국심으로 자신에게 불리한 관
세에 찬성했다. 남부는 북부의 질 낮은 공산품을 비싼 가격에 사야 했지
만 당시 면화 가격이 높아서 이를 감당할 경제력이 있었다. 또한 높은 관
세는 일시적 보호조치라고 했기 때문에 남부는 이를 적극 지지했다. 시간
이 지나면서 면화 가격이 급락하자 생활 수준이 떨어진 남부는 낮은 관
세를 원했다. 그러나 북부에서 애초에 3년 동안만 부과하겠다고 약속한
높은 관세가 수십 년 동안 계속되자 남부의 불만은 높아졌다.
   남부 농장주는 관세 문제로 속이 쓰렸다. 관세는 남부에서 사용하는

---

96. Contraband (Andrew Wender Cohen, Courier Westford 2015), Slaves page 64-65

수입물품의 가격을 비싸게 한다. 북부 공장주는 높은 관세로 영국 공산품과 경쟁할 수 있었으며 열악한 제품을 생산하여 남부에 팔 수 있었다. 반면 남부는 비싼 가격으로 질 낮은 북부 제품을 구입해야 했다. 이는 결과적으로 남부에서 북부 공장주의 이윤과 노동자의 임금을 보조하는 것이 된다. 여기에 더하여 징수한 관세는 주로 북부에 투자됐다. 북부에는 새로운 운하와 도로가 건설됐고 농사를 지을 수 있는 땅이 늘어났다. 이들 농산물은 남부의 농산물과 경쟁했다. 남부 농장주들은 면화 가격이 낮아지면서 생계를 걱정해야 했고 노예의 국제거래가 금지됐기 때문에 불법 노예를 더 비싼 가격에 구입해야 했다.

이러한 상황에서 잭슨 대통령은 1828년 '가증스러운 관세법Tariff of Abominations'을 시행했다. 남부의 반대에도 북부 제조업을 보호하기 위해 평균 관세율을 38%로 높인 것이다. 남부는 특히 노예들이 입는 저질 옷에 관세를 대폭 올린 것을 이해할 수 없었다. 남부의 관세에 대한 불만은 이 법으로 극에 달했다. 남부의 선동가들은 40개 묶음 이론으로 관세를 비판했다. 이 논리는 수입 의류에 40%의 관세를 부과하면 남부의 생활 수준을 40% 감소시킨다고 했다. 이는 북부의 제조업자가 남부의 창고에 침입하여 수확한 면화 묶음 100개 중 40개를 약탈해 가는 것과 같다. 북부는 자신이 생산한 공산품을 독점 판매하는 이익과 높은 가격으로 판매하는 이익을 두 번 누린다 했다. 반대로 남부는 높은 가격을 주고 공산품을 사야 하는 손해와 보호무역 때문에 해외시장을 잃는 두 개의 손해를 본다 했다. 잭슨은 남부의 성난 민심을 달래기 위해 공산품에 대한 관세를 일부 낮추는 법을 1832년 개정했다. 잭슨은 이를 통해 남부를 달래려 했지만 수입 의류 특히 노예의 옷에 부과한 50%의 관세가 유지되어 남부의 불만은 계속됐다.

남부의 분노는 1832년 정점에 달했고 사우스캐롤라이나 주가 연방정부에 도전했다. 주 정부는 연방법의 위헌 무효를 주장했다. 주의회는 연방정부의 관세는 무효라고 선언했고 사우스캐롤라이나에서 관세 징수를 금지하는 결의안을 채택했다. 그리고 연방정부가 자신의 주에서 관세를 징수한다면 연방을 탈퇴하겠다고 했다. 관세를 무효로 하는 1832년 정치투쟁은 사실상 조세 반란이었다. 공산품에 높은 관세는 제조업을 보호하나 높은 가격으로 농민들을 처벌한다. 높은 관세는 남부를 차별하는 위헌이다. 남부의 관세반대운동은 북부 제조업자를 보호하는 나쁜 정책에 대한 정의로운 항거였다.

북부의 다수 의견은 사우스캐롤라이나가 연방정부의 관세 징수를 방해하지 않을 것이라 했다. 기껏해야 법을 위반하는 밀수를 활성화하는 정도의 문제가 있을 것으로 보았다. 하지만 잭슨 대통령은 사우스캐롤라이나가 정신 이상 상태에 있다고 선언하고 전광석화같이 대응했다. 그는 해군 함대를 찰스턴에 파견하고 해군의 평화유지 활동을 방해한다면 주지사를 체포할 것이라고 했다. 의회는 해군과 연방군을 동원하여 관세를 징수할 수 있도록 하는 강제법Force Bill을 도입했다. 다행히 1833년 3월 양측은 과도한 관세율을 점진적으로 낮추어 20%까지 내리는 타협안을 채택했고 이로써 문제는 평화적으로 해결됐다. 역사에 가정은 의미가 없지만 만약 이때 전쟁이 일어났다면 남부가 승리할 가능성이 더 컸다. 당시 남부의 경제력이 북부에 비하여 월등하게 높았기 때문이다. 북부는 관세율을 낮추겠다는 약속을 무시하고 높은 관세율을 계속 유지하려 했다. 이에 항의하여 28년이 지난 1861년 사우스캐롤라이나가 다시 투쟁을 외쳤을 때 분위기는 많이 달라져 있었다. 경제력과 군사력의 우위가 북부로 기울어져 이제는 남부가 이기기 어려운 상황이 됐다.[97]

◇◇◇

모릴 관세법Morrill Tariff은 링컨이 대통령으로 취임하기 전에 통과됐다. 이 법은 평균관세율이 47%에 이르게 했다. 이는 역사적으로 가장 높은 관세율이었다. 링컨은 이 법에 서명하여 공화당과 자신을 지지한 북부 기업을 보상했지만 남부와 타협은 요원하게 됐다. 링컨은 노예 문제에 있어 남부에 모두 양보했지만 관세 문제에 있어서는 한치도 양보할 생각이 없었다. 링컨은 취임 연설에서 어떠한 경우에도 남부에서 관세를 징수할 것이며 이 외에는 남부에 무력을 사용하거나 침공하지 않겠다고 했다. 이를 뒤집어 해석하면 링컨은 노예 문제는 남부에서 알아서 하고 조공을 바치는 한 무력을 사용하지 않겠다는 협박이었다.

남부는 미국이 영국에서 분리 독립했듯이 연방에서 탈퇴하여 독립할 수 있다 믿었다. 이는 연방헌법에서 보장하고 있는 권리였다. 남부는 합법적인 강도인 조공을 북부에 납부할 이유가 없었다. 남부에서 바치는 관세가 없었더라면 북부는 발전하기 어려울 것이다. 반대로 관세가 없다면 남부는 더 부유한 국가가 될 수 있었다. 제퍼슨Thomas Jefferson은 국가의 원칙은 도덕이 아닌 돈이라 했다. 남부가 독립하여 자유무역을 채택하면 무역의 중심이 북부에서 남부로 이전하게 된다. 북부 뉴욕과 보스턴의 상거

97. The Sex of a Hippopotamus (Jay Starkman, Twinser Inc 2008), Tariff page 144–151, The Great Tax Wars (Steven R. Weisman, Simson & Schuster 2004), South Carolina went first, page 25, South Carolina went first, page 22

래가 쇠퇴하고 남부 뉴올리언스와 찰스턴이 무역항으로 발전하게 된다. 북부는 관세 수입을 잃을 뿐 아니라 북부에서 생산한 공산품의 판로까지 잃어버리게 된다. 무역 및 금융의 중심지로 뉴욕은 가치를 상실하고 가난해진 북부는 관세가 면제되는 남부를 통한 밀수를 막기 위해 국경에 많은 세관을 세워야 할 것이다. 이는 노예제도와 전혀 관련이 없으며 경제의 문제이다.

따라서 남부의 분리독립은 노예 제도를 지키기 위한 노력이 아니었다. 노예 제도는 당시 당연히 보장되던 권리였다. 분리 독립은 착취적인 경제 시스템을 바로잡기 위한 운동이었다. 남부 주들이 연방에서 탈퇴를 선언하자 뉴욕 상인은 눈앞에 이익을 우선 생각했다. 그들은 남부의 탈퇴 권리를 인정하고 남부와 연대를 강화하는 결의안을 채택했다. 뉴욕 주의 전폭적인 지지에도 불구하고 남부는 뉴욕의 은행, 무역상, 선사 등이 가지고 있던 부채의 지급을 거부했다. 전쟁 돌발을 앞두고 남부 연방주의자인 볼드윈John Baldwin은 링컨에게 화해를 제안했다. 찰스턴 항에서 연방군을 철수하면 남부를 분리하는 회의 개최를 연기하겠다는 내용이었다. 이때 링컨은 "내 관세는 어떻게 되는데?"라고 되물었다.[98]

◇◇◇

링컨 대통령은 최근 새로운 조명을 받고 있다. 아담스Charles Adams[99]는

---

98. Daylight Robbery (Dominic Frisby, Penguin Random House UK 2019), The Real Reason for the US Civil War, page 91-105, The Great Tax Wars (Steven R. Weisman, Simson & Schuster 2004), Every Man's duty to contribute, page 52, There is No tax more equal, page 76

99. Charles Adams(1930~2013)는 국제조세 전문가이고 변호사이다. 그는 세금에 대하여 많은 책을 썼고 대표적인 저술이 《선과 악을 위하여(For Good and Evil)》이다.

《인간사의 진행 과정When in the Course of Human Events》에서 링컨을 독재자로 재조명한다. 링컨은 인권과 해방의 대통령이 아니고 영악한 독재자라는 것이다. 링컨은 우선 전쟁 명분을 만들기 위해 남부가 섬터 요새Fort Sumpter를 먼저 포격하도록 유도했다. 섬터 요새는 찰스톤 항 입구에서 관세 징수를 지원하기 위해 연방 군대가 주둔한 장소였다. 링컨은 보급품을 공급한다는 명분으로 해군 함정을 파견하여 남부를 자극했다. 남부는 섬터 요새에 군사력이 강화되는 것을 우려하여 경고 사격했다. 남부의 포격으로 다치거나 사망한 군인은 하나도 없었지만 링컨은 이를 협상이 아닌 전쟁의 기회로 삼았다. 그는 즉시 75,000명의 지원병을 할당하고 모집했다. 링컨은 이 과정에서 헌법을 무시했다. 그는 의회의 동의를 받지 않고 전쟁을 시작했으며 전쟁이 개시되고 6개월 동안 의도적으로 의회의 소집을 지연시켰다. 전쟁 중 소집된 의회는 대통령의 전시 조치를 모두 승인할 수밖에 없었다.

링컨은 비상 상황에서 대통령이 모든 권한을 가지고 있다고 믿었다. 그는 전쟁에 반대하는 만 명 이상의 시민을 영장없이 구속하고 군사법원에서 재판했으며 일부 사형까지 집행했다. 1864년 민주당 의원선거 후보자는 유세과정에서 전시 소득세를 비판했다. "피정복민에게나 적용될 수 있는 세법을 통해 공화당은 나라의 모든 재산을 소유하고 있다." 화가 난 링컨은 후보자를 체포하고 반역죄로 군사재판을 받도록 했다. 링컨은 그를 추방하는 명령에 서명했지만 검찰총장은 개인의 헌법적 권리를 박탈한다고 반대했다. 현재의 기준으로 보면 링컨은 권력남용 탄핵대상이다.

노예해방은 남북전쟁이 개시되고 2년이 지나서야 이루어졌다. 링컨의 말을 그대로 빌리면 "상황이 최악으로 변했다. 우리는 계획의 막바지에 도달했다. 마지막 카드까지 썼지만 우리는 전략을 바꾸지 않으면 게임을 잃을 수밖에 없다. 나는 노예해방을 추진할 것이다." 했다. 링컨은 처음부터 노예를 해방시키고자 하는 의도가 없었다. 하지만 노예해방 선언은 전쟁의 명분을 새롭게 설정할 수 있도록 했다. 이전의 전쟁 명분은 북부의 번영을 위해 연방을 사수하는 경제 전쟁이었다. 노예해방 선언은 관세 전쟁을 자유와 인권을 위한 고상한 전쟁으로 바꾸었다. 전쟁을 아름답게 승화할 수 있게 된 것이다. 사람들은 전쟁에서 고귀한 목적과 명분을 위해 자기를 희생하지만 경제적 이익을 위해 목숨을 바치지 않는다. 국가는 커다란 대의명분을 만들어 국민에게 전쟁 동기를 부여해야 한다. 이러한 관점에서 링컨은 사실여부를 떠나 노예 해방이라는 인류의 고귀한 가치를 내세움으로써 역사의 전설이 됐다.[100]

현대전의 승패는 군사전략 보다는 자본과 노동, 시장에 의해 결정된다. 전쟁 이전 남부는 생산한 면화의 80%를 영국에 수출했다. 남부는 면화를 팔아 영국에서 총, 탄약과 제복을 구입해야 했다. 북부의 해상봉쇄는 무역에 의존하는 남부에 큰 타격을 주었다. 산업시설이 없는 남부는 전쟁물자를 생산할 능력이 없었다. 남부는 금융산업이 발달하지도 않았고 따라서 해외 채권발행도 어려웠다. 남부는 화폐 발행으로 전비를 조달했고 인플레이션은 필연적이었다.

남부는 세계적인 면화 생산기지였다. 남부는 전쟁으로 면화 King Cotton

---

100. The Great Tax Wars (Steven R. Weisman, Simson & Schuster 2004), Chase has no money, page 45, page 46-47 / Those Dirty Rotten Taxes (Charles Adams, Simon & Schuster 1998), The Goose that Laid the Golden Egg page 140 / When in the course of Human Events (Charles Adams, Rowman & Littlefield 2000) A Useless Fort? page 26-30, Lincoln Crosses the Rubicon page 37-53

의 국제거래가 중단되면 영국과 프랑스가 면화를 수입하기 위해 자신을 도울 거라는 환상에 사로잡혀 있었다. 이를 촉진하기 위해 남부는 면화의 수출을 금지하기도 했다. 면화가 사라지면 북부 섬유 공장에서도 대규모 실업이 일어나 북부가 타협을 추진할 것으로 보았다. 이러한 남부의 희망 은 유럽 제국이 전쟁에 개입하지 않음으로써 희망으로 끝나고 현실화되 지 않았다.

북부는 기존의 관세 수입에 더하여 소득세를 신설하여 재정수입을 확 보했다. 발달한 금융산업 덕분에 채권 발행도 용이했다. 북부의 산업생산 은 전쟁 수요로 급증했다. 전쟁은 자금조달과 물자생산능력에 의해 결정 된다. 남부는 전쟁이 단기전으로 끝날 것이라 생각하고 새로운 세금을 부 과하지 않고 통화 증발과 부채 발행으로 전비를 조달했다. 남부는 재정 부족과 경제규모의 열세로 패배를 막을 수는 없었다. 패배가 임박하자 남 부는 30만 명의 노예를 군인으로 징집하는 계획을 세웠다. 노예가 남부 를 위해 군인으로 복무하면 자유를 주겠다는 것이다. 노예 소유주들은 패 전의 위기에서 노예제도를 자발적으로 포기했다.[101]

---

101. The Rise and Fall of the Great Powers (Paul Kennedy, Frist Vintage Edition 1989), The United Sates and the Civil War, page 181–182, The Great Tax Wars (Steven R. Weisman, Simson & Schuster 2004), Every Man's duty to contribute, page 54–73, Tariffs, Blockades, and Inflation (Mark Thornton and Robert B. Ekelund, SR Books, 2004), Southern Trade, King cotton, and the Confederate Embargo, page 30–32 Those Dirty Rotten Taxes (Charles Adams, Simon & Schuster 1998), The Abominable Tariff, page 81–83, Taxes or War, page 95–99, What on Earth Is the North Fighting For? Page 100–112

전쟁에서 승리한 북부는 남부가 발행한 모든 채무를 무효로 만들었다. 북부 의회는 해방된 노예의 소유자에 대한 보상도 금지했다. 이는 패자에게 지운 가혹한 조치였다. 남부는 전쟁으로 농장과 도시가 파괴됐을 뿐 아니라 수십조에 이르는 노예 자산이 사라지는 어려움을 겪었다. 반대로 북부의 모든 전쟁 부채는 상환됐다. 북부의 참전용사는 연금 등으로 보상을 받았지만 남부의 용사는 부상을 당했음도 아무런 보상이 없었다.

해방된 노예의 처우는 더 열악했다. 남북전쟁이 노예의 인권을 위한 전쟁이 아니었기 때문이다. 미국에는 해방된 노예가 정착할 수 있도록 지원하는 프로그램이 하나도 없었다. 비슷한 시기 노예를 해방한 러시아도 노예의 자립을 돕기 위해 일정한 토지를 무료로 나누어 주었다. 러시아는 더 많은 토지를 원하는 노예에게는 장기 융자로 토지를 구입할 수 있도록 지원했다. 러시아는 노예 소유자와 토지를 빼앗긴 지주까지 보상했다. 자립할 기회가 없었던 미국의 흑인 노예는 농노와 같은 소작농으로 전락했다.[102]

남북전쟁은 흑인 노예 4백만 명을 해방하기 위해 백만 명의 백인이 사망 또는 부상이라는 희생을 치른 전쟁이다. 하지만 해방은 쓸모없는 가짜 동전이었다. 이는 당시 백인들이 공통적으로 가지고 있던 편견 때문이다. 계몽주의자 몽테스키외도 흑인에 대한 편견에서 벗어나지 못했다. 그

---

102. For Good and Evil (Charles Adams, First Madison Books Edition 2001), Russia: The Tax Road to Serfdom and the Soviets, page 180, Fight Flight Fraud (Charles Adams, Euro-Dutch Publishers,1982), Was it taxes, rather than slavery, that caused the Civil War? Page 227-236, Those Dirty Rotten Taxes (Charles Adams, Simon & Schuster 1998), The Tyranny of the Revenuers Page 116

159

는《법의 정신》에서 현명한 신이 검고 추악한 몸에 제대로 된 영혼을 부여했다는 것을 믿기 어렵다 했다. 흑인은 해방 되었음에도 자립할 수 없었고 교육, 경제, 사회 제도 안에서 차별받았다. 흑인은 항상 2등 시민이었다. 흑인에 대한 편견은 편견을 강화하여 이들은 지금까지 2등 시민에서 벗어나지 못하고 있다.[103]

◇◇◇

미국은 전쟁 이후 더 높은 보호관세를 통해 유치산업을 육성하면서 재정수입을 확보했다. 수입물품에 대한 관세는 의류, 기계와 다른 소비물품의 가격을 최대 50%까지 올려놓았다. 보호관세가 없었더라면 미국 경제는 더 늦게 성장했을 것이다. 미국 경제가 성숙하게 되면서 농부, 노동자, 소상공인은 낮은 관세를 요구하기 시작했다. 1913년 미국에서 소득세를 도입하기 전 관세는 재정수입의 90%를 차지할 정도였다. 정부도 산업을 보호하는 것만큼이나 소비자를 보호하는 것이 더 중요하다는 것을 알게 됐다. 불합리한 관세를 낮추기 위해서는 다른 곳에서 재정수입을 확보해야 한다. 소득세가 탄생한 배경이다. 소득세는 다른 장에서 설명하기로 한다.[104]

103. The Great Tax Wars (Steven R. Weisman, Simson & Schuster 2004), There is No tax more equal, page 95, A Splendid Exchange (William J. Bernstein, Grove Press 2008), What Henry Bessemer Wrought, page 319–324

104. For Good and Evil (Charles Adams, First Madison Books Edition 2001), Was it Taxes, rather than Slavery, that caused the Civil War? Page 329–343

3.8 조세반란으로 퇴락한 제국

스페인은 세계적 패권을 이룩한 최초의 국가이다. 스페인은 15세기에서 19세기까지 미주, 아시아, 유럽, 아프리카, 오세아니아에 방대한 영토를 가지고 있었다. 스페인은 영국에 앞선 '해가 지지 않는 제국'이었다. 스페인은 지구상에서 가장 강한 해군과 육군을 보유하고 유럽 대부분을 지배했으며 미국 신대륙에서 금은보화가 쏟아지던 부강한 나라였다. 최강 스페인이 거대한 외부 충격이 없었음에도 몰락한 이유는 무엇일까?

영국은 스페인 무적함대^Armada^를 영국이 격파하여 스페인이 몰락했다고 믿지만 이는 사실과 다르다. 무적함대의 2/3는 스페인으로 무사히 귀환했으며 함대의 손실은 영국과 전투가 아닌 대부분 폭풍으로 파손됐기 때문이다. 영국의 자랑과 달리 스페인은 과도한 전쟁 비용으로 스스로 무너졌다.

넓은 영토를 가진 스페인은 감당하기 어려운 적을 너무 많이 가지고 있었다. 스페인은 북아프리카, 이탈리아, 미주, 프랑스와 네덜란드에서 끊임없이 전쟁했다. 전세계에서 동시 다발적인 전쟁을 치른 것이다. 영국과 프랑스는 전쟁에서 회복할 휴식 시간이 간간히 있었지만 스페인은 회복할 여유가 없었다. 스페인 찰스 5세는 국채 발행을 통해 전쟁 비용을 조달해야 했다. 발행 금리는 지속해서 높아졌다. 찰스 5세는 퇴위할 때 2천만 더컷^Ducat^의 부채를 필립 2세에게 물려주었다. 필립 2세는 이 부채뿐 아니라 프랑스와의 전쟁까지 이어받았다. 필립 2세는 전쟁비용을 감당하지 못하고 1557년 국가부도를 선언했다. 이 부도로 금융 재벌인 포거스^Foggers^도 파산했으며 프랑스도 같은 해에 파산을 선언했다.

국가의 파산 선언은 이자 비용을 급증시킨다. 재정수입의 대부분을 이자를 갚는 데 사용하던 스페인에게 높은 이자는 치명적이다. 파산한 스페인과 프랑스는 어쩔 수 없이 평화협정을 맺었다. 프랑스는 휴식을 취했지만 스페인은 지중해에서 오스만과 20년 동안 전쟁을 계속했다. 80년 동안 이어진 전쟁으로 필립 2세는 국가부도를 4번이나 선언했다. 그럼에도 불구하고 필립 2세가 사망할 때 스페인의 부채는 1억 더컷으로 증가했다. 국가 재정수입의 2/3가 이자 지급에 사용됐다.

동양에서 국가는 부자의 재산을 쉽게 몰수할 수 있었기 때문에 국가부도는 어려운 일이었고 새로운 나라가 들어서면 과거 부채는 없었던 일로 만들 수 있었다. 그러나 유럽에서 국가의 파산 선언은 부채 탕감을 의미하는 것이 아니었다. 시장경제가 지배하는 유럽에서 국가부도는 채무 탕감보다는 금융기관과 채무조정 협상을 말했다.[105]

◇◇◇

전쟁 비용을 조달하는 가장 확실한 방법은 세금이다. 스페인 찰스 5세는 재임 기간에 조세수입을 3배 늘렸고, 필립 2세는 이를 다시 2배 늘렸다. 납부하는 세금이 6배 늘어나면 민심은 동요할 수밖에 없으며 폭동이 일어나기 좋은 환경이 된다. 대표적 세금은 알카발라 Alcabala라는 판매세였다. 이 세금은 모든 자산과 물품의 거래마다 10%를 부과했기 때문에 많은 조세수입을 가져왔지만 상거래를 위축시켰다. 밀수 또한 급증했다.

---

105. The Rise and Fall of the Great Powers (Paul Kennedy, First Vintage Edition 1989), Strengths and Weakness of the Habsburg Bloc, page 45–49, For Good and Evil (Charles Adams, First Madison Books Edition 2001), The Collapse of the Hercules of Europe, page 191–192

스페인이 지배하던 다른 나라는 자신을 방어하는 비용을 지불할 용의가 있었다. 하지만 다른 나라의 방어 비용과 침략전쟁 비용은 단호히 거절했다. 이러한 이유로 스페인은 전쟁 비용 대부분을 스페인 내부에서 조달해야 했다. 찰스 5세는 자신의 영토인 카스티야Castile에 손을 내밀고 많은 조세를 징수했지만 곧 반란이 일어났다. 그는 조세 저항을 무력으로 진압했지만 강압은 타오르는 불에 기름을 뿌리는 효과를 가져왔다. 카스티야 폭도들은 증세에 동의한 자신의 대표Cortes를 살해했다. 찰스 5세가 동의를 구하기 위해 대표에게 연금, 공직 제공의 특혜를 주었기 때문이다. 자기 대표가 왕과 맺은 은밀한 거래를 알게 된 폭도들은 마지막 성례도 허용하지 않고 대표를 살해했다. 찰스 5세는 많은 돈과 병력을 투입하여 반란을 진압하는 데 성공했지만 카스티야 지방에 새로운 조세를 도입할 수 없었다.

찰스 5세는 대신 기존에 있던 세금에 대한 징수를 강화했다. 그는 세율을 최대한 올려 재정수입을 3배까지 늘릴 수 있었다. 그는 비협조적인 납세자를 나사못처럼 조이라고 했다. 이는 이단 심문을 통해 재산을 빼앗는 것을 말했다. 스페인 세리는 조세 분쟁을 직접 판결하고 집행했기 때문에 납세자의 권리는 무시됐고 법과 제도는 조세수입을 극대화하기 위해 운영됐다.

스페인 사람들은 가만히 앉아서 세금을 납부하지 않았다. 스페인 법에 의한 납세 거부는 의미가 없었기 때문에 그들은 초법적으로 대항했다. 그들은 반란Fight하거나, 탈세Fraud하거나, 나라를 버리고 도주Flight했다. 이들은 세금이 없는 기회의 땅 미주로 많이 이주했다. 해외로 떠나는 것이 어려운 사람들의 꿈은 세금이 면제되는 공무원이었다. 이들은 돈으로 공직을 매수하여 40명이 일할 자리를 1,000명이 넘는 공무원이 차지하기도 했다. 돈 있는 사람은 귀족의 지위Hidalgos를 매수했고 돈 없는 농부들은 집시로 전락했다.

◇◇◇

네덜란드는 스페인의 지속적인 조세 분담 요구에 시달렸다. 종교 문제는 상황을 더 악화시켰다. 민심이 악화된 상태에서 종교 분쟁이 일어나자 스페인은 이를 조세 징수의 기회로 삼았다. 스페인의 알바 공작은 2만 군대로 질서를 회복하고 스페인식 알카발라Alcabala를 네덜란드에 도입하려 했다. 알카발라를 영구적으로 납부할 의사가 없던 네덜란드는 대신 1%의 자본세를 거두어 2백만 겔더Gelders를 2년 동안 납부하겠다고 제안했다. 하지만 스페인은 알카발라를 통해 네덜란드 주둔군의 군비를 영구히 해결하려 했다. 알카발라는 스페인의 고집대로 도입됐지만 네덜란드는 독립운동으로 화답했다.

네덜란드 주둔 군인들은 필립 2세로부터 급료를 지급받지 못하자 밀린 급료를 스스로 해결했다. 이들은 1576년 벨기에 앤트워프Antwerp를 약탈했다. 당시 최고의 항구 도시 앤트워프는 약탈에서 회복하지 못했고 이후 상업의 중심은 암스테르담으로 넘어갔다. 필립 2세는 예상대로 파산했고 그는 1577년 네덜란드에서 철군했다. 그는 이후 6년 동안 포르투갈을 합병하고 오스만 제국과 평화협정을 체결하면서 재정의 안정을 찾았다. 승리를 확신한 필립 2세는 1583년 네덜란드와 전쟁을 다시 시작했다.

스페인은 부채 발행으로 전비를 조달했다. 부채의 보증은 미래의 조세 수입과 남미 은광에서 나올 수입이었다. 어렵게 조달한 군비는 영국해협을 통해 운송했다. 전비로 운송되는 금은보화는 적국인 네덜란드, 프랑스 그리고 영국 해적의 좋은 먹잇감이였다. 엘리자베스 여왕은 해적을 장려했을 뿐 아니라 해적을 피해 영국 항구로 피신한 스페인 선박의 재물까지 강탈했다. 스페인이 항의했지만 엘리자베스는 금은보화가 이탈리아 금융가의 자산이라면서 이를 되돌려주지 않았다. 그녀는 스페인에 저항하는 네덜란드와 프랑스에 군대를 보내 지원하기도 했다. 유럽대륙에서 힘의 균형을 맞추기 위해서 였다. 스페인이 유럽을 통합하면 다음 순서는 영국 정복이 될 것이었기 때문이다. 스페인은 새로운 전쟁을 치를 여력이 없었지만 1588년 골치 아픈 영국을 제거하기 위해 무적함대를 출동시켰다. 무적함대는 실패했지만 파산 직전의 스페인은 전쟁을 계속할 돈이 없었다.[106]

　퇴락하는 스페인 제국에 마지막 타격을 가한 것은 내부의 조세 반란이었다. 스페인 카탈로니아 지방은 1640년 반란을 일으켰다. 카탈로니아는 반란을 일으키기 전 과도한 주둔군 비용 부담을 중지해달라고 청원했지만 받아들여지지 않았다. 결국 주민들은 지방 총독을 살해하고 군대를 습격했다. 이 반란은 10년 동안 지속됐고 스페인은 프랑스, 영국, 네덜란드와 싸워야 할 돈과 군대를 조세 반란을 진압하는 데 사용했다. 이 과정에서 포르투갈에 알카발라 5%를 과세하려 하자 포르투갈이 반란을 일으켜 독립했다. 시실리와 나폴리에서도 식품에 판매세를 부과하려 하자 반란이 일어났다. 재정 상황이 한계에 이른 스페인은 스스로 붕괴했고 이후 스페인 식민지는 다른 나라의 사냥감이 됐다. 영국은 자메이카 등을 차지하고, 네덜란드는 인도네시아 등을 점령했으며 미국은 필리핀, 쿠바를 가

---

106. For Good and Evil (Charles Adams, First Madison Books Edition 2001), Queen Elizabeth I, page
　　246-248

져갔다.

스페인 제국은 140년 전쟁 동안 평민에 대한 세금은 지속해서 늘렸지만 귀족은 면세했다. 상거래마다 과세하여 거래를 위축시키는 알카발라는 많은 문제가 있었지만 조세수입 때문에 포기할 수 없었다. 조세수입을 늘릴 수 없게 되자 스페인은 각종 특권과 독점권, 공직 및 귀족 작위를 판매했다. 적자 재정은 부채를 통해 운영됐고 스페인 은화를 동으로 교체하는 평가절하가 이루어졌다. 정부는 하루살이 식으로 운영되어 찰스 5세는 재정수입의 65%를 이자로 지불했다. 스페인은 재정수입의 2~3배에 이르는 군비를 지속해서 사용하다 망한 나라이다. 스페인이 쇠락하기 전 많은 사람들이 조세 개혁을 주장했다. 이는 미국 대륙을 발견한 때부터 시작됐다. 이들의 주장과 노력은 무위로 돌아갔으며 스페인의 쇠락을 무기력하게 지켜보던 곤살레스Gonzales de Cellorigo는 1600경, "할 수 있는 사람은 뜻이 없고, 뜻이 있는 사람은 할 수 없다."고 했다.[107]

3.9 돈의 전쟁

전쟁에서는 영웅이 부각된다. 영웅은 용기와 지략으로 역경을 극복하고 위대한 승리를 가져온다. 국가는 전쟁 영웅을 부각시켜 후대에 교훈을

---

107. The Rise and Fall of the Great Powers (Paul Kennedy, First Vintage Edition 1989), Strengths and Weakness of the Habsburg Bloc, page 52–55, For Good and Evil (Charles Adams, First Madison Books Edition 2001), The Collapse of the Hercules of Europe, page 192–201, Fight Flight Fraud (Charles Adams, Euro–Dutch Publishers, 1982), The Collapse of the Hercules of Europe, page 143–150

삼고자 하지만 영웅이 승리를 가져온다는 이야기는 과장된 전설이다. 역사적으로 전쟁에서 승패는 영웅보다 재정에 의해 결정됐다. 영웅은 한두 개의 전투에서 승리를 가져올 수 있지만 모든 전투에서 승리를 보장하기 어렵다. 적군에도 뛰어난 전쟁 영웅이 있을 수 있기 때문이다. 실제 대부분의 전쟁은 끊임없이 자금을 조달하여 더 많은 병력과 물자를 투입한 국가가 승리했다.

근대 이전 전쟁은 돈으로 용병을 고용하는 소모전이었다. 적군이 가진 우수한 무기는 언제든지 구입하여 복제할 수 있었고 좋은 전술은 따라 배우거나 대응 전략을 세울 수 있었다. 교전국들은 전투에서 실패와 성공 원인을 분석하고 자국의 전투 시스템을 끊임없이 개선했다. 결과적으로 전쟁은 누가 더 뛰어난 조세 시스템을 가지고 자금을 잘 조달했느냐에 의해 결정됐다. 돈의 전쟁이었던 것이다. 전비는 세금과 부채로 조달할 수밖에 없다. 과도한 세금은 폭동과 혁명을 일으킨다. 과도한 부채는 높은 이자와 인플레이션을 유발한다.

역사학자 탤럿Frank Tallett은 1480년부터 1700년까지 220년 동안 영국은 29개, 프랑스는 34개, 스페인은 36개의 전쟁과 관련됐다 한다. 1610년 이후 1세기 동안 스웨덴과 합스부르크 제국은 매 3년 중 2년, 스페인은 매 4년 중 3년을 전쟁으로 보냈다. 이 기간 유럽 각국은 승리를 위해 더 좋은 총포를 만들고 군사기술을 현대화하기 위해 노력했다. 엄청난 비용이 필요했기 때문에 승리는 결국 비용을 효율적으로 조달하여 투입한 국가가 가져갔다. 서양에서 군비경쟁이 일어나는 동안 동양은 상대적으로 평화를 누리고 있었다. 명나라와 인도 무굴 제국은 대포의 중요성을 알고 생산을 독점했지만 생존을 위협하는 전쟁이 적어 무기를 개량할 필요가 없

었다. 서양에서 수백 년 동안 치열한 총포 개량 경쟁을 벌이는 동안 동양
은 상대적 평화를 누렸지만 스스로 낙후됐다.[108]

◇◇◇

제1차 세계대전의 승패도 전쟁비용 조달 능력이 결정했다. 제1차 대
전이 발발하기 전 주요국은 국민소득의 4% 정도를 국방에 사용했으나
전쟁 중에는 국민소득의 25~33%를 전비로 사용했다. 대표적으로 영국
은 전쟁이 발발하기 전 1913년 9천만 파운드이던 국방비를 전쟁 막바지
인 1918년에는 20억 파운드로 22배 늘리었다. 이는 재정수입의 80%로
국민총생산의 52%를 차지하는 엄청난 금액이다.[109]

제1차 세계대전의 총력전에서 교전 국가는 산업, 노동, 금융을 통제하
고 전쟁물자를 생산했지만 한계가 있었다. 특히 기초체력이 약한 이탈리
아, 오스트리아-헝가리, 러시아 같은 국가는 경제가 붕괴될 위험에 처했
다. 이들은 주도 국가의 지원이 없었다면 전쟁을 계속할 능력이 없었다.
프랑스 역시 외부의 지원 없이 전쟁을 지속하기 어려웠다. 프랑스는 모든
물자와 인력을 군수물자 생산과 전쟁에 투입했기 때문에 식량을 생산할
농부가 없었다. 1917년 흉년이 들면서 농산물 가격은 천정부지로 치솟았
고 예비 식량은 바닥났다. 폭동이 일어날 상황이었지만 미국과 영국의 비
상 식량지원으로 프랑스는 위기를 모면할 수 있었다.

---

108. The Rise and Fall of the Great Powers (Paul Kennedy, Frist Vintage Edition 1989), Total War and the
Power Balances, page 274, War, Money, and the Nation-State, page 72, The European Miracle,
page 23

109. The Rise and Fall of the Great Powers (Paul Kennedy, Frist Vintage Edition 1989), Total War and
the Power Balances, page 262, page 267

러시아는 지리적 약점으로 연합국에서 받을 수 있는 군사 및 물자 지원이 제한됐다. 여기에 금주령으로 조세수입의 1/3을 가져오던 알코올의 소비를 제한하여 수입이 줄어들었고 철도 마비로 운송 수입마저 급감했다. 러시아는 증세 대신 종이 화폐를 증발했다. 이에 따라 소비자 물가지수는 1914~1917년에 700% 폭등하여 노동자의 파업과 데모가 일상화됐다. 러시아가 노동자 혁명이 일어날 수밖에 없는 상황을 만든 것이다.

독일은 내부 자원을 효율적으로 이용하여 프랑스와 영국을 항복 위기로 몰고 갈 수 있었으나 지속적인 희생을 감당할 능력이 없었다. 독일의 한계는 1916년 힌덴부르크 프로그램Hindenburg Program이 잘 보여준다. 이 프로그램의 목표는 군수물자 생산을 획기적으로 늘리고 경제 통제를 강화하는 것이었다. 독일은 군수물자를 생산하기 위해 전선에 나가 있는 숙련기술자 3백만 명을 공장으로 되돌리었다. 하지만 이 프로그램은 기본적인 농업 생산을 무시함으로써 식량부족으로 기아와 식품 물가상승을 겪어야 했다. 독일은 세금을 늘리는 대신 부채와 화폐발행으로 연명하여 인플레이션을 유발했고 이는 전쟁을 계속하고자 하는 시민들의 의지를 꺾어 버렸다.

영국은 제1차 대전 중 채무상환 능력이 없는 러시아, 이탈리아, 프랑스의 부채를 지급 보증했다. 1917년 연합국의 부채는 43억 달러에 이르렀고 이중 88%는 영국이 지급을 보증했다. 연합국은 돈을 미국에서 빌리고, 그 돈으로 미국에서 무기와 식량을 구입했다. 연합국이 재정적자와 부채에 시달리는 동안 미국은 국제금융 및 상품 시장에서 강자가 됐다. 전쟁은 1917년 미국이 참전하면서 급변했다. 미국이 군대를 조직하고 훈련하여 유럽으로 파병하기에는 1년 이상의 시간이 필요했지만 미국의 경제력과 생산력은 대적할 상대가 없었다.

미국은 철강, 에너지, 공업 생산에서 독일의 2배 이상이었기 때문에 한계에 이른 독일은 적수가 될 수 없었다. 독일 동맹은 제1차 대전 중 전비로 240억 달러를 사용하고 2천 5백만 명의 군인을 동원했다. 반면 미국을 포함한 연합국은 그 두 배인 580억 달러를 사용하고 4천만 명의 군인을 동원했다. 폭넓은 전선에서 천만 명 이상의 군인을 동원하여 벌이는 전쟁에서 훌륭한 장군은 몇몇 전투에서 승리를 가져올 수 있다. 하지만 전투의 승리가 전쟁의 승리를 말하지 않는다. 승리는 더 많은 재정 자원을 동원한 연합국이 당연히 가져갔다.[110]

◇◇◇

제2차 세계대전 역시 재정의 힘이 승리를 지배했다. 전략과 전술의 성공은 거대한 전쟁의 흐름을 바꾸기 어려웠다. 연합국은 독일 동맹에 비해 국민소득과 전쟁 잠재력에서 3배 이상의 능력을 가지고 있었다. 이는 항공기, 대포, 탱크 및 군함의 생산으로 이어졌다. 1944년 미국은 하루에 한 척의 군함을 생산하고 5분에 한 대씩 전투기를 생산했다. 1944년 독일 동맹은 항공기 67,987대를 생산한 반면 미국 연합군은 167,654대를 생산했다. 연합국이 생산량 자체에서 절대적 우위를 가지고 있었다. 여기에 새로운 기술을 적용한 전투기와 폭격기의 성능 차이를 고려한다면 독일은 전략과 전술로 이를 극복할 수 없었다.

연합군은 서유럽에서 독일에 비해 탱크 수에서 20배 항공기 수에서

---

110. The Rise and Fall of the Great Powers (Paul Kennedy, Frist Vintage Edition 1989), Alliances and the Drift to War, page 256, page 266, Total War and the Power Balances, page 264–270

25배의 우위를 누렸다. 1942년에는 러시아도 독일보다 전투기를 만 대 더 생산했다. 전쟁 막바지에 러시아는 독일의 5배에 이르는 탱크, 비행기, 대포로 독일을 공격했다. 미국은 4년짜리 전쟁에서 역사상 가장 비싼 비용을 치렀다. 미국은 전쟁 중 4조 달러 이상을 사용했다. 전쟁 막바지인 1945년에는 국민총생산의 40%를 군비로 사용했다.

독일은 열세를 극복하고 불리한 환경에서 잘 싸웠지만 전선이 너무 넓었다. 1943년 독일군 390만 명이 동부전선에서 러시아와 싸우고 있었고, 18만 명이 핀란드, 48만 명이 노르웨이와 덴마크, 130만이 프랑스와 벨기에, 60만 명이 발칸반도, 41만 명이 이탈리아에 흩어져 있었다. 독일은 서유럽 전체에서 전쟁해야 했기 때문에 작은 전투력의 손실도 치명적이었다. 클라우제비츠[111]Carl Phillip Gottlieb von Clausewitz의 말처럼 전쟁과 펜싱에는 기술과 경험이 필요하지만 검이 부족하다면 기술은 별 의미가 없게 된다.[112]

◇◇◇

일본의 패망도 재정 문제로 볼 수 있다. 초기 일본은 중국1894년, 러시아1905년를 상대로 승리했지만 종이호랑이를 상대로 한 승리였다. 청나라는 양무운동洋務運動[113]으로 군대를 재편했으나 빈약한 정치체제가 총력전

111. 클라우제비츠(Carl Phillip Gottlieb von Clausewitz, 1780~1831)는 프로이센 왕국의 군인이자 군사사상가이다. 그의 《전쟁론》은 군사 전문가들에 의해 많이 인용되며 대표적 군사이론 고전이다.

112. The Rise and Fall of the Great Powers (Paul Kennedy, Frist Vintage Edition 1989), The Proper Application of Overwhelming Force, 352–356

113. 양무운동은 아편전쟁과 태평천국 운동으로 무너진 청 조정의 위신을 회복하고자 서양의 문물을 수용한 부국강병운동이다.

을 지원하지 못했고, 러시아는 극동으로 병력과 물자 수송이 어려운 상태였다. 시베리아 철도는 기본적으로 단선이었고 미개통 구간과 탈선 사고로 병력과 보급품 수송에 한계가 있었다. 일본의 승리에는 서방 제국의 지원이 있었다. 일본은 영국 군함, 독일 대포Krupp를 수입하여 사용했고 전비는 영국과 미국 금융시장에서 조달했다. 그럼에도 일본은 1905년 러일전쟁에서 자금 부족으로 재정 파탄의 위기에 내몰렸다. 평화가 시급했던 일본은 러시아로부터 징벌적 배상을 포기하고 완화된 평화협상 조건을 받아들였다.

청나라가 1895년 일본에 패한 이유 또한 재정 부족으로 설명할 수 있다. 당시 청나라는 양무운동으로 일본보다 더 좋은 무기체계를 가지고 있었지만 청나라 장군 이홍장[114]은 북양함대 하나로 일본 해군과 싸워야 했다. 중국의 다른 함대는 북양함대를 지원하지 않았고 군수품도 제때 보급되지 않았다. 그 이유로 쿠데타를 두려워한 중국 황제가 군의 총괄 지휘권을 이홍장에게 주지 않았다는 것과 실제 청나라의 재정 상황이 최악이었다는 설명이 있다. 당시 청나라는 국민총생산의 2%를 재정으로 사용하고 있었으나 이는 다른 제국의 절반 수준이었다. 청나라는 근대화 개혁에 많은 돈이 필요했지만 조세 징수의 한계로 군사 부분에 끊임없이 투자할 능력이 없었다. 청나라는 해외 금융시장에서 부채를 조달할 능력도 없었기 때문에 예상과 달리 일본에 쉽게 패했다. 반면 일본은 메이지 유신 이후 군비 확장과 근대화에 체계적인 재정지원이 가능했다. 정치의 지

---

114. 이홍장(1823~1901)은 중국 근대 군벌의 시조 중 한 사람이며 양무운동을 대표하는 인물이다. 중국 근대의 많은 외교 협상 및 조약이 그에 의해 타결되었으며 조선의 내정에 간섭했다.

원을 받은 일본군은 총력전을 벌일 수 있었고 승리했다.

1930년대 일본 재무장관 다카하시Korekiyo Takahashi는 대공황에도 불구하고 부채를 동원하여 군대를 지원했다. 정부지출에서 군비가 차지하는 비중은 1930년 31%에서 1936년 47%까지 늘어났다. 균형을 상실한 군비확장을 우려한 다카하시가 군비에 제동을 걸자 그는 1936년 암살됐다. 중일전쟁은 그가 암살된 다음해 시작됐고 군비는 재정지출의 70%까지 올라갔다. 일본은 재정적으로 한계에 부딪쳤다. 무리한 전비를 투입했음에도 일본은 1937년 시작된 중일전쟁에서 결정적인 승리를 거둘 수 없었다. 일본은 총력전으로 70만 이상의 병력을 중국에 투입하고 매일 5백만 달러 이상의 전비를 사용했지만 중국의 저항은 계속됐다. 여기에 더하여 일본은 러시아의 침공을 막기 위해 30만 이상의 병력을 만주에 주둔시켜야 했다. 일본의 전쟁 부채는 무한정 늘어났다.

일본은 재정수입의 70%에 이르는 군비 지출이라는 약점에 더하여 석유, 철강 등 주요 물자를 수입에 의존했다. 중국에서 일정 지분을 가지고 있었던 미국과 유럽 제국은 일본의 중국 침략을 반대했다. 미국의 방해로 물자 수급이 어려워진 일본은 1938년 석유 강제 할당을 실시할 정도로 상황이 악화됐다. 일본은 미국이 중국을 돕는 것으로 의심했고 중국과의 지루한 전쟁에서 돌파구를 마련하기 위해 극단적인 조치가 필요했다. 일본은 남아시아를 점령하여 석유, 철광석 등의 원자재를 확보하고자 했다. 남아시아는 해안을 봉쇄당한 중국이 전쟁물자를 지원받던 루트이기도 했다. 남아시아 점령은 일본에 일석이조였지만 미국과 충돌은 불가피해졌다. 일본은 1940년 유럽에서 프랑스가 무너지자 프랑스령 인도차이나[115]를 점령했다. 미국은 이에 대응하여 1941년 핵심 원자재인 철강과 석유 수출을 금지하는 일본 금수령을 선포했다.

미국은 일본에 비해 인구와 소득이 절대 우위에 있었고 산업 생산도 7배 높은 강국이었다. 일본이 승리할 가능성은 오직 기습공격을 통해 전쟁을 단기간에 끝내는 것이었다. 전쟁에서 승기를 잡고 평화협정을 체결하는 것이 목표였다. 이는 절대적 오판이었고 전쟁은 일본의 희망과 다른 방향으로 돌아갔다. 진주만 기습은 전쟁에 반대하던 미국인들을 단결하게 만들었고 미국은 엄청난 물자를 전쟁에 투입할 수 있었다. 일본은 재력과 물자가 부족하여 패할 수밖에 없었다. 미국이 일본과의 미드웨이 해전에서 패하고 항모 몇 척을 더 잃었다 하더라도 이는 미국의 승리를 늦출 뿐이지 대세에는 영향이 없었다. 일본은 파손된 항모를 다시 건설할 능력이 없었으나 미국은 그 해 3척의 항모를 새롭게 건설했으며 1943년에는 5척, 1944년에는 9척의 새로운 항모를 건설했기 때문이다.

일본이 중국에 100만이 넘는 군대를 주둔시키면서 미국을 공격한 것은 자폭이었다. 일본은 만주에도 70만의 병력을 주둔시키고 있었다. 이는 러시아의 침공에 대비한 어쩔 수 없는 선택이었다. 일본은 돈 먹는 하마 중일 전쟁에서 최종 승리를 가져오기 위해 엄청난 도박을 벌였고 결과는 참패였다. 일본의 전략적 실패는 미군이 남태평양에서 본토로 진격해 올 때 중국에 170만의 병력이 묶여 있었다는 점이다. 이는 일본의 해상교통을 봉쇄한 미국 잠수함 전략의 승리이기도 하다.

제2차 세계대전 막바지에 미국이 일본에 원폭을 투하한 것에 대하여

---

115. 베트남, 라오스, 캄보디아

많은 논란이 있다. 미국은 군인들의 희생을 최소화하기 위해 어쩔 수 없이 원폭을 선택했다고 하지만 다른 의견도 있다. 원폭은 극동에서 남하하려는 스탈린에 대한 경고라는 의견도 있다. 또 다른 의견으로는 원폭을 개발하기 위해 투입된 비용을 합리화하기 위해 원폭을 투하했다는 주장도 있다. 원폭을 개발하는 맨하튼 프로젝트는 개발비 200억 달러를 지출했고 12만 명을 고용했다. 마지막 견해에 따른다면 실패할지 모르는 프로젝트에 사용한 세금을 합리화하기 위해 원폭을 투하했다는 결론에 이른다.[116]

◇◇◇

전쟁의 승패는 여러 가지 요인에 의해 결정된다. 재정을 통한 자금조달이 전쟁의 승패를 결정하는 중요한 요소라는 것은 의심할 여지가 없지만 첨단 전자기술의 발전은 재정의 중요성을 다시 한번 부각한다. 첨단 무기를 장착한 현대 전투기는 제2차 세계대전 때보다 100배 비싸고 폭격기는 200배 비싸졌다. 최첨단 무기를 원하는 군의 요구 때문에 군수품 시장은 특화됐다. 드론 폭격기와 같은 무인 무기가 발전하려면 더 많은 연구개발 자금이 필요하다. 폐쇄적인 군수품 시장에서 경쟁은 제한될 수밖에 없고 첨단제품의 가격은 천정부지로 높아지고 있다. 국가안보에 천문학적인 국방비를 효율적으로 지원하는 국가의 조세 시스템이 중요한 이유이다.[117]

---

116. The Rise and Fall of the Great Powers (Paul Kennedy, Frist Vintage Edition 1989), The Position of Powers, page 209, The Challengers, page 300–303, Unexpected Victory, page 346–364, The Proper Application of Overwhelming Force, page 350–356

117. The Rise and Fall of the Great Powers (Paul Kennedy, Frist Vintage Edition 1989), History and Speculation, page 442–443

2

$$\diamondsuit$$

전가의 보도

4.1 정치 통제 도구

세금은 정치적으로 사용하기 좋은 도구이다. 과거 국가는 정적에게 높은 세금을 부과하여 재산을 빼앗았고 세금을 납부하지 못하면 노예로 만들었다. 국가는 세금으로 종교를 탄압했고 조공^{朝貢}이라는 이름으로 주변 국가를 착취했다. 세금은 반정부 세력을 억압하고 정부 비판을 잠재우는 수단으로 활용되기도 했다. 세법은 모든 위반을 범죄로 처벌할 수 있기 때문에 정치적 성향이 다른 사람을 공포와 테러로 억압하기 좋은 도구였다. 역사학자 귀차디니^{Fancesco Guicciardini}는 르네상스시절 플로렌스에서 세금은 ^{정적을 살해하는} 단검처럼 사용됐다 했다.[118] 이는 정치 선진국 미국도 예외가 아니었으며 소련은 재정 범죄라는 독특한 방식으로 시민을 통제했다.

◇◇◇

---

118. The Swerve (Stephen Greenblatt, Norton & Company, 2011), Birth and Rebirth page 127

마틴 루터 킹 Martin Luther King 목사는 1960년 2월 탈세 혐의로 앨라배마에서 구속 기소됐다. 시민운동가 파크 Rosa Parks 가 버스에서 백인에게 자리를 양보하지 않아 체포되자 몽고메리에서 흑인들이 버스 보이콧 운동을 벌였다. 킹 목사는 저항 운동의 지도자였다. 킹 목사는 당시 정부에 눈에 가시같은 존재였다. 앨라배마 주정부는 세금이라는 무기를 사용하여 부담스러운 인권 운동가를 침묵시키려 했다. 정부의 비밀 무기는 세법을 마음대로 해석하는 것이었다. 당시 킹 목사 수준의 저소득자를 세무조사하는 것은 지극히 예외적인 일이었다. 주 정부는 킹 목사가 테러 당하여 입원했을 때 후원받은 병원 치료비를 선물이 아니라 소득이라고 새롭게 해석했다. 또한 킹 목사가 인권운동을 위해 연설하고 받은 사례금 Honorarium 을 소득으로 신고하지 않았다고 했다.

앨라배마 정부는 3년 동안 부족 세액 1,722달러를 추징했고 킹 목사는 이 금액을 어렵게 납부했다. 그러나 주 정부는 허위 소득신고로 그를 기소했다. 세무당국은 이에 더해 추징세액 1,722달러는 잘못 계산된 금액이라면서 새로 결정된 세액 1,667달러를 추가 납부하라고 요구했다. 원칙대로 한다면 종전에 납부된 1722달러에서 차액 55달러를 환급해 주는 것이 정상이지만 의도적으로 괴롭히기 위해 추가 납부를 요구했다. 두 차례에 걸친 추징금 납부 요구와 보석 보증금 2,000달러는 킹 목사를 금전적으로 압박했다.

킹 목사 입장에서 탈세 기소는 최악이었다. 우선 킹 목사는 자신을 변호할 돈이 없었다. 앨라배마 주는 백인 우월주의로 유명했고 배심원은 전원 백인으로 구성됐다. 백인 배심원이 흑인에게 무죄를 판결하는 일은 있을 수 없었다. 탈세라는 범죄 또한 인권운동가 킹의 명예와 도덕성에 치명적이었다. 유죄판결을 받게 되면 최대 5년의 징역형을 받을 수 있었다. 유죄판결은 킹 목사가 개인적으로 부도덕하고 탐욕스럽다는 것을 전세계에 알리는 것이다.

킹 목사는 자신을 보호할 입증 서류가 없었다. 킹 목사와 같은 사람은 회계 기록을 유지하지 않고 개인 돈과 인권운동 기금을 섞어 쓰는 경향이 있다. 세무조사를 예상하지 못한 킹 목사는 보통 연설 사례금으로 1,000달러 정도를 받았으나 비용 일부를 제외하고 나머지는 인권운동 기금으로 기부했다. 주정부는 이 기금의 사용을 범죄로 만들고 싶어 했다. 킹 목사에 대한 6일 간의 재판은 1960년 5월 종료됐다. 3시간 43분간 이루어진 배심원의 토의 결과는 모든 사람을 놀라게 만들었다. 예상 밖으로 무죄판결을 한 것이다. 흑인은 무조건 유죄라고 판결하던 백인 배심원의 전통이 깨어졌다. 결과적으로 배심원들은 흑인보다 자의적인 세금을 더 싫다고 판결한 것이다. 석방된 킹 목사는 "정부가 아무리 나를 억압하더라도 배심원은 진실을 말할 수밖에 없다."라고 했다.

미국은 킹 목사에 대한 정치적 탄압을 계속했다. 법무장관 로버트 케네디는 1963년 10월 킹 목사에 대한 FBI 도청을 승인했다. FBI 요원들은 그의 납세 기록, 금융 기록, 해외 송금 내역을 샅샅이 뒤졌다. 킹 목사를 공산주의자로 몰아가려는 의도가 있었기 때문이었다. 국세청은 킹 목사를 지원하는 기관을 세금이 면제되는 자선기관 목록에서 제외했고 킹 목사에게 제공한 기부금에 대한 세액공제를 거부했다.

남부 정치인들은 흑인 인권운동을 지지하는 북부 언론을 침묵시키기 위해 소송을 적극 활용했다. 뉴욕타임지가 킹 목사를 변호하는 비용을 모금하는 광고를 게재하자 몽고 메리 공보관은 명예훼손죄로 뉴욕 타임즈를 고소했다. 앨라배마 주지사도 명예훼손죄를 활용하여 언론을 고소했다. 비판적 기사를 쓴 기자들도 손해배상 청구 소송을 피해갈 수 없었다. 이는 소송을 남발하는 우리나라의 정치 상황과 비슷하다. 이때 미국에서 확립된 판례가 정부 관료는 업무와 관련하여 악의적인 보도가 아니면 '명예훼손으로 손해배상을 청구할 수 없다.'였다. 킹 목사는 인권운동으로 1964년 노벨 평화상까지 받았지만 킹 목사에 대한 탄압은 1968년 4월 그가 암살될 때까지 계속됐다.[119]

◇◇◇

세계 정치 1번지 워싱턴 D.C. 국립미술관에는 얀 반 에이크의 〈수태고지〉, 산드로 보티첼리의 〈동방박사의 경배〉, 티치아노의 〈거울을 보는 비너스〉, 렘브란트의 〈화려한 의상의 귀족〉 같은 희귀 작품들을 전시하고 있다. 국립미술관은 당시 유명 정치인이자 금융가이던 멜론Andrew W. Mellon의 고귀한 뜻으로 설립됐다. 멜론은 자신이 평생 수집한 미술품을 대중에게 되돌리고 싶다는 뜻을 전했고 이를 의회가 받아들여 만들어졌다. 이는 국립미술관의 공식 설명이다. 하지만 멜론의 고귀한 뜻 뒤에는 세금을 둘러싼 정치적 대립과 갈등이 숨어 있다.

1930년 대공황 중 스탈린은 자국이 보유한 미술품을 헐값에 팔았다. 재정수입을 확보하기 위해 국제시장에서 최고의 예술품을 싸게 판 것이다. 멜론은 사적으로 미술품 25점을 7백만 달러를 주고 구입했다. 그는 공개적으로 러시아와 무역거래를 반대했지만 자신의 거래에는 아무런

---

119. The Sex of a Hippopotamus (Jay Starkman, Twinser Inc 2008), Seditious Libel, page 234-236, Martin Luther King's Tax Perjury Trial, page 230-234

거리낌이 없었다. 7백만 달러는 당시 미국이 러시아에서 수입하던 금액의 1/3이었다. 멜론은 러시아 미술품 구입에 돈을 낭비한다는 비판을 받았고 1932년 재무부장관에서 물러났다. 후버 대통령은 그를 영국 대사로 임명했다. 멜론은 구입한 미술품을 외교행랑으로 숨겨 들여왔고 이 그림이 워싱턴 국립미술관의 기반이 됐다.

대공황기 루스벨트 대통령은 새로운 정책을 입안하고자 했다. 그의 눈에 전직 재무장관 멜론은 구시대를 대표하는 인물이었다. 멜론은 이전 11년 간 재무장관으로 야당 인사와 정적을 세무조사로 탄압한 인물이었다. 멜론은 실제 성공한 금융사업가로 카네기, 록펠러에 비견되는 부자이기도 했다. 루스벨트는 멜론을 공개적으로 비판했다. 루스벨트는 멜론을 거부이며 나쁜 지도자라 했다. 후임 재무장관은 이에 적극적으로 동의했다. 그는 1933년 최고의 전문가를 선발하여 멜론을 세무 조사했다. 검찰총장은 법에서 보장하는 납세 요청이나 이의신청 절차를 생략하고 1934년 멜론을 소득 허위신고로 기소했다. 그는 이 재판이 개인의 부패 문제가 아닌 민주주의와 특권층에 대한 재판이라고 했다. 검찰총장의 부당한 기소에 대하여 배심원이 기소를 거부하자 재무장관은 부족한 세액과 벌금 3백만 달러를 추징했다.

세무조사에서 멜론의 약점은 주식의 가격 평가와 자기가 설립한 자선단체에 미술품을 기부하고 공제받은 것이었다. 루스벨트가 새로운 세무조사를 계획하고 있을 때 멜론은 공개적으로 2,500만 달러 상당의 미술품을 워싱턴 국립미술관에 기증한다고 발표했다. 그는 이후에도 국립미술관 건설에 현금 15만 달러를 지원했고 더 많은 예술품을 기증했다. 멜론은 1941년 개관된 국립미술관에 총 121점의 그림과 21점의 조각을 기증했으며 세무조사는 유야무야 사라졌다. 멜론은 카네기홀과 같이 자기의 이름을 딴 멜론 미술관을 남기고 싶어 했지만 세무조사로 인해 그 이름이 국립미술관으로 바뀐 것이 아닐까 상상해 본다.[120]

◇◇◇

미국과 다른 정치 시스템을 가진 소련은 일반 시민에 대한 통제가 더 필요했다. 일반 시민에 대한 통제는 비밀경찰 KGB가 담당하지 않았다. 소련에서 일반 시민에 대한 통제는 재정 범죄를 통해 이루어졌다. 예를 들면 의사는 생명이 위급한 상황에서 암시장에서만 구할 수 있는 약을 처방했다. 환자는 암시장을 이용할 수밖에 없고 이는 재정 범죄에 의한 처벌대상이다. 문제는 이 내역을 국가가 관리하고 있다는 것이다. 시민들은 국영점포에서 구할 수 없는 물건을 구매하기 위해 매번 범죄를 저지를 수밖에 없었다. 이는 사람들이 언제, 어디서나, 어떤 이유로든 체포될 수 있다는 것을 말한다. 실제 체포될 확률은 낮았지만 시민들이 항상 죄의식에 쌓이게 된다. 러시아 사람 모두가 불법을 저지르고 있어 시민들은 항상 체포될 수 있다는 공포와 강박감에 시달렸다. 언제 체포될지 모르는 사람은 권력에 약할 수밖에 없다. 독재국가에서 가장 효율적인 통제 수단은 사람들을 항상 불법적인 상태에 놓아두는 것이다.[121]

뉴욕 타임즈 모스크바 지점장이었던 데이비드 시플러David Shipler는 "러

---

120. The Sex of a Hippopotamus (Jay Starkman, Twinser Inc 2008), The National Gallery of Art, page 220–224

121. For Good and Evil (Charles Adams, First Madison Books Edition 2001), How a good tax goes bad, page 386–390

시아 시민은 항상 불법의 상태에 놓여 있다. 시민들은 언제든지 체포될 수 있다고 생각한다. 이는 권력의 입장에서는 최고이다. 죄의식을 가진 사람들은 국가의 지시에 취약할 수밖에 없다. 정상적인 생활은 항시 불법으로 둘러 쌓여 있고 언론은 가볍거나 무겁거나 심각하거나 독창적인 모든 범죄를 비난하고 있다. 인위적인 범죄와 진짜 범죄가 서로 섞여 범죄의 개념이 애매하고 혼란스러워지며 사람들은 불명예스럽게 이를 범죄로 받아들이게 된다." 재정 범죄를 활용하는 것은 러시아 같은 독재국가만의 문제가 아니었다. 민주국가에서도 일정 수준의 자산을 가진 사람들은 세금 문제에서 항상 떳떳할 수 없다. 핵심은 모든 사람들이 법을 위반하고 있어 권력자가 세금이라는 범죄로 누구든지 처벌할 수 있다는 것이다.

◇◇◇

소득 신고에는 누가 어디서 얼마를 벌고 어디에 얼마 썼다는 개인정보가 있다. 과거 정치 실세들은 이러한 자료를 십분 활용했다. 세금을 부과할 힘은 파괴할 힘을 포함한다. 닉슨 대통령은 정적을 제거하는 무기로 국세청을 적극 활용했다. 그는 국세청에 인권 및 반전 운동가를 조사하는 특별조사관을 운영했다. 특별조사관은 3,000개 단체와 개인 8,000명의 조세 기록을 심사했다. 특별조사관은 탈세 자료와 유력 인사의 언론기사, 풍문 자료를 조직적으로 수집했다. 이들은 '작은 마귀 작전'을 통해 플로리다 주 정치인 30명의 성적 취향과 음주 습관을 조사했다. 백악관은 정치적 탄압 대상자의 명단Blacklist을 관리했고 국세청은 이 명단에 있는 사람을 세무조사했다.

워터게이트 사건에서 드러난 닉슨의 비밀 테이프는 국세청을 통해 정적을 제거하려는 여러 가지 음모의 실체를 보여주었다. 닉슨은 자신의 심복을 국세청 차장으로 임명하여 국세청 내부의 조사 정보를 보고 받았다. 닉슨은 당시 청장인 워커Johnny Walker가 협조하지 않으면 새로운 청장을 임명하려 했다. 닉슨은 정치적 음모가 드러나지 않도록 그의 측근도 세무조사했다. 측근들은 당연히 가볍게 처벌받았다. 워터게이트 사건은 닉슨을 반대하는 정치조직, 국회의원, 유명인사를 제거하고 처벌하기 위해 국세청을 동원했다는 것을 널리 알려주었다.

미국 국세청도 조직의 이익에 반하는 정치인을 제거하는 실력이 뛰어났다. 국세청은 세무조사 같은 직접 통제 방식이 아니라 납세신고 파일에 숨어 있는 개인 정보를 흘리는 방식으로 껄끄러운 상대를 제거했다. 상원의원 에드워드 롱과 조셉 몬토야는 1960년대 국세청의 잘못된 관행을 추궁하는 청문회를 추진하다가 물러나야 했다. 이들은 개인정보 유출로 마치 독재국가의 반체제 인사처럼 침묵을 강요당했다. 대법원 판사 포르타스Abe Fortas는 운이 더 나빴다. 존슨 대통령이 그를 연방대법관으로 임명하려 하자 국세청은 포르타스의 납세 파일을 라이프지Life Magazine에 흘렸다. 이 정보로 포르타스는 지명이 철회됐으며 법관 자리에서도 물러나야 했다.[122]

4.2 권력의 탈세 수단

독일 히틀러는 세금을 전혀 납부하지 않았다. 히틀러는 집권할 즈음

---

122. Those Dirty Rotten Taxes (Charles Adams, Simon & Schuster 1998), Putting On a Friendly Face, page 204-205, The Sex of a Hippopotamus (Jay Starkman, Twinser Inc 2008), Watergate, page 236-243

발간한《나의 투쟁Mein Kampf》판매에서 엄청난 소득이 있었으나 세금 40만 마르크를 체납하고 있었다. 이는 근로자 연봉의 100배에 가까운 금액이었다. 집권 후 그는 권력을 이용하여 1934년부터 세금을 면제받는 특권을 누렸다. 뮌헨 세무서장인 루드윅 미어Ludwig Mirre는 히틀러에게 서신을 보내 1933년 이전 체납된 세금을 면제하는 것을 승인해 달라 요청했다. 히틀러는 이를 기쁘게 승낙했고, 한 달 후 미어는 독일 국세청장으로 승진 임명됐다.[123]

◇◇◇

루스벨트 대통령은 뉴욕 주지사 시절 연봉이 25,000달러였으나 소득세를 납부하지 않았다. 소아마비로 거동이 불편한 그는 주지사로 근무하면서 뉴욕과 조지아 주에 있는 농장을 운영했다고 손실을 공제했다. 주지사 시절 그는 주정부 예산을 삭감하고 세율을 인상했다. 진주만 기습이후 의회 연설에서 그는 "국가가 위기에 처했을 때 모든 초과 이익은 전쟁에서 이기기 위해 사용되어야 한다. 어느 누구도 세금을 납부한 후 25,000달러 이상의 소득을 가지면 안 된다."라고 했다. 루스벨트는 세금문제에 있어서는 철저한 위선자였다. 전직 재무장관인 멜론에 대한 세무조사와 같이 그는 다른 사람을 탈세로 엄벌하면서 자신은 세금을 납부하지 않았다. 소문으로 떠돌던 루스벨트의 탈세는 추후 대통령 기록물이 공개되면서 확인됐다.

닉슨 대통령은 탈세로 1974년 4월 타임지 표지 인물이 됐다. 그는

---

123. The Sex of a Hippopotamus (Jay Starkman, Twinser Inc 2008), Tax Planning Under the New Deal, page 326

1970~1971년에 13만 달러의 연방소득세를 공제받아 납부한 세금이 1,670달러밖에 되지 않았다. 워터게이트사건 조사관은 닉슨 대통령의 세금 공제에 많은 문제가 있다고 판단했다. 대통령 기록물을 소급하여 국가에 넘기고 세금을 공제받은 것이 대표적이다. 이를 알게 된 미의회는 닉슨 대통령에게 40만 달러의 세금을 추가 납부하도록 했다.[124]

레이건은 1976년 공화당 경선에 출마했다. 경선 상대인 포드 Gerald Ford 는 1975년 94,000달러의 세금을 납부했다고 공개하고 레이건에게 납세 내역을 공개하도록 압박했다. 미국에서 대통령 후보의 세금 공개 전통은 이때 시작됐다. 선거운동 과정에서 레이건의 소득은 1970년 73,000달러였으나 주 소득세는 한푼도 납부하지 않고 연방 소득세만 몇 백달러 납부한 것으로 드러났다. 레이건은 사업이 어려워 납부하지 못했다고 해명했으나 레이건이 소유한 목장 두 곳이 탈세 도구로 사용됐다. 이 정보는 국세청에서 흘러나온 것으로 추정된다. 레이건은 경선에서 탈락했고 1976년 대선에서는 카터가 포드를 이기고 당선됐다. 레이건은 불성실 납세 때문에 대통령의 꿈을 4년 더 미루어야 했다.

카터 대통령도 땅콩 농장에 대한 투자 공제로 1976년 11,675달러로 예상되는 소득세를 0원으로 만들었다. 문제가 커지자 카터는 연방정부에 6,000달러를 기증하면서 현행 세법은 잘못됐고 자신과 같은 고소득자는 일정한 세금을 낼 의무가 있다고 했다. 조지 부시 대통령과 빌 클린턴 대

---

124. The Sex of a Hippopotamus (Jay Starkman, Twinser Inc 2008), Watergate, page 236–243, For Good and Evil (Charles Adams, First Madison Books Edition 2001), The Artful Dodger: Evasion and Avoidance, page 395–405

통령은 공제받은 금액을 자발적으로 소급하여 납부했다.[125]

◇◇◇

특권을 이용한 조세회피는 공무원도 예외가 아니었다. 고대 이집트에서 세리는 면세 특권을 누렸다. 중세 유럽에서는 군인, 사제, 귀족이 면세됐다. 프랑스에서는 매관매직의 대상으로 면세되는 판사의 인기가 가장 높았다. 판사는 후손에게 물려주고 싶은 명예로운 직업이었다. 프랑스 왕은 이를 이용하여 판사에게 파울렛Paulette이라는 돈을 매년 납부하도록 하고 판사 직의 승계를 허용했다. 판사들은 자리를 물려주기 위해 왕에게 유리한 판결을 했다. 왕에게 불리한 판결을 하는 판사는 재무부장관이 파울렛을 취소하여 자격을 박탈했다. 이는 17세기 전형적인 매관매직 제도였으며 특권층의 지배를 강화했다.

미국 판사도 세금 앞에서 탈세 본능을 드러냈다. 미국 대법원은 1863년 재무부에 공식 서한을 보냈다. 헌법은 판사의 급료를 삭감하는 것을 금지했지만 소득세법으로 판사가 세금을 내고 있기 때문에 소득세법은 판사 급료를 삭감한다는 점에서 위헌이라 했다. 대법원장은 소득세 부과가 위헌이라고 믿고 있지만 이해당사자인 판사가 이를 심의하는 것은 부적절하다고 했다. 이 서한은 재무장관에게 소득세 부과를 중지하라는 공개 압력이었다. 재무장관이 정부 급여를 받는 모든 사람에게 소득세를 징수하라고 지시했기 때문이다.

복잡한 정치적 계산과 협의 끝에 재무장관은 1869년 법무장관에게

---

125. The Sex of a Hippopotamus (Jay Starkman, Twinser Inc 2008), Reagan's 1976 Presidential Bid, page 327–329

유권해석을 의뢰했다. 법무장관은 판사와 대통령에 대한 과세는 위헌이라 해석했고 판사와 대통령의 면세 특권은 계속됐다. 결과적으로 재무장관은 자신의 결정을 스스로 뒤집기 어려웠으므로 법무장관에게 등을 긁어 달 라 요청한 것이다. 이는 미국에서 국세청이나 재무장관이 아닌 법무장관 이 세금에 대하여 유권 해석한 유일한 사례이다.

미국 판사들은 1913년 헌법과 소득세법이 개정됐을 때에도 헌법이 판사의 소득에 과세하는 것을 금지한다고 주장했다. 의회는 이러한 문제 를 해결하기 위해 소득세법을 개정하면서 대통령, 판사, 공무원의 소득을 과세하도록 했다. 이를 해석하는 법안 소위 보고서는 1918년 이전 소득 은 과세 대상이 아니라고 하여 이후의 소득이 납세대상임을 분명히 했다. 판사들은 이 법에 위헌 소송을 제기했고 대법원은 판사의 손을 들어주었 다. 대통령의 소득세도 같은 이유로 함께 면제됐다.

미국 대법원은 형평성 요구와 법 학자들의 비판이 고조된 1939년에 서야 대통령과 판사도 소득세 납부대상임을 결국 인정했다. 그리고 1939 년 새로운 입법으로 모든 공무원이 소득세를 납부하게 됐다. 하지만 미 국 판사들은 지금까지 세금 문제를 다투고 있다. 의회는 1983년 판사에 게 사회보장세를 납부하도록 했다. 하지만 미국 대법원은 2001년 판례에 서 이를 위헌이라고 판결했다. 일부 대법관은 소득세도 위헌이라는 의견 을 제시했다.[126]

---

126. The Sex of a Hippopotamus (Jay Starkman, Twinser Inc 2008), To pay or Not to pay, page 304–308, The Great Tax Wars (Steven R. Weisman, Simson & Schuster 2004), Here at last was fruition, page 276, page 281

할리우드는 초기에 소득세를 심각하게 받아들이지 않았다. 그러나 국세청이 1928년 세무조사에서 찰리 채플린Charlie Chaplin의 탈세 약 1백만 달러와 배우 200여 명의 탈세를 적발하면서 상황은 반전됐다. 이후 환상을 현실로 만드는 할리우드의 상상력은 필름 제작뿐 아니라 회계 부서에서 만개했다. 현재 할리우드의 회계 부서는 가장 큰 상상력을 발휘하는 창조적인 부서이다. 1996년 공인회계사지는 '할리우드 이윤: 바람과 함께 사라지다?'를 게재했다. 영화 〈바람과 함께 사라지다〉는 1억 달러의 수입을 얻었으나 이윤은 하나도 없는 것으로 되어 있다. 연예인과 스포츠 스타의 탈세와 국적 포기 이야기는 무궁무진하다. 롤링 스톤은 네덜란드에 신탁회사를 차리고 로열티를 수령함으로써 스스로 조세 난민이 됐다. 그는 1986년부터 20년 간 소득 2억 4천만 파운드의 1.6%인 4백만 파운드만 세금으로 납부했다. 연예 기획사와 스타들의 창조적인 납세 회피는 지금도 계속되고 있다.[127]

◇◇◇

세법을 만드는 사람은 벌집처럼 여기저기 구멍이 있는 것을 좋아한다. 납세자도 벌집 같은 구멍을 좋아한다. 특권은 권력을 가질수록 커진다. 우리나라 국회의원도 이러한 특권을 누리고 있다. 국회의원은 1억 5천만 원에 상당하는 보수의 30%를 입법활동비와 특별활동비로 지급받는데 이는 비과세 대상이다. 과세표준이 낮아지면서 건강보험료도 30% 덜 내게 된다. 이러한 특권을 두고 여야가 다투는 경우는 없다.

---

127. The Sex of a Hippopotamus (Jay Starkman, Twinser Inc 2008), Tinseltown, page 329–330

슬로바키아는 국회의원이 일반인보다 5% 더 높은 소득세를 낸다. 이 세금은 지도층과 서민의 유대Solidarity를 강화하기 위해서 부과된다. 지도층이 세금을 더 내는 것은 지도자들이 납세자의 심정을 잘 이해하고 세금을 조심스럽게 걷고 아껴서 쓰라는 의미이다. 공평성과 과세형평을 주장하는 우리나라 의원들은 서민들과 유대를 강화하고 싶은 생각이 없는 것 같다.[128]

어느 누가 형법에 의한 처벌에서 면제된다면 이는 법 앞에서 평등을 파괴하는 충격적인 일이다. 형법과 달리 세법은 다양한 조세 면제를 허용함으로써 법 앞에 불평등을 강화한다. 중세에는 돈으로 세금이 면제되는 귀족의 지위를 살 수 있었고 성직자 등이 면세됐다. 헌법은 법 앞에서 평등을 강조하고 있지만 종교, 경제 등 이익단체들은 정부에 조세 특혜를 요구하고 이를 받아낸다. 국회가 아닌 정부도 조세 면제의 특권을 부여할 수 있는 권한이 있다. 조세 면제는 법 앞에 평등을 위해 엄격히 제한되어야 한다.

4.3 금주령禁酒領과 사회개혁

1919~1933년 미국에는 알코올을 금지하는 금주령禁酒領, Prohibition이라는 법이 있었다. 현재의 가치 기준으로 술 소비를 금지하는 것은 이해하기 어렵지만 당시 사회적 합의에 의해 술 소비가 금지됐다. 금주령은 알

128. A Fine Mess (T.R. Reid, Penguin Press 2017), Flat Broke, page 112-113

코올의 제조, 보관, 운송, 판매, 소지와 소비를 금지하는 강력한 법이었다. 법으로 알코올 소비가 금지됐지만 현실에서 사람들은 숨어서 술을 마셨다. 시민들의 갈증은 알코올의 불법 생산과 판매로 채워졌다. 이는 법을 무시하는 조직폭력배가 좋아하는 사업이다.

영화 〈언터처블〉은 조폭 알 카포네를 소득세 탈세 혐의로 조사 기소하는 과정을 그린 영화이다. 알 카포네는 조직의 기득권을 지키기 위해 폭력과 살인을 일삼았지만 그는 엉뚱하게도 탈세로 처벌받았다. 금주령은 건강한 사회를 만들겠다는 이상과 달리 조직 폭력의 주머니만 불려주었고 집행 공무원의 부패와 무능으로 폐지됐다. 하지만 이는 절반의 진실이다. 금주령에는 영화보다 더 재미있는 세금이야기가 숨어 있다.[129]

◇◇◇

미국 정부는 전통적으로 두 가지 원천에서 재정수입을 확보했다. 수입물품에 부과하는 관세와 알코올에 대한 주세였다. 이 세금은 미국 재정수입의 90%를 조달했고 주세는 30~40%를 차지했다. 이는 금주론자에게 어려운 문제였다. 알코올에 대한 세금으로 살아가는 연방정부가 금주령을 채택하는 것이 불가능하기 때문이다. 당시 미국 주州는 독자적으로 금주령 실시 여부를 결정할 재량이 있었다. 금주령은 1913년 9개 주에서 그리고 금주령이 전국적으로 선포된 1919년에는 이미 절반 정도의 주에서 실시하고 있었다.

다수의 주정부가 도입한 금주령은 연방정부의 재정수입에 심각한 타

---

129. The Great Tax Wars (Steven R. Weisman, Simson & Schuster 2004), The Dawn of a Day of Righteousness, page 342

격을 가져왔다. 연방정부는 다른 수입이 필요했고 그 답을 1913년에 도입한 소득세에서 찾았다. 소득세는 소수에게 부가 집중되는 시대에 부를 재분배하고 공평하게 하는 부자 과세였다. 소득세는 상위 2%를 대상으로 했기 때문에 대중으로부터 많은 인기를 누렸다. 일부 부자들은 소득세를 납부하는 것을 자랑스러워했으며 소득세는 부와 신분의 상징이었다.

소득세는 제1차 세계대전에서 재정수입을 충실하게 조달했다. 이에 따라 재정수입에서 알코올이 차지하는 비중이 급감했다. 1920년대에는 연방정부 수입의 2/3를 소득세가 차지했고, 주세 및 관세를 합한 금액의 9배까지 징수했다. 소득세는 이상주의자들이 10년 넘게 주장한 금주 운동이 결실을 맺을 수 있는 환경을 조성했다. 소득세가 없는 시절 의회는 재정수입에 엄청난 타격을 가져올 금주령을 도입할 수 없었다. 소득세 세수가 증가하면서 의회는 금주령을 시행한다 하더라도 세수에 문제가 없을 것으로 판단했다. 금주령은 이상 사회를 건설하자는 도덕의 힘이 아니라 초과 징수한 소득세의 힘으로 발령됐다.[130]

현실에서 금주령은 많은 문제를 불러 일으켰다. 무엇보다도 동네 양아치 수준의 조폭을 기업형 범죄조직으로 성장시켰다. 알 카포네는 미국에서 알코올의 불법 생산과 판매를 주도하던 수많은 조폭 중 한 사람일 뿐이었다. 그는 시카고 도시 전체가 아닌 일부 구역에서 주류 독점권을 가진 조직폭력이었다. 그럼에도 그의 1년 수입은 현재 화폐가치로 100억 달러에 달했다.

---

130. The Great Tax Wars (Steven R. Weisman, Simson & Schuster 2004), The Dawn of a Day of Righteousness, page 345–350

그는 주류 판매 영역을 확보하고 지키기 위해 수없이 많은 살인과 폭력을 저질렀으나 살인죄로 처벌하기 어려웠다. 그가 외부에서 고용한 살인 청부업자를 잡기도 어려웠을 뿐 아니라 살인 교사 혐의를 입증하는 것은 더 어려웠기 때문이다. 미국 정부는 대신 소득세 탈세를 이용하여 알 카포네를 처벌했다. 살인의 증거는 없었으나 탈세의 증거는 넘치고 남았다.

알 카포네의 부하들은 두목의 돈을 횡령했다는 의심을 받으면 쥐도 새도 모르게 사라질 위험이 있었다. 그들은 자신의 목숨을 지키기 위해 돈을 횡령하지 않았다는 것을 입증하는 서류를 철저하게 관리했다. 부하들이 살아남기 위해 기록한 서류는 탈세 증빙서류였다. 이는 역설적으로 알 카포네의 종말을 가져온 입증 서류가 됐다.

수많은 조폭 중에 그가 대표로 처벌받은 이유는 일종의 괘씸죄이다. 알 카포네 혼자만이 밀주 사업에 성공해서 특별 세무조사를 받은 것이 아니라 그가 유난히 언론의 주목을 받고 도발적으로 행동했기 때문이었다. 후버 대통령은 정부를 무시하는 듯한 태도를 가진 알 카포네를 처벌함으로써 국가의 기강을 바로잡고자 했다. 대통령이 지시한 이 작전에 FBI는 실패를 두려워하여 참가하지 않았고 국세청의 용감한 세무조사가 알 카포네를 징역형으로 이끌었다. 재미있는 사실은 알 카포네가 체포된 이후 밀주업자들이 소득세를 자진 납부하기 위해 세무서에 긴 줄을 만들었다는 점이다.

금주령에도 일반 시민들의 알코올 사랑은 멈추지 않았다. 이는 알콜의 불법제조, 밀수 및 판매에 엄청난 이익을 가져왔다. 범죄 조직들은 알코올 가격 폭등으로 통상 8배에 달하는 폭리를 취했고 밀주 제조와 유통은 미국내 최고의 부가가치 산업이 됐다. 금주령을 집행하는 금지국^{Bureau} of Prohibition은 단속공무원의 부패와 인력부족으로 유명무실해졌다. 단속공무원은 자신의 생명을 담보로 조직 범죄에 맞서는 대신 안전하고 부수입이 보장되는 타협을 선호했다. 금주령 기간 동안 디트로이트에서 1,600명의 단속공무원 금주령 위반, 허위공문서 작성, 위증 등의 혐의로 파면될 정도였다.[131]

불법 증류주는 제조과정에서 부주의로 불순물이 들어가기 쉽다. 이는 마비, 경련, 시각장애 및 사망 같은 사고를 유발하고 국민건강을 위협한다. 당시 48개 불법 제조장에서 만들어진 증류주를 분석한 결과 절반 이상이 시민 건강을 위협하는 수준의 납을 함유하고 있었다. 그 결과 미국에서 납중독 사망 사고의 80%를 불법 제조주가 차지했다. 증류주를 합법화하는 것은 조세수입을 가져오고 생명까지 구하는 좋은 정책이었다. 이러한 견해를 가진 언론인 멩켄H.L. Mencken과 일부 지식인들은 1920년대 금주령 폐지를 지속해서 요구했다. 그러나 의회는 자신의 잘못을 인정하지 않았고 금주령은 영원히 계속될 것으로 보였다.

◇◇◇

1929년 대공황은 상황을 다시 한번 반전시켰다. 1931년 소득세 수입은 15% 감소했다. 1932년에는 소득세 수입이 또다시 37% 감소하여 2년 전에 비해 절반으로 줄어들었다. 1933년에는 1930년 보다 소득세 수입의 60%가 감소했다. 소득세를 통한 재정수입은 급감했으나 대공황을 극복

---

131. Organized Crime (Howard Abadinsky, Nelson–Hall 1998), Prohibition page & AL Capone's Chicago page 155–175, The Sex of a Hippopotamus (Jay Starkman, Twinser Inc 2008), Al Capone page 213–21

하기 위한 뉴딜사업으로 정부지출은 급격하게 늘어났다.

필요한 재원을 마련하기 위해 상위 2%가 아닌 평범한 노동자도 이제는 소득세를 납부해야 할 처지가 됐다. 소득세를 새롭게 납부해야 하는 시민과 노조는 소득세 확대를 반대했다. 이들은 다른 방법으로 조세수입을 충당하기를 원했다. 국가는 왜 알코올의 생산 및 판매가 주는 고용과 조세수입을 포기했는지 묻는 말이 당연히 생겼다. 대공황의 끝이 언제일지 모르는 상황에서 정부는 새로운 소득원을 찾아야 했다. 1933년 정부가 찾아낸 답은 알코올을 합법화하고 다시 과세하는 것이었다. 금주를 통해 사회를 개혁하고자 하던 시민운동은 세금 부족으로 13년 만에 막을 내렸다.[132]

4.4 만병통치약

18세기 인쇄기술이 발달하면서 각국에서 신문 발행이 증가했다. 영국 왕은 노동자를 구독자로 하는 신문이 불편할 수밖에 없었다. 노동자의 시각에서 세상을 바라보고 비판적인 사상을 전파했기 때문이다. 왕은 이들 신문을 억압하기 위해 인지세[133]라는 아이디어를 생각했다. 신문에 인지

---

132. Daylight Robbery (Dominic Frisby, Penguin Random House UK 2019), How income tax gave America Prohibition, page 111-116

133. 영국에서 인지세는 명예혁명 당시인 1694년 도입되었으며 신문에 인지세 부과는 1712년부터 1855년까지 이루어졌다. 신문은 통상 1실링에 판매되었으며 가격의 1/3은 인지세였다.

세를 부과하여 가격을 높이면 가난한 사람들이 신문을 구독하기 힘들어진다. 영국은 1712년 신문에 인지세를 부과하기 시작했으며 이는 일종의 '지식에 대한 세금'이었다.

영국 왕은 언론을 직접 통제할 수는 없었지만 인지세를 통해 비판적인 언론을 침묵시킬 수 있었다. 다수의 노동자 신문은 인지세를 견디지 못하고 폐간했다. 상류층이 구독하는 신문에도 인지세가 부과됐으나 이들 신문은 살아 남았다. 귀족들은 높은 가격에도 신문을 구입할 여력이 있었기 때문이다. 영국은 세금으로 비판적인 언론에 재갈을 물리었다. 인지세는 신문 면당 부과됐기 때문에 절세를 위해 이후 신문 지면이 넓어졌고 넓어진 신문 지면은 지금까지 이어져 내려오고 있다. 현재 우리가 보는 신문 지면이 넓은 이유는 세금 때문이다.

영국과 달리 프랑스 언론은 순종적이었다. 프랑스 언론은 루이 13세 시절 르노드Theophraste Renaudot에 의해 시작됐다. 르노드는 왕으로부터 전국적인 신문 허가를 받아 가제트Gazette라는 신문을 만들었다. 가제트는 북한도 부러워할 정도로 왕의 편이 되어주었다. 가제트는 루이 13세의 건강 악화, 패전, 조세폭동을 보도하지 않았다. 대신 가제트는 영국에서의 폭동, 전쟁 패배 등을 성실하게 보도했고 왕에게 도움이 되는 정보만 알리었다.

미국 태프트 대통령은 관세 문제로 언론과 갈등을 일으켰다. 당시 언론사는 캐나다에서 신문 용지를 수입하고 있었다. 태프트가 신문 용지에 부과하는 관세를 인상한 것은 언론에 큰 타격이었다. 언론은 태프트를 노동자의 적으로 몰아 싸움을 걸었다. 태프트 대통령은 한술 더 떠 1909년 신문에 부과하는 우편료를 올리는 것을 제안했다. 언론의 분노는 극에 달

했고 테프트는 정치적 위기를 맞이했다.[134]

◇◇◇

과거 세금의 용도는 언론을 통제하는 데에 한정하지 않았다. 세금은 정부가 꺼내기 쉬운 만병통치약이었다. 중세 유럽에서는 체납된 세금을 징수하는 특별징수관으로 정적을 임명하기도 했다. 정적은 통제가 어려운 지방에서 임무를 수행하다 반란으로 자연스럽게 제거되기도 했다.[135]

캘리포니아 주는 1850년 외국인 광부등록세를 만들고 세금을 징수했다. 이는 중국과 남미에서 넘어오는 노동 이민을 억제하기 위한 세금이었다. 외국인에게 세금을 징수하면 경쟁이 제거되어 백인 광부가 혜택을 볼 수 있고 재정수입도 확보할 수 있다는 계산이었다. 이 법은 외국인 광부에게 매월 20달러씩의 세금을 부과했다. 20달러는 납부가 불가능한 금액으로 탈세가 만연했다. 세수는 이 금액을 매월 3~8달러로 낮추자 급증했다. 주 정부는 세율을 낮추면서 강제 집행 비용도 적게 들고 더 많은 세금을 걷을 수 있다. 주 정부는 외국인 광부가 매월 20달러를 내도록 한 1850년에 34,150달러의 광부등록세를 징수했으나 세금을 4달러로 인하한 1856년에는 185,759달러를 징수했다. 1818년 미국은 어린이를 고용하는 사람을 과세하는 법도 만들었다. 아동 노동을 금지하기 위함이었다. 미국 남부에서는 인두세를 납부한 사람에 한하여 투표할 수 있도록 하여

134. Masters of the Word (William J. Bernstein, Grove Press 2013), The Captive Press, page 182–188, The Great Tax Wars (Steven R. Weisman, Simson & Schuster 2004), The Congress shall have power, page 235, For Good and Evil (Charles Adams, First Madison Books Edition 2001), The Tax that Beat Napoleon, page 353

135. For Good and Evil (Charles Adams, First Madison Books Edition 2001), The Middle Ages, page 129

흑인이 투표하는 것을 금지하기도 했다. 여종업원 상의를 노출시킨 업소, 경마장과 같은 업종을 중과세 하면 해당 사업은 위축된다. 미국은 한때 마리화나 흡연을 근절하기 위해 마리화나에 세금을 부과하기도 했다.[136]

죄악세Sin tax는 조세로 사회 현상을 개선하고자 부과한다. 이는 조세 중립의 원칙[137]에 반한다. 권장되지 않는 행동에 세금을 부과하는 것은 사람의 의사결정에 영향을 미친다. 그러나 애덤 스미스는《국부론》에서 이러한 세금을 지지했다. 그는 설탕, 럼주, 담배와 같은 물건은 생필품이 아니기 때문에 과세하기 좋은 물건이라고 했다. 이들 물품에 대한 과세는 건강하지 않은 소비를 억제하기 때문에 국민건강에 긍정적인 효과도 있다 했다.

담배세는 죄악세의 성공 사례이다. 많은 국가들은 담배의 광고제한, 높은 과세 그리고 공익 교육을 통해 흡연을 줄이는데 성공했다. 1960년대 중반 미국에서 담배 1갑의 판매가격은 20센트였고 미국인 40%가 흡연했다. 담뱃세가 급증한 이후 미국에서 담배 한 갑의 가격은 20배 이상 올랐고 현재 미국에서 흡연 인구의 비율은 16%이다. 많은 국가는 건강에 나쁘다고 생각되는 상품의 소비를 줄이기 위해 노력한다. 독일은 '사과주스 법'을 만들어 술집에서 비알콜 음료를 가장 싼 주류 가격보다 낮게 팔도록 하고 있다. 주류 판매를 억제하기 위해서이다. 캐나다는 술집에서

---

136. The Great Tax Wars (Steven R. Weisman, Simson & Schuster 2004), The Dawn of a Day of Righteousness, page 338, The Sex of a Hippopotamus (Jay Starkman, Twinser Inc 2008), California's Racist Gold Rush page 122

137. 조세 중립은 사람들의 의사결정은 세금에 대한 고려가 아닌 경제적 판단 또는 개인적인 선호에 따라 이루어지도록 하라는 원칙이다.

공짜 술로 호객행위 하는 것을 금지하기 위해 알코올의 최소 가격을 정하고 있다.[138]

비만이 문제가 되면서 최근에는 설탕이 공공의 적이 되어가고 있다. 멕시코는 2014년부터 비만세를 도입하여 일반 코카콜라가 다이어트 콜라보다 25% 더 비싸다. 이는 비만과 깨끗한 물 부족 문제를 해결하기 위한 고육책이었다. 비만세는 설탕이 포함된 모든 음료와 고칼로리의 감미료에 부과하고 있다. 개혁 입안자는 새로운 세금을 통해 수돗물을 마실 수 있는 수준으로 개선하고 모든 학교에 깨끗한 물을 공급하기로 약속했다. 언제나 그러하듯이 이 입법은 기득권의 로비에 부딪혔다.

코카콜라 등 음료 회사는 매출 감소를 우려하여 강력한 반대 운동을 펼쳤다. 그들은 수십억 페소를 로비 비용으로 지불했다. 일부 TV 채널은 광고주인 코카콜라의 심기를 건드리지 않기 위해서 공익 방송을 거부했다. 기득권을 침해하는 개혁이 어려운 이유이다. 어렵게 방송된 공익광고의 효력은 막강했다. 광고는 어린 소녀가 12스푼의 설탕을 앞에 두고 믿기 어렵다는 말투로 "이걸 먹는 사람이 있나요?"라고 물으면서 시작한다. 그 소녀가 청량 음료 뚜껑을 열었을 때 강력한 메세지가 나왔다. 우리는 청량음료 한 캔을 마실 때마다 12스푼의 설탕을 소비합니다. 법안은 공익 광고의 힘으로 통과됐고 멕시코는 2014년부터 설탕세를 부과하고 있다. 맥시코 사례는 기득권을 침해하는 입법은 어렵다는 것과 언론 또한 진실보다 돈벌이를 우선한다는 것을 보여준다.[139]

---

138. A Fine Mess (T.R. Reid, Penguin Press 2017), Taxes: what are they good for? page 37–39

139. A Fine Mess (T.R. Reid, Penguin Press 2017), The Single Tax, The Fat Tax, The Tiny Tax, The Carbon

세금은 전가의 보도처럼 모든 공공정책에 활용된다. 세금은 재정수입 확보, 소득 재분배, 저축 장려, 경제성장 촉진, 소비 억제, 투자 유도, 사회적 가치 실현 등 정부정책을 장려하거나 반사회적 행동을 억제하기 위해 활용된다. 대표적인 것이 술 · 담배의 소비를 억제하기 위해 부과하는 세금이다. 세금은 국가가 너무 쉽게 꺼내 드는 만병통치약이다.

정치인은 세금을 높일 때에도 그리고 세금을 낮출 때에도 한 목소리로 같은 이야기를 한다. 새로운 조세 정책은 고용을 창출하고 경제를 활성화한다. 세금을 높이면 정부 부채가 줄어 민간에서 사용할 자금의 여유가 생기기 때문에 경제가 활성화된다고 말한다. 세금을 낮추면 감세로 새로운 직업이 창출되고 경제가 활성화 된다 한다. 법, 특히 세법의 개정 이유와 전문을 그대로 믿으면 안 되는 이유이다.

미국에서 세금을 낮추면 경제를 성장시켜 결과적으로 더 많은 고용과 세수 확대를 가져올 것이라는 주장이 수십 년 동안 있었다. 하지만 이 주장은 현실화되지 않았다. 레이건과 부시 대통령이 말하듯이 세율을 낮출 때 실제 고용이 창출되거나 경제가 성장한다는 것은 근거 없는 의심스런 주장이다. 실제로 미국에서 경제성장률이 가장 높았던 시기는 세율이 높았을 때였다.[140]

남미는 시민의 정치 참여를 독려하기 위해 투표하지 않은 사람에게 세금으로 불이익을 준다. 이 제도는 아르헨티나, 브라질, 코스타리카, 에

Tax - and No Tax at All, page 177–180

140. A Fine Mess (T.R. Reid, Penguin Press 2017), Taxes: what are they good for? page 36, page 42–43

콰도르, 페루 및 우루과이에서 채택됐다. 이들 나라는 투표하면 투표증명서를 발행하고 납세자는 납세 신고할 때 이 증명서를 첨부해야 한다. 미국도 오바마 대통령 시절 이와 유사한 제도를 검토했으나 도입하지 않았다. 일본과 한국은 한때 높은 저축률로 전세계 경제학자를 놀라게 했다. 이는 일본과 한국의 민족성 내지 문화적 이유가 아니다. 전쟁 전 일본의 저축률은 미국과 같은 수준이었기 때문에 높은 저축은 이자에 대한 조세 특혜로 설명될 수 있다. 무엇이든 장려하면 더 많이 얻게 된다. 국가가 저축을 장려하고 이자 소득에 대한 세금을 면세하면 높은 저축률이 나온다. 다른 나라에서도 이자 소득에 세금을 면제하면 높은 저축성향이 나타났다.[141]

◇◇◇

세금이 만병통치약이 될 수 없다는 것은 집값 안정을 위해 정부가 선택한 징벌적 조세 제도에서 볼 수 있다. 정부는 주택가격을 안정시키기 위해 여러 가지 세금으로 투기와 다주택자를 압박했지만 오히려 집값은 오르고 매물은 줄어들었다. 정부는 주거안정이라는 기대 효과를 거두지 못했고, 세금 폭탄이라는 비판과 함께 민심만 잃었다. 선량한 의도로 만든 정책이 더 많은 문제를 가져온 사례이다.

우리나라는 지금까지 중산층의 주택 보급을 장려하여 1가구 1주택 특혜는 건드리기 어려운 성역이 됐다. 모든 세금은 개인을 기준으로 부과되지만 그 예외가 1가구 1주택이다. 하지만 이는 시대의 변화에 맞지 않는다. 1가구 1주택은 모든 가구 구성원이 같은 집에서 살던 산업사회 시

---

141. For Good and Evil (Charles Adams, First Madison Books Edition 2001), The Miracle Economies, page 424

대 개념이다. 현재 1가구라도 맞벌이, 지방 발령, 자녀 학업 등으로 온 가족이 흩어져 살고 있다. 지방 거주 편의를 위해 오피스텔이라도 구입하면 이는 재앙이 된다.

사람들은 1가구 1주택의 엄청난 혜택을 누리기 위해 많은 불편을 감수할 수밖에 없다. 세금 때문에 형식적 분가와 이혼이 이루어진다. 1가구 1주택 여부에 따라 세금 차이가 천문학적이기 때문이다. 그래서 사람들이 머리를 굴리고 심하게 불편해지는 것은 좋은 세제가 아니다. 세무사도 양도소득세가 너무 복잡하여 포기할 정도라면 이는 모든 국민을 세금으로 괴롭히는 나쁜 제도이다. 주택 관련 부동산 세제는 형평성과 현대적 주거 형태에 맞추어 근본부터 다시 설계해야 한다.

서민을 위해 임대차 기간을 4년으로 늘리는 것은 주거안정에 좋을 수 있으나 부작용을 고려하지 못했다. 문제는 다주택자만이 임대인이 될 수 있는 것이 아니다. 1주택자라도 지방 발령, 해외 근무로 자기 집을 단기 임대할 수 있으나 법정 임대차 기간으로 집주인은 이제 자기 집을 빈집으로 남겨둘 수밖에 없다. 세제 혜택을 누리기 위해서는 실거주해야 하기 때문에 주소만 이전하는 빈집 또한 늘어나고 있다. 잘못된 정책으로 집이 흐르지 않는 것이다. 집주인이 빈집으로 방치하거나 세대를 분리하는 물량이 늘면서 일반 세입자는 집을 구하기 더 어렵게 된다. 이는 다시 임대료와 집값을 올리는 악순환이 되고 있다. 물론 집값 상승의 가장 큰 원인은 통화 증발에 의한 저금리와 공급부족이지만 이를 막기 위해 구원투수로 투입된 세제가 불난 곳에 기름을 부은 꼴이 되어버렸다. 집값 폭등에 대한 새로운 해석은 제6장 인플레이션의 마법에서 볼 수 있다.

부동산 투기억제를 위해 양도소득세를 강화한 것 또한 잘못된 실탄을 선택한 것으로 보인다. 여기에 더하여 자기 잘못을 인정하지 않는 정치가 사태를 더 악화시켰다. 정책이 잘못됐음을 인정하고 방향을 전환하기 보다는 문제를 더 복잡하게 만들고 처벌을 강화하는 입법을 계속했다.

차라리 보유 부동산 총액에 매겨지는 세금을 더 강화했으면 어땠을까 하는 생각이다. 미국에서 토지에 대한 재산세는 재정수입의 17%를 차지하며 대다수 도시의 주요 수입원이다. 재산세는 각 주마다 다르나 재산 가격의 0.5%~1.5% 정도를 부과한다. 이는 재산의 소유자가 재산에서 5%의 수익을 얻는다고 가정하고 재산을 통한 소득에 10~30%의 세금을 부과하는 것과 같다. 거래를 옥죄는 복잡한 양도소득세, 취득세보다 보유 부동산의 총액에 대한 보유세가 오히려 단순하고 공평하다.

'OECD 주요국의 부동산 가격 및 보유세 추이'에 따르면 2019년 한국의 보유세 실효세율은 0.17%로 가장 높은 국가인 캐나다 0.87%의 1/5 수준이다. 영국의 보유세 실효세율은 0.8%, 일본과 프랑스는 0.5% 내외이다. 만약 보유 부동산 총액에 재산세가 매년 1%씩 부과된다면 사람들은 불필요한 부동산을 모두 처분할 것이다. 보유세를 높이면 임차 소득에 대해 별도로 과세할 필요가 없게 되며 징벌적 양도소득세도 필요 없게 된다. 이는 부동산 거래를 촉진할 수 있었다. 반대로 보유세가 너무 높아지면 러시아의 경험처럼 사람들이 집에 대한 투자를 포기하여 전체적인 복지가 줄어드는 역효과가 날 수 있다.[142]

◇◇◇

---

142. Taxing the Rich (Kenneth Scheve & David Stasavage, Princeton University, 2016), Taxing Inheritance, page 98

세금은 불과 같다. 잘 사용하면 편리하지만 잘 못 사용하면 모든 것을 태울 수 있다. 부동산 세금 폭탄에서 보듯이 잘못된 세금은 오히려 반대의 효과가 나타날 수 있다. 세금은 종교까지 바꾼다. 정적을 제거하기 가장 좋은 방법은 탈세와 이성 편력의 정보를 흘리는 것이다. 세금을 부과할 힘은 파괴할 힘을 포함하기 때문에 세금으로 무엇을 장려하고, 무엇을 억제할 것인가에 대해서는 사회적 합의 과정이 반드시 필요하다. 세금에 대한 논의는 도덕성과 정의도 중요하지만 사회적 비용과 효과도 생각하는 현실적인 의사결정 과정이 있어야 한다.

⟨5⟩

균형 잡기

5.1 작은 금, 소금

소금 밀수를 단속하는 특별수사대가 정보를 입수하고 현장에 잠복하고 있었다. 불법 거래를 덮치려는 순간 성당에서 땡! 땡! 하고 종이 울렸다. 종소리에 밀수 일당은 도주했고 수사대는 아무런 성과를 거둘 수 없었다. 분개한 수사 대장은 마을 행정관에게 책임자를 찾아 문책하라고 요구했다. 위세에 눌린 행정관은 책임자 처벌을 약속했지만 난감할 수밖에 없었다. 소금세를 증오하는 민심이 컸기 때문에 관련자를 처벌하면 폭동이 일어날 수 있다. 민심을 잘 알고 있는 마을 행정관은 기가 막힌 아이디어를 생각해 냈다.

다음날 그는 교회 종을 포박하여 끌어내린 뒤 광장에서 공개적으로 채찍질했다. 많은 사람들이 이를 보고 즐거워했다. 중세 프랑스에서 실제 일어난 사건이다. 여기에 대해서 의아하게 생각할 수밖에 없다. 소금을 밀수하다니 이게 무슨 소리인가? 소금 밀수를 단속하고 처벌하는 특별수

사대가 있다니 이건 또 무슨 소리인가?[143]

소금은 인류 생존에 필수품이다. 소금은 체내 혈액량 유지, 혈압 조절 외에도 소화 흡수 작용에 필요하며 생명 유지에 없어서는 안 되는 물품이다. 냉장고가 없던 시절 소금은 고기와 생선을 보존하고 가죽을 가공하는 공정에 꼭 필요한 물건이었다. 성경은 기독교인을 "너희들은 땅의 소금이요, 세상의 빛이다." 했다. 소금은 귀중품이기 때문에 로마 시절 군인의 보수로 지급되기도 했다. 이는 라틴어로 "salarium 'sal'은 소금"이며 여기에서 영어의 봉급Salary이란 말이 시작됐다. 동양에서는 소금이라는 말 자체가 작은 금, 즉 귀하다는 뜻이었다. 세금은 걷기 쉬운 곳에 부과된다. 국가는 일상 생활에 꼭 필요한 소금을 과세했고 사람들은 이를 피할 수 없었다. 국가는 소금이 생산되는 광산과 염전 몇 개만 관리하면 탈세를 쉽게 방지할 수 있었다. 국가는 손쉬운 소금에 많은 세금을 부과했고 그 결과 반란이 빈번하게 일어났다.

◇◇◇

소금세는 프랑스에서 세금보다 전매제도에 가까웠다. 프랑스 왕은 낮은 가격으로 소금을 사서 10배가 넘는 폭리를 취하고 전매했다. 돈이 필요한 전시에는 20배 이상의 높은 가격으로 판매했고 구입가격의 100배 이상으로 판매하여 폭리를 취한 때도 있었다. 높은 가격은 소비를 위축시키고 밀수를 확대시켰다. 국가는 이를 방지하기 위해 가족 수와 재산 정도에 따라 매년 구입량을 할당했다. 가령 8세 이상의 사람은 매년 7kg의

---

143. For Good and Evil (Charles Adams, First Madison Books Edition 2001), Many Revolts -One revolution, page 232

소금을 강제로 구입해야 했다.

할당된 소금을 다시 판매하는 것은 당연히 금지됐다. 이를 위반하면 노동자 1년 연봉에 해당하는 300~5000리브르의 벌금을 물렸다. 다시 위반하면 위반자의 볼이나 등에 백합 문양의 화인을 찍었다. 또다시 적발되면 갤리선에서 죽을 때까지 노를 저어야 했다. 아껴서 남은 소금을 이웃에 판매했다는 이유 때문이다. 국가가 억압적인 처벌을 한 이유는 소금이 재정수입에 절대적이었기 때문이다. 프랑스는 소금세를 6개 구역으로 나누어 징수했으며 각기 다른 세율을 적용했다. 일부 지방에서는 소금세가 면제됐기 때문에 가격 차이로 밀수가 흥행했고 국가는 무거운 처벌로 대응했다. 밀수를 처음 걸리면 갤리선에서 3~9년 노를 젓는 처벌을 받았다. 두 번째로 걸리면 단두대 또는 마차 바퀴 고문 사형이었다. 어민들이 바닷물을 사용하는 것은 금지됐다. 이를 위반하면 밀수와 같이 처벌됐다. 프랑스는 소금세 위반으로 매년 3,000명을 갤리선으로 보내거나 처형했다.

소금세는 대표적인 '봉건 악제'였으며 프랑스 혁명의 한 원인이다. 농부들은 비싼 소금세에 저항하여 소금을 암거래했고 국가는 이를 잔인하게 처벌했다. 국가는 소금세를 징수하고 강제하기 위해 많은 비용을 들였다. 당시 프랑스에는 20~30만 명의 세리가 있었다. 프랑스 왕은 소금세 징수액의 40%만을 수입으로 가질 수 있었다. 마을에는 낯선 사람을 경계하고 추적 감시하는 자생 조직이 생겨났다. 이들의 감시 대상은 세리였으며 세리로 판명되면 집단으로 폭행했다. 선량한 사람들도 때때로 세리로 오인 받아 희생됐다.

악명이 높았던 소금세는 프랑스 혁명 중인 1790년 폐지됐지만 나폴레옹은 군비 마련을 위해 1805년 이를 부활시켰다. 프랑스에서 소금세가 최종적으로 폐지된 것은 1946년이다. 미국도 전쟁 때문에 소금세를 2번 부과했다. 1797년에는 프랑스와 전쟁 준비를 위해 소금에 관세를 부과했고 1812년에는 영국과의 전쟁에서 소금세를 부과했다. 미국은 전쟁이 끝나면 소금세를 폐지하겠다고 약속했으나 오랜 기간 지켜지지 않았다.

◇◇◇

소금을 중과세 한 나라는 프랑스만이 아니었다. 영국은 1822년 소금세를 폐지할 때까지 150년 동안 소금세를 거두었다. 영국은 노동자의 분노가 아니라 자본가의 필요에 의해 소금세를 폐지했다. 산업혁명으로 소금의 역할이 바뀌었기 때문이다. 소금은 섬유, 염색, 비누, 유리, 요업, 철강, 제지, 양조 산업의 중요 원료이다. 산업 자본가들은 정부에 소금세를 폐지할 것을 요청했고 가난한 사람들이 염원하던 소금세는 영국에서 사라졌다.

영국은 자국에서 소금세를 폐지했지만 식민지에서는 이를 강화했다. 재정수입에 도움이 되는 세금은 특별한 이유 없이 사라지지 않는다. 영국은 인도에서 소금의 생산과 판매를 독점했다. 허가없는 소금 생산이나 판매는 불법행위였다. 바닷가에서 자연 증발된 소금을 채취하는 것조차 위법이었다. 인도는 채식의 식단을 가지고 있었고 더운 날씨로 염분 손실이 많기 때문에 소금 섭취는 매우 중요했다. 인도 사람들은 소금 살 돈이 없어 염분 부족으로 사망했지만 소금의 불법적인 생산과 밀수에 대한 처벌은 계속됐다.

동인도 주식회사는 전체 수입의 20%를 인도에서 얻었다. 소금세는 인도에서 거두는 수익의 절반을 차지했다. 소금세 징수는 조세농부에게 위탁됐으며 소금 가격은 치솟았다. 영국이 자국에서 소금세를 폐지한 지 100년이 지났지만 1923년 인도의 소금세는 오히려 두 배 올랐다. 1930년 61세의 간디Mahatma Gandhi는 소금세에 저항하는 도보 투쟁에 나선다. 영국이 소금세를 다시 올렸기 때문이다. 간디는 악화된 건강에도 400km를 걷는 투쟁을 시작했다. 도보 투쟁은 78명으로 시작했으나 25일이 지나 끝날 때에는 수천 명이 함께 했다. 간디는 소금세에 저항하기 위해 바다로 걸어가 자연적으로 굳은 작은 소금 조각을 집었다. 머나먼 길을 걸어 소금 조각을 줍기 위해 몸을 숙이는 간디는 조국 독립을 상징했다. 다른 사람들도 이를 따라했으며 몇 주일이 지나서 모든 감옥이 만원이 됐고 영국은 결국 소금세를 인하했다. 그럼에도 영국은 소금세를 폐지할 수 없었다.

간디는 작은 공국公國 총리의 아들로 영국 유학을 경험했다. 간디는 평화롭고, 절제하며, 비협조하는 방식으로 인도의 다양한 정치세력을 결집하려 했다. 하지만 종교적 갈등, 귀족과 노동자의 갈등, 지역간 갈등으로 간디의 평화적 비협조 운동은 한계가 분명했다. 영국에 세금을 납부할 것인가는 중요한 문제였으나 간디는 독립운동 초기 영국에 납세를 거부하는 비협조 운동을 반대했다. 영국에 세금납부를 거부하면 당시 농민들이 인도 지배층에 납부하던 토지세zamindars도 같이 거부할 것을 두려워했기 때문이다. 이 점에서는 간디도 지배층이었다. 반대로 영국은 인도 지배층이 농민에게 받는 토지세를 인정하여 식민 지배를 쉽게 했다. 간디는 또한 제1차 세계대전 중 영국을 지지하여 많은 인도 청년을 전쟁으로 보냈다.[144]

---

144. The Sex of a Hippopotamus (Jay Starkman, Twinser Inc 2008), Salt Taxes page 110–114, A People's

동양에서도 소금은 세금을 부과하기 좋은 품목이었다. 중국은 소금과 철을 국가 전매산업으로 규제했다. 소금은 재정수입을 확보하는데 중요했고, 철은 전략물자로 수출이 금지됐다. 국가가 소금을 전매하고 소금값을 올리면 소금 밀매가 횡행하게 된다. 밀매업자들은 국가가 판매하는 관염官鹽보다 질 좋은 소금을 반값에 판매했다. 국가는 한 섬 이상 소금을 밀거래 한 자는 사형, 한 말 이상은 태형으로 처벌했지만 밀매는 계속됐다. 국가가 소금밀매상을 중형으로 처벌하면서 악순환은 시작됐다. 밀매상의 입장에서 보면 순순히 잡혀 100% 사형 당하는 것보다 세리와 맞서 싸우는 것이 살아 남을 확률이 높았기 때문이다. 소금 밀매 조직은 중무장했다. 소금 밀매는 수익이 높았기 때문에 비용 걱정은 할 필요가 없었다. 농민들도 소금을 싸게 공급하는 밀매조직 편이었다.

당나라 말기 황소黃巢의 난은 소금 밀매 상인이 일으킨 난이다. 황소는 관리가 되고자 했으나 여러 차례 과거에 낙방하자 소금 밀매를 시작했다. 그는 875년 다른 소금 밀매상 왕선지王仙芝가 일으킨 반란에 호응해 군사를 일으켰다. 황소가 일시적이나마 성공한 이유는 무장한 밀매 조직과 막강한 자금 그리고 민심을 등에 업었기 때문이다. 황소는 수도 장안을 점령하고 황제의 자리에 올랐지만 오래가지는 못했다. 당나라는 황소의 난

---

history of the World (Howard Zinn, Verso 2017), Revolt in the Colonial World, page 453–455, For Good and Evil (Charles Adams, First Madison Books Edition 2001), The Devil's Tax system, page 221–237, Fight Flight Fraud (Charles Adams, Euro–Dutch Publishers,1982), The Tax that beat Napoleon, page 239, The Birth of Plenty (William J. Bernstain, The McGraw–Hill Companies, 2004), Runners–Up, page 237–239

을 계기로 무너졌다.

우리나라 속담에도 '평양감사보다 소금 장수'라는 말이 있다. 이 말은 소금이 부와 권력의 상징이라는 것을 보여준다. 소금은 국가의 중요한 재정수입원이었고 착취 수단이었다. 고려 충선왕 때 각염법이 대표적이다. 당시 정부는 선불로 포를 받아놓고 소금을 제때 주지 못했다. 유통망이 제대로 갖춰지지 않은 데다 양반들이 소금을 우선 차지한 탓이었다. 그 결과 백성들은 선금을 지급하고 10년 동안이나 소금을 받지 못하는 사태가 발생하기도 했다.

◇◇◇

소금과 같은 물건에 대한 과세는 가난한 사람이 상대적으로 더 많은 세금을 내게 된다. 하지만 과거 지도자들은 반대로 생각했다. 영국 수상 월폴Robert Walpole이 대표적이다. 그는 자신이 생각할 수 있는 세금 중 소금에 부과되는 세금보다 더 일반적이고 납세자가 고통을 덜 느끼는 세금은 없다 했다. "모든 시민은 세금을 납부해야 하며 가난하면 가난한 대로 부자는 부자대로 세금을 내면 된다. 부자는 하인을 두고 사치스럽게 살기 때문에 더 많은 소금세를 납부한다. 소금세는 모든 사람들에게 가장 부담이 적은 세금으로 공평하게 부담된다. 따라서 소금세는 민심을 상하게 하지 않고 반란을 자극하지도 않는다." 했다.

5.2 간접세 어디까지

몽테스키외는 사람에 대한 직접세는 위험하며 노예제도에 가깝다 했다. 물품에 대한 간접세가 자유와 더 가깝다 했다. 직접세에 대한 두려움은 몽테스키외 혼자만의 생각이 아니었다. 키케로Cicero는 국가의 완전한 붕괴 같은 재앙이 아니면 직접세를 부과하지 말라 했다. 이는 과거 직접세가 정치적으로 남용됐기 때문이다. 세금을 부과할 힘은 파멸시킬 힘을 말한다. 군주는 임의로 직접세를 부과하고 이를 납부하지 못한 사람을 노예로 만들었다. 사람에 대한 직접세는 정적을 제거하는 특효약이었다.

계몽사상가들은 이런 이유로 군주가 자의적으로 세금을 부과할 수 없는 간접세를 선호했다. 간접세는 귀족같은 특권계층이 면세 혜택을 누리는 일이 없어 공평하다는 장점도 있다. 17세기 스웨덴 수상 옥센셰르나Oxenstierna는 거래세는 "신을 기쁘게 하며 마음을 상하게 하지 않고 반란을 자극하지 않는다."라고 했다.

계몽사상가들은 공정한 세금을 찾기 위해 노력했다. 그들은 모든 사람에게 평등하고 공정할 뿐 아니라 단순한 하나의 세금이 있을 것이라 보았다. 그들은 부자가 납부하는 사치세를 두고 많은 논쟁을 했다. 장자크 루소는 사치세 도입에 적극 찬성했다. 그는 제복, 마차, 거울, 샹들리에와 같은 물품에 과세를 주장하면서 이들 물건은 꼭 필요하지 않은 사치품이기 때문에 과세해야 한다 했다. 볼테르Voltaire는 사치세에 반대했다. 그는 사치라는 개념이 모호하여 쉽게 적용될 수 없다고 했다. 그리고 담세능력에 따른 과세는 불가능하다 했다.

거래세를 지지하는 사람들은 거래세는 시장의 인센티브를 왜곡하지 않는다 한다. 소득세와 재산세는 노동과 투자의 인센티브를 감소시킨다. 최악의 과세는 경쟁을 금지하는 독점권을 국가가 판매하거나 운영하는 것이다. 경제적 관점에서 최적의 과세는 물품세 또는 판매세이다. 이는 현대의 부가가치세이다. 거래에 과세하는 것은 특정 그룹을 선호하지 않는다. 또한 사치품을 높은 세율로 과세하기 때문에 거래세는 부자에게 더 많은 세금을 징수한다.

거래세에 반대하는 사람들은 사치품에 부과하는 세금을 제외하고 가난한 사람이 더 많은 세금을 내게 된다 한다. 가난한 사람은 평소 부역과 전시 징발을 통해 부자보다 더 많은 세금을 내고 있다. 소비세가 중심인 세제에서 부자는 저축하여 소비세 납부를 무기한 연기할 수 있다. 반면 가난한 사람은 모든 소득을 즉시 소비하여 소비세를 납부한다. 이는 '지연된 정의는 정의가 아니다.'라는 법언과 일치한다. 노동자는 생존을 위해 세금을 납부해야 하기때문에 거래세는 노동자의 소득을 탕진한다. 생존을 위해 설탕, 빵, 맥주, 초, 비누와 같은 물건을 사용하는 노동자는 소득에 비해 더 많은 세금을 납부한다.[145]

◇◇◇

월폴Robert Walpole은 영국 최초의 수상으로 불린다. 왕의 최측근으로 수상은 재정과 조세를 담당했다. 초기 수상이 그랬듯이 그는 철두철미한 세리였다. 월폴은 1723년 커피와 차에 물품세를 부과했다. 10년 후 그는 와

---

145. The Triumph of Injustice (Emmanuel Saez and Gabriel Zuckman, Norton & Company 2019), A World of Possibility, page 185~186, Taxing the Rich (Kenneth Scheve & David Stasavage, Princeton University, 2016), Treating Citizens as Equals, page 28~29

인과 담배에 수입 관세를 폐지하고 물품세를 부과하려 했다. 시민들은 물품세에 반대하여 들고 일어났다. 모든 신문에 풍자 만화가 등장하고 '자유, 재산, NO 물품세'라고 새긴 모자를 쓴 폭도들이 거리를 누볐다. 폭동은 월폴을 놀라게 만들었다. 그가 제안한 것은 수입 관세를 폐지하고 대신 물품세를 부과하는 것이었다. 이론상 부담해야 할 세금이 같음에도 불구하고 폭동이 일어난 것이다.

월폴은 군중 심리를 잘못 해석했다. 당시 와인과 담배 밀수는 통제할 수 없는 수준이었다. 월폴은 밀수가 만연한 와인과 담배에 대한 관세를 포기하고 대신 국내에서 물품세를 징수하고자 했다. 일종의 조세 개혁이다. 하지만 영국인들은 새로운 물품세를 원하지 않았다. 관세는 밀수로 회피할 수 있었고 밀수 와인과 담배는 정상가격의 2/3 가격에 구입할 수 있었다. 밀수는 영국 왕을 제외한 모든 사람에게 도움이 됐다. 일반 시민들은 밀수에 긍정적이었다. 당시 영국은 매년 4백만 파운드의 차를 소비했으나 실제 세관에 신고된 것은 80만 파운드였다. 이는 80%의 차가 밀수됐다는 것을 말한다. 폭동으로 월폴은 물품세를 포기하고 종전의 관세로 되돌아갔다.

국가의 입장에서 거래세는 징수하기 편한 세금이다. 거래세는 소득세에 비해 행정비용이 거의 들지 않는다. 일부 거래세는 제조 시설만 관리하면 쉽게 징수할 수 있다. 제조 시설에 과세하는 것은 상인들이 시장에서 판매한 내역을 찾아 과세하는 것보다 편하다. 영국은 물품 제조시설을 엄격하게 관리했다. 양초를 만들기 위해서는 양초를 만드는 장소 및 작업시간을 세리에게 알리지 않으면 작업할 수 없었다. 양초를 만드는 틀의 개수를 정확하게 신고하지 않으면 수백 파운드의 벌금을 물어야 했다. 양초 생산량은 매월 보고해야 하며 작업 중 부러진 양초는 세리의 입회 하에 처분해야 했다. 양조장, 찻집과 커피숍도 이와 유사한 감시를 받았다. [146]

계몽사상가들은 조세를 부과함에 있어 주권자가 납세자의 동의를 받아야 한다면 과중한 세금이 없어질 것이라 믿었다. "대표 없이 과세 없다."는 미국 독립운동 구호가 그 예이다. 이상적이지만 현실은 생각대로 움직이지 않는다. 네덜란드와 미국은 조세 혁명 이후 세금이 더 많아졌다. 네덜란드 독립 후 채택된 물품세는 독립 전 스페인이 부과하려고 한 세금보다 높았다. 미국은 혁명에 성공하고 '대표 없는 과세'보다 '대표 있는 과세'가 더 심각하다는 것을 알게 됐다. 역사에서는 조세 혁명이 성공하면 납세자는 패자가 된다. 혁명 전후 조세 납부 금액을 비교하면 혁명을 왜 했는지 알 수 없게 된다. 이는 역사의 아이러니이다. 간접세를 강조하던 계몽주의 사상은 소득세가 확산되면서 그 의미를 상실했다.

◇◇◇

소득세가 보편화되면서 물품세의 중요성은 반감됐지만 물품세는 20세기 새로운 모습으로 부활했다. 프랑스 세무공무원 로레 모리스^{Laure} ^{Maurice}의 혁신적인 아이디어로 시작된 부가가치세가 바로 그것이다. 로레는 어린시절 프랑스 세무공무원의 제복에 반하여 공무원을 지망했다 한다. 그는 탈세가 만연한 거래세 제도를 개선하고자 획기적인 부가가치세를 제안했다. 물건을 사면서 거래세를 지불한 구매자는 세금이 제대로 납

---

146. For Good and Evil (Charles Adams, First Madison Books Edition 2001), Parliament Searches for a
    Better Tax, page 261-267

부되는지 별 관심이 없다. 거래세를 납부한 구매자는 판매자가 거래세를 자기 주머니에 챙기더라도 알 수 없고 이를 방지할 방법도 없다.

부가가치세는 모든 것을 바꾸었다. 부가가치세를 납부한 구매자는 자신이 납부한 세금을 공제받기 위해 세무서에 신고하고 실익을 챙길 수 있다. 모든 사업자가 납부한 세금 내역을 신고하기 때문에 부가가치세는 스스로 규율하는 세금이 됐다. 거래 당사자가 상호 견제하기 때문에 부가가치세는 거래세보다 몇 배 탈세하기 힘든 세금이다. 부가가치세는 물품의 거래뿐 아니라 서비스에 대해서도 과세하기 때문에 엄청난 세수를 가져온다.

부가가치세는 몇 가지 기술적인 장점을 가지고 있다. 첫째, 소비에 대한 세금이기 때문에 노동, 소득 또는 투자에 대한 과세처럼 인센티브를 왜곡하지 않는다. 둘째, 경제 상황이 악화하여도 소비는 소득에 비해 변동이 적어 안정적인 재정수입을 가져온다. 셋째, 소득세처럼 면세되는 사람 없이 모든 사람이 구매를 통해 세금을 낸다는 점이다. 또한 온라인 거래에 대해서 과세가 가능하다는 점과 수출에 세금을 면제하여 수출을 장려할 수 있다는 장점이 있다. 오히려 부가가치세는 세금을 부과하기 너무 쉽다는 단점이 있다. 부가가치세는 최종소비자가 부담하지만 물건값에 포함되어 사업자가 징수하고 납부한다. 세금이 물품 가격에 포함되어 표시되기 때문에 세금을 올리기 좋은 구조이다. 세금을 올려 가격이 높아져도 정부 대신 판매자가 욕을 먹게 된다. 가격 속에 숨어 있는 세금은 나쁘지만 부가가치세는 저항 없이 걷기 좋은 세금이다.

세계 각국은 1960년대 부가가치세를 경쟁적으로 도입했다. 부가가치세는 다른 어떤 세금보다 빠르게 확산되어, 현재 미국을 제외한 200여 개

국가가 도입하고 있다. 부가가치세율은 8~25% 정도로 대부분의 국가에서 조세수입의 20% 정도를 걷고 있다. OECD국가는 평균적으로 이보다 더 높은 33% 그리고 프랑스는 재정수입의 40%를 부가가치세를 통해서 징수하고 있다.

부가가치세는 소비에 부과되기 때문에 가난한 사람이 많은 세금을 내게 된다. 이러한 문제를 해결하기 위해 국가는 가난한 사람이 주로 구입하는 물품에 대하여 면세한다. 다수의 국가는 식료품, 의약품, 학용품을 면세하고 있다. 정책 목적으로 또는 로비에 의해 부가가치세를 면세하면 세법 규정이 복잡해지고 적용이 어려워진다. 우리나라도 식품의 부가가치세가 품목과 상황 별로 복잡하게 갈라진다. 기본적으로 가공하지 않은 식료품은 면세이고 가공한 식품은 과세지만 복잡한 규정은 면세를 받기 위한 꼼수로 이용된다.[147]

◇◇◇

부가가치세는 물품의 가격을 올릴 뿐 아니라 경제 성장을 저해하기도 한다. 일본은 1989년 부가가치세를 도입한 이후 세율을 지속해서 인상했고 소비 침체로 경기가 악화되는 것을 경험했다. 부가가치세는 일상생활의 모든 면을 과세하기 때문에 정치적 쟁점이 되기도 한다. 일본은 영화산업을 진흥하기 위해 극장입장권에 부과하는 부가가치세를 면세했고, 프랑스는 2009년 레스토랑 판매 음식에 부가가치세를 낮추고, 독일은 2010년 호텔방 사용에 부가가치세를 낮추었다. 로비스트의 주장과 달

---

147. The Triumph of Injustice (Emmanuel Saez and Gabriel Zuckman, Norton & Company 2019), A World of Possibility, page 184-187

리 낮아진 부가가치세는 소비자의 이익으로 돌아가지 않았다. 후속 연구에 의하면 낮아진 부가가치세의 이익은 사업자가 가져갔다.

유럽에서는 생리대에 대한 부가가치세가 여성에 대한 세금이라는 비난을 받았다. 이에 따라 영국, 프랑스 등 국가는 부가가치세를 면세했지만 대부분의 국가는 생리대에 대한 부가가치세를 유지하고 있다. 우리나라도 생리대에 대한 부가가치세가 여성에 대한 세금이라고 면세됐다. 이것은 좋은 생각이 아니다.

나는 안경을 쓰고 있다. 안경은 신체장애를 극복해주는 도구이다. 안경에 부가가치세를 과세하면 신체장애를 처벌하는 것 아닌가? 같은 논리라면 국가의 미래를 위하여 모든 어린이 및 육아용품이 면세되어야 한다. 노인 복지를 위해 노인들이 쓰는 건강 보조 용품 등도 다 면세되어야 한다. 개별적으로 생리대가 특혜를 받는 것은 좋을 수 있으나 모든 서비스와 물건은 세금을 면제받을 이유를 만들어 낼 수 있다. 종국적으로 부가가치세를 내야 할 대상이 모두 사라질 수도 있고 반대로 로비할 능력이 있는 사람만 면세 혜택을 누리는 결과가 나올 수도 있다. 여성 중심의 이러한 주장은 오히려 남녀 갈등을 부추기는 결과를 가져온다.

세금 감면의 혜택을 실제 누가 누리는가의 문제도 있다. 외국의 사례에서 보듯이 부가가치세 감면 혜택은 의도한 대로 여성에게 돌아가는 것이 아니라 제조회사 및 유통회사가 가져갈 가능성이 크다. 몇 개의 제조회사가 시장을 독점하는 상황에서는 더 그러하다. 국가가 이를 방지하기 위해 세금만큼 가격을 인하하도록 규제한다면 행정 비용만 늘어난다. 국가의 규제에도 제조회사는 원재료 상승, 친환경 소재 변경 등의 이유를 만들어 가격을 올릴 것이다. 결국 규제만 늘어나고 세법 또한 복잡해진다. 특정 물품에 대한 면세는 경제적으로 또는 조세 정책적으로 바람직하지 않다. 경제적 지원이 필요하다면 세제를 복잡하게 만드는 것 보다 재정 지원 또는 다른 방식을 통한 지원이 더 바람직하다.[148]

148. A Fine Mess (T.R. Reid, Penguin Press 2017), The Money Machine, page 227–228, page 232–236, page 237–240, Scooping Water with a Sieve page 73

몽테스키외

계몽주의 철학자들이 강조하던 간접세는 소득세의 등장으로 그 중요성이 사라졌지만 몽테스키외가 직시한 단순하고 현실적인 통찰은 아직 유효하다. 250년 전 세금에 대한 그의 지혜가 시대를 초월하고 있다는데 경의를 표한다.

◇ 사람에 대한 직접세는 위험하며 노예제도와 더 가깝다. 상품에 대한 간접세가 자유와 더 가깝다.

◇ 과도한 세금은 탈세된다. 탈세는 엄청난 탄압을 가져오며 국가를 파멸시킨다.

◇ 과중한 세금은 열심히 일한 노력의 결과와 사업의 대가를 빼앗기 때문에 사람들이 동기를 상실하여 부작위, 일자리 손실, 나태함으로 나타난다.

◇ 자유에서 살고 있는 사람은 정부가 과도한 세금을 부과하는 것을 허용하는 경향이 있다. 과도한 세금은 노예로 만든다.

애덤 스미스 또한 과도한 세금은 탈세된다는 점을 지적했다. 탈세는 상거래와 무역에 나쁜 영향을 미친다. 탈세는 과도한 세금의 결과이지 인간의 결함 때문이 아니다. 따라서 정부는 탈세를 형사처벌하지 말아야 한다. 애덤 스미스는 '정부가 유혹을 만들었기 때문에 그 유혹에 넘어간 사람을 처벌할 권리가 없다.' 했다. 애덤 스미스와 몽테스키외가 현재 살아 있다면 이들은 과세당국의 블랙리스트에 올라 있을 것이다.[149]

149. For Good and Evil (Charles Adams, First Madison Books Edition 2001), The Enlightenment Had the Word on Taxation, page 279–295, Fight Flight Fraud (Charles Adams, Euro–Dutch Publishers,1982), The Search for Just tax, page 195–196, Those Dirty Rotten Taxes (Charles Adams, Simon & Schuster 1998), There Were Giants in the Earth in Those days, page 17–24

5.3 소득세의 기원

국가는 문명이 시작된 이래 소득에 대해 과세했다. 수확한 곡물에서 일정량을 징수하면 이는 소득에 대한 과세이다. 국가는 눈으로 확인 가능한 곡물, 특정 물품의 생산과 거래에 세금을 부과했다. 필요 경비와 비용에 대한 공제가 없는 수확량 10% 과세는 소득세 20% 이상이다. 문제는 국가가 눈으로 확인하기 어려운 소득을 정확하게 파악할 능력이 없었다는 점이다. 국가는 상인이 거래하는 물품에 과세할 수 있었으나 상인의 소득은 파악하기 어려웠다. 중국은 사농공상士農工商으로 상인을 가장 천하게 취급했다. 상인은 사회적으로 유익한 물건을 생산하지 않으면서 세금을 납부하지 않았기 때문이다. 서양에서도 상인은 천시되었다. 그이유는 상인은 소득을 속이기 쉬워 세금을 제대로 납부하지 않았기 때문이다.

콘스탄티누스는 상인의 소득에 최초로 세금을 부과한 황제이다. 로마는 물품 제조 및 거래에 물품세Excise를 부과했다. 이들 세금은 소비자가 최종적으로 납부하기 때문에 상인의 소득은 면세된다. 콘스탄티누스는 306년 상인의 소득에 세금을 부과하고 4년마다 이를 징수했다. 기번은 《로마제국 쇠망사》에서 많은 납세자들이 이 세금을 납부하기 위해 자식을 노예로 팔았다고 한다. 토지세는 수확을 선점함으로써 객관적인 징수가 가능하지만 소득세는 세리의 주관적인 판단과 재량으로 징수할 수밖에 없었다. 소득을 알 수 없는 세리는 투옥과 체벌 같은 강압을 통해 징수했고, 납세자는 무시무시한 체벌을 피하기 위해 자식을 노예로 팔았다.

콘스탄티누스는 이러한 문제를 인식하고 고문을 금지하는 대신 상인을 공기가 잘 통하는 넓은 감옥에 투옥하도록 했다. 이후 콘스탄티누스는 조세를 납부하겠다는 서약만으로 감옥을 면제했다. 서약을 어기면 더 무서운 처벌이 기다리고 있었기 때문에 서약만으로도 소득세를 징수하기 충분했을 것이다. 기번은 이 시기를 '탄압의 권력과 탈세의 예술이 끊임없이 투쟁한 기간'이라 재미있게 표현했다. 플라톤은《국가론The Republic》에서 "소득세가 있다면 같은 소득이라도 정의로운 사람은 더 많은 세금을 내고 부정직한 사람은 적은 세금을 낸다." 했다. 소득세는 이러한 불공정에 더하여 군주가 자의적으로 세금을 결정할 수 있기 때문에 근대 계몽주의는 소득세를 혐오했다.[150]

◇◇◇

일반적인 소득세는 백년전쟁 중인 1404년 영국에서 시작됐다. 불행히도 이 기록은 모두 파괴되어 알려진 것이 없다. 당시 영국 사람들은 이 세금을 지독하게 경멸한 것으로 보인다. 영국은 다시는 이런 사악한 세금이 도입되지 않도록 개인의 소득 자료, 납세액, 미납액 등 모든 기록을 파괴했다. 이는 정치적 화합은 가져왔으나 아마도 가장 행복한 사람은 세금을 납부하지 않고 버틴 사람이다. 이는 로마 말기 황제가 사면령을 내리고 납세 기록을 파기한 것과 같다. 기록을 파기하는 것은 세금을 납부한 사람에게는 불공정하며 납부하지 않은 사람에게 행복과 평화를 가

---

150. For Good and Evil (Charles Adams, First Madison Books Edition 2001), Diocletian's New Order, page 116-117, Fight Flight Fraud (Charles Adams, Euro-Dutch Publishers,1982), The empire in tax bondage, page 90-91

져온다.

소득세는 영국에서 나폴레옹과의 전비를 조달하기 위해 1799년 다시 도입했다. 소득세는 전례가 없을 정도로 효율적으로 징수됐다. 현재의 기준으로 보면 10%의 낮은 세율이었지만 소득세는 전쟁기간 동안 재정수입의 20%를 담당했다. 이 소득세는 엄청난 재정수입으로 승리에 기여했기 때문에 나폴레옹을 물리친 세금이라 한다.

영국 납세자는 자신의 납세의무액을 선서하고 납부해야 했다. 정부관리의 소득과 국채 이자 소득은 원천징수했다. 사람들은 이 세금을 혐오했다. 다수의 사람은 "세리의 권한을 일상생활까지 확대한 것은 모든 것을 허용하는 독재이다."라고 불평했다. 소득세는 전쟁이 끝나고 6개월이 지나 폐지할 예정이었으나 이 세금은 상당기간 계속됐다. 정부는 전쟁으로 누적된 부채를 상환하기 위해 어쩔 수 없다 했지만 사람들은 이 세금을 혐오했다. 이 세금이 폐지되고 재무장관은 의회의 압력에 소득세 관련 자료의 소각을 주도하고 직접 불을 붙였다. 하지만 그는 조세 법원 지하에 사본을 몰래 보관했다.[151]

◇◇◇

영국에서 소득세를 체험하고 증오하던 세대가 사망하자 소득세가 다시 부활했다. 도입 목적은 재정적자를 해소하고 가난한 사람이 더 부담하는 간접세의 문제를 해결하기 위해서였다. 1842년 새로 도입된 소득세는 3%의 단일 세율이었으며 원천징수했다. 필Robert Peel 수상은 소득세 도입

---

151. For Good and Evil (Charles Adams, First Madison Books Edition 2001), The Monster that Laid the Golden Egg, page 345–347, The Tax that Beat Napoleon, page 351–353.

을 사죄하면서 앞으로 3년 동안만 부과할 것이라고 약속했다. 소득세는 균형재정을 이루면 폐지한다고 발표했지만 폐지될 수 없었다. 소득세가 예상보다 50% 더 많은 재정수입을 가져왔기 때문이다. 금맥을 발견한 정부는 19세기에도 소득세를 계속 징수했으며 세율은 1~5% 정도였다. 영국은 1909년 전쟁에 대비하여 다시 세율을 높였지만 소득세 최고세율은 여전히 8.33%였다.

영국의 성공에 자극받은 다른 나라들은 소득세를 경쟁적으로 도입했다. 제1차 세계대전 이전 스웨덴, 이탈리아, 일본, 뉴질랜드, 네덜란드, 오스트리아와 덴마크가 소득세를 도입했다. 미국은 1862년 남북전쟁에서 북부가 소득세를 도입했으나 1872년 폐지했다. 미국은 소득세를 1913년 뒤늦게 도입했다.

국가는 소득세를 관리하기 위해 엄격한 기장 의무를 부과했다. 제2차 세계대전 이전 대부분의 국가는 제책된 장부와 페이지 번호가 찍힌 원장을 사용하여 거래를 기록하도록 했다. 각 페이지에는 정부의 직인이 찍혔으며 페이지마다 정부의 수입인지를 붙여야 하는 경우도 있다. 이란은 최근까지 이 시스템을 사용하고 있으며 고치기 어려운 페르시아어 만을 사용해야 한다. 장부를 지우거나 변경하는 것은 금지되어 있으며 이를 위반하면 과세가 임의로 이루어졌다. 기장은 매일 시간 순으로 이루어져야 하며 원장에 즉시 기록되어야 한다. 기장 오류는 장부에 기록하여 정정해야 한다.

영국 왕실은 소득세를 납부했을까? 거의 납부하지 않았다. 예외적으로 빅토리아 여왕은 국민들로부터 사랑받기 위해 1842년 소득세를 납부했다. 이후 영국 왕실은 소득세를 납부하지 않았다. 엘리자베스 여왕은

국민에게 다가서기 위해 1992년 소득세를 납부하기로 했다.[152]

152. Taxing the Rich (Kenneth Scheve & David Stasavage, Princeton University, 2016), United Kingdom, page 136-138, War Mobilization and Top Income Tax Rates, page 77, The Sex of a Hippopotamus (Jay Starkman, Twinser Inc 2008), Tax Cheating page 131, Those Dirty Rotten Taxes (Charles Adams, Simon & Schuster 1998), The Goose that Laid the Golden Egg page 136-140, Fight Flight Fraud (Charles Adams, Euro-Dutch Publishers,1982), The tax that beat Napoleon, page 237-246

날강도
창문세

경제학자들은 황당한 세금으로 유럽의 난로세^{Hearth Tax}와 창문세^{Window Tax}를 꼽는다. 이 세금은 과거에 이런 기이한 세금이 있었다는 정도로 이야기하고 있지만 이는 재정수입이 궁한 왕의 절박한 창조물이었다.

당시 유럽에서 토지 등에 대한 세금은 이미 잘 정립되어 있었다. 오랜 투쟁의 결과 세금을 올리려면 의회의 동의가 필요했다. 방어를 위한 전쟁이 아니면 의회의 동의는 불가능에 가까웠고 왕은 새로운 방식으로 세금을 걷을 필요가 있었다. 왕은 고민 끝에 난로세를 만들었다. 난로세는 가정에서 난로의 숫자만 세면 되기 때문에 수확량을 정하거나 가격을 평가하는 골치 아픈 문제가 없었다. 부자일수록 집이 크고 난로가 많았기 때문에 형평성의 문제도 없었다. 귀족들은 토지에 대한 세금을 면제받는 경우가 많아 난로세는 부자 과세로 좋은 세금이었다.

난로세의 유일한 단점은 세리들이 가정을 방문하여 방마다 난로의 개수를 확인하고 세어야 하는 것이었다. 세리는 집주인과 사생활 침해 문제로 충돌했다. 난로세의 금액이 높아지자 이를 피하기 위해 난로를 없애고 춥게 지내는 사람도 있었다.

좋은 조세 제도는 각국에서 경쟁적으로 모방하여 전파가 빠르다. 영국에서 난로세는 차알스 2세가 유럽에서 유행하던 것을 1622년 도입했고, 집값이 20실링5,000 달러 상당의 가격 이상인 가구는 난로 1개당 1실링을 연 2회 납부해야 했다. 프랑스는 난로세를 사인에게 위탁하여 징수했다. 시민은 이들을 굴뚝 맨이라 불렀다. 프랑스 주부들은 굴뚝 맨이 집 안으로 들어오는 것을 온몸으로 막거나 난로를 감추기 위해 노력했다.

난로세는 영국의 명예혁명과 함께 폐지됐다. 새로운 국왕 윌리엄과 메리는 '낯선 사람이 마음대로 집안에 들어와서 수색하게 하는 것은 노예의 증표'라고 하면서 난로세를 폐지했다. 이는 새롭게 집권한 왕이 민심을 얻고자 한 조치이다. 대신 영국은 인두세Poll Tax를 도입했다. 인두세는 신분에 따라 부과됐다. 지방 지주는 매년 10파운드 그리고 공작은 100파운드 이상을 납부해야 했다. 보통 사람은 대신 소득의 5%를 납부해야 했다. 일종의 소득세이던 인두세는 시민들의 저항과 집행의 어려움 때문에 폐지됐다. 왕은 이 세금을 폐지하면서 영국에 맞지 않는 세금이라 했다.

돈이 필요한 왕은 1696년 혁신적인 세금을 다시 생각해냈다. 창문세이다. 창문세는 창문 7개 이상의 저택에 창문당 1실링이 부과됐기 때문에 가난한 사람은 면제됐다. 창문은 밖에서 쉽게 계산할 수 있기 때문에 세리가 집안을 수색하는 기분 나쁜 일은 사라졌다. 이 세금은 지금으로 보면 행정혁신 대상을 받을 수 있을 정도로 단순하고 집행하기 쉬운 획기적인 아이디어였다.

창문세를 부과하기 시작하면서 왕은 이를 일시적인 세금이라고 했지만 이 세금은 폐지되지 않았다. 모든 세금이 그러하듯이 창문세는 예측하지 못한 결과를 가져왔다. 사람들은 창문을 검사하는 기간에 창문을 일시 폐쇄하거나, 침실 등에 창문을 아예 없애는 방식으로 대응했다. 주택에서 창문이 사라지자 국가는 창문에 부과하는 세금 액수를 높여 재정수입을 늘렸다.

폐쇄된 공간에서 살게 된 사람들의 건강은 나빠졌다. 발진티푸스, 천연두, 콜레라 같은 질병 피해가 더 심각해졌다. 창문세는 공기와 햇살에 대한 세금이라고 경멸 받았고 수많은 청원과 논의가 있었다. 창문세에 반대하는 사람들은 이를 날강도Daylight Robbery, 햇살 도둑라 표현했고 이 세금은 1851년 마침내 폐지됐다.[153]

153. The Sex of a Hippopotamus (Jay Starkman, Twinser Inc 2008), Window Tax page 129–130, For Good and Evil (Charles Adams, First Madison Books Edition 2001), Parliament Searches for a Better Tax, page 258–259, Fight Flight Fraud (Charles Adams, Euro–Dutch Publishers,1982), The Search for Just tax, page 196–197, Daylight Robbery (Dominic Frisby, Penguin Random House UK 2019), Daylight Robbery, page 1–5

5.4 부자 과세의 등장

미국 상원의원들은 1913년 9월 7일 기립하여 박수치기 시작했다. 역사적 입법이 통과한 것을 축하하기 위해 서로 악수하고 부둥켜안았다. 수 십 년 간의 논쟁과 타협 끝에 소득세법이 통과한 것이다. 윌슨^{Woodrow} Wilson 대통령은 백악관에서 기자회견과 소득세법 서명식을 가졌다. 소득세는 출범 당시 가장 인기 있는 세금이었다. 소득세는 보통 사람이 납부할 일이 없었고 모건과 록펠러 같은 부자가 내는 세금이었기 때문이다.

소득세는 당시 세계적인 현상이었다. 미국은 1894년 소득세법을 제정했으나 대법원이 위헌이라 판결했다. 대법원은 소득세를 부자가 많은 뉴욕 같은 주에서 주로 납부함으로 헌법상 비례의 원칙에 위반한다고 했다. 1913년 뒤늦게 도입된 소득세는 소득 상위 2%에 해당하는 3,000달러 이상의 소득에 대하여 1~7%를 부과했다. 현재의 기준으로 보면 가벼운 세금이었지만 소득세는 오랜 논쟁과 타협의 산물이었다. 남북전쟁에서 부과되던 최고 10% 세율의 소득세가 1872년 폐지된 이후, 소득세는 미국에서 40년 동안 최소 66번 이상 입법이 시도됐고 좌절됐던 세금이다. 미국은 그러한 소득세를 도입하기 위해 1913년 헌법을 개정했고 소득세는 의회에서 환호와 함께 도입됐다.

◇◇◇

소득세 이전 미국은 수입물품에 대한 관세와 소비세에서 재정수입의 90% 이상을 징수했다. 이는 가난한 사람에 대한 역진과세였다. 1860년 이후 연방정부의 재정은 50년 동안 6배 증가했으나 관세와 소비세로 가난한 사람들이 모두 부담했다. 같은 시기 기업 이익은 10배 증가했으나 과세되지 않았다. 부자는 관세 등을 통해 최대 소득의 8~10%를 세금으로 납부했으나 가난한 사람은 소득의 대부분을 세금으로 납부했다. 당시 평균 관세율은 40%를 상회했기 때문에 1만 원짜리 물건을 구입하면 4천 원은 세금이었다. 노동자들은 물가를 상승시키고 소비에 악영향을 미치는 높은 관세에 반대했다.

셔먼John Sherman[154]은 관세, 면허세, 주세, 담배세, 맥주세 및 물품에 대한 과세로 가난한 사람이 더 많은 세금을 납부한다 했다. 그는 가난한 사람이 소비하는 모든 것을 사치품이라고 과세하면서 부자들의 재산을 신성시한다고 비난했다. 국가는 가난한 사람이 소비하는 차, 커피, 설탕, 향신료에 세금을 부과한다. 가난한 사람을 취하게 하는 위스키, 기분 좋게 하는 맥주, 위로하는 담배에 높은 세금을 부과하는 것은 바람직하지 않다. 높은 관세에 대한 대안은 영국과 같은 소득세였다. 그는 2.5%의 소득세를 부과하면 관세를 25%로 줄일 수 있다 했다.

부자 과세를 두고 사람들이 내세우는 명분과 원칙은 시대가 변하더라도 바뀌지 않는다. 가난한 사람은 사회 정의를 내세우고 부자는 근로의 미덕을 주장한다. 사회 정의를 주장하는 사람은 소득이 높을수록 세율이 높아지는 부자 과세를 원한다. 소득세는 부를 재분배하는 도구는 아니지만 불공평한 부의 집중을 완화한다. 따라서 누진적 소득세는 정의 및 공정이라는 관점에서 세상을 평등하게 만들어주는 도구이다.

반대로 근로의 미덕을 강조하는 부자는 누진적 소득세에 반대한다. 자본주의는 부를 창조하기 위한 노력으로 발전한다. 부자는 근검절약, 노

---

154. 존 셔먼(1823~1900)은 미국의 정치인이며 러더퍼드 헤이스 대통령 시절 재무부 장관을 역임했다.

력, 창의성과 위험부담의 결과이기 때문에 부자에게 과도한 세금을 부과하면 성장 동력인 인센티브를 감소시킨다. 부와 미덕은 긍정적인 상관 관계를 가지고 있다. 소득세는 미덕에 대한 처벌이다.

부자 과세에 대한 견해는 부자를 어떻게 보는지에 따라 달라진다. 부자를 단순히 행운, 착취, 정치적 특혜, 약탈적 경쟁의 결과로 보는 사람은 강력한 부자 과세를 원한다. 부자를 노력, 근검절약, 창조, 인내의 결과라고 보는 사람은 부자 과세를 합법적인 강도라 한다.

소득세 도입을 앞두고 미국에서 40년 동안 주고받은 논쟁은 현재와 다르지 않다. 이들이 주장한 논리는 그대로 차용하여 현재 부자 과세의 찬반 준거로 사용할 수 있다. 오히려 과거에 현재보다 더 다양한 세금 논쟁이 이루어졌다는데 놀랍기만 하다. 이러한 논쟁은 위대한 세금 전쟁The Great Tax Wars에서 와이즈만[155]Steven Weisman이 잘 정리했으며 핵심 쟁점은 다음과 같다.[156]

◇◇◇

소득세를 찬성하는 논리이다. 맥밀런Benton McMillin은 빈부격차가 국가를 망하게 한다며 소득세를 주장했다. 고대 이집트는 3%의 귀족이 97%의 부를 독점했을 때 암흑기가 왔다. 페르시아는 1%의 인구가 모든 토지

---

155. 와이즈만(Steven R. Weisman)은 국제경제학을 연구하는 피터슨 재단에 부회장으로 그의 저서 《위대한 조세전쟁: 소득세가 어떻게 미국을 변화시켰는가(The Great Tax Wars: How the Income Tax Transformed America)》는 2003년 시드니 힐만 상(Sidney Hillman Award) 을 받았다.

156. The Great Tax Wars (Steven R. Weisman, Simson & Schuster 2004), Chase has no money, page 32, Fraught with Danger…to Each and Every citizen, page 132-133, There is No tax more equal, page 123-125, Introduction page 6-7, There is no tax more equal, page 103, Epilogue, page 350

를 소유했을 때 망했다. 1929년 미국 국부는 3,620조 달러이지만 3%의 부자가 60%를 소유했다. 역사상 가장 큰 부자들도 로스차일드나 록펠러 만큼 큰 부자가 아니었다. 소득세는 빈부격차를 완화하여 나라를 구하는 애국적인 조치이다.

부자는 돈이 많아 더 많은 세금을 부담할 능력이 있기 때문에 다른 사람을 도울 의무가 있다는 담세능력 이론도 있었다. 소득이 낮은 사람은 간접세 등을 이미 많이 납부하고 있다. 따라서 생존을 고민하는 가난한 사람은 그대로 두고 세금의 혜택을 많이 보고 있는 부자들이 더 많은 세금을 내야 한다.

정부의 중요한 의무는 국민 자산을 보호하는 것이다. 정부의 보호로 가장 큰 혜택을 보는 부자가 정부에 더 크게 기여하는 것은 당연하다. 부자가 국가의 특혜로 돈을 벌었다면 부자 과세를 강화하여야 한다. 국가는 모든 시민을 평등하게 대우하여야 하며 국가가 특정인을 직간접으로 지원하여 부자가 됐다면 이를 중과세해야 한다. 일종의 보상이론이다.

소비가 늘어나면 한계효용이 감소하듯이 소득이 늘어나면 소득의 한계효용 또한 감소하게 된다. 소득의 증가는 가난한 사람에게 높은 효용을 주지만 부자는 한계효용이 낮다. 한계효용 이론은 누진 과세로 한계효용이 비슷하게 감소하도록 하는 것이 정당하고 공정하다는 논리이다. 이 이론으로 누진과세는 정치 선동가가 주장하던 선전문구가 아니라 학술적 외양을 가진 존경스러운 이론이 됐다.

정치적 고려도 부자를 불리하게 한다. 소득세는 정치적으로 소외된 반항적인 서민층을 달래는 안전밸브이다. 하원의원 홀Uriel Hall은 소득세를 통해 무정부상태를 없애고 사회주의를 약하게 할 수 있다 했다. 칼 막스

2부 | 5.균형 잡기

또한 누진적인 소득세의 적극적인 지지자였다.

소득세가 부과되면 부자들이 해외로 이주할 것이라는 말이 있다. 그러나 민주 정부의 가치를 경시하고 애국심이 2%도 안 되는 사람이 있다면 그런 사람은 없이 사는 것이 더 낫다. 이들은 나라가 없는 사람으로 이들의 도주는 명예스럽지 않고, 애석 하지도 않으며 칭송 받는 일이 전혀 없을 것이다 했다.[157]

◇◇◇

소득세의 반대에도 다양한 논리가 동원됐다. 소득세는 개인의 창의력과 기업가 정신을 억압하며 부동산과 주식시장을 침체시킨다. 밀John Stuart Mill은 소득세는 '온화한 강도질'이라 했다. 소득세는 '돈이 많다는 이유로 가해지는 처벌'이므로 사람들은 '노상강도로부터 자신을 방어하듯 소득세로부터 방어할 수 있다.' 했다. 그는 소득세는 책만 읽는 교수, 사회주의자의 음모 그리고 무정부주의자의 폭탄으로 만들어졌다고 했다.[158]

소득세가 사회적, 도덕적 타락을 가져올 것이라는 우려도 있었다. 소득세는 납세자들이 자기 재산에 대해 거짓말하도록 할 것이며 이는 국가가 부정직不正直을 장려하는 것이다. 멜론Andrew Mellon은 높은 소득세는 탈세를 조장하고 주식시장을 침체시킬 것이라 했다. 소득세는 경제에 충격을 주며 개인의 창의적 노력을 제한한다. 임금을 삭감하며 탈세와 부패를

---

157. The Great Tax Wars (Steven R. Weisman, Simson & Schuster 2004), "Fraught with danger…to Each and Every Citizen" page 141, page 137-138, page 138, page 152, There is No tax more equal, page 101

158. For Good and Evil (Charles Adams, First Madison Books Edition 2001), Scaffolding for Plunder, page 346

가져올 것이다. 세금으로 사람들이 노력하지 않게 된다면 국가발전에 기반이 되는 에너지를 빼앗는 꼴이 된다. 경제가 회복되면 관세 수입만으로 충분함에도 부담을 고소득자에게 지우는 것은 부당하다.

소득세는 85,000명의 부자에게만 부과되는 특별세이다. 부자만 세금을 내면 부자가 국가에 과도한 영향력을 행사할 수 있게 된다. 이는 세금이 아니라 부자가 국가에 주는 사례금이라 했다. 부자의 소득에 한하여 과세하는 것은 다수의 시민이 '정부를 지원할 애국적 권리'를 빼앗는 것이다. 과거 제국은 정부의 압제로부터 인간의 근면성과 사유재산을 보호하는데 실패했기 때문에 망했다.

모든 인간이 신 앞에서 평등하듯이 법 앞에서도 평등해야 한다. 평등하다는 것은 재산 정도, 출생지, 인종 및 신념에 따른 차별이 없다는 것을 말한다. 소득세는 부자를 차별하는 계급 입법이다. 소득세는 공산주의, 무정부주의, 전체주의로 가는 첫걸음이 될 것이다. 소득세는 전시에 한하여 정당화될 수 있으며 평상시 소득세는 위헌이다.

소득이 높은 사람에게 높은 세율의 세금을 부과하는 것은 빵집에서 부자라고 높은 빵 가격을 요구하는 것과 같다. 불평등한 세금은 우연히 다른 사람보다 많은 재산을 소유했다고 가하는 재산의 몰수이다. 부자는 세금을 납부하는 대신 나라를 떠나게 될 것이다.[159]

---

159. For Good and Evil (Charles Adams, First Madison Books Edition 2001), Scaffolding for Plunder, page 370, "Fraught with danger…to Each and Every Citizen" page 138-144, It will lighten the burdens of the poor, page 251-252, page 258, page 261-262.

소득세 입법 과정에서도 많은 희극喜劇이 벌어졌다. 입법을 막을 의석이 부족했던 공화당은 토론을 지연하거나 통과하기 어려운 개정안을 제출하여 입법을 방해했다. 일부 의원은 납세의무자를 수백만 명으로 늘리면 소득세에 대한 지지가 낮아질 것이라는 믿음으로 더 높은 세율과 더 낮은 면제 기준을 제안했다. 소득세법 자체를 위헌으로 만들기 위해 공무원 보수와 국채이자를 과세하자는 제안도 있었다. 다른 의원은 공무원에게만 소득세를 징수하는 법을 제안하기도 했다

최초의 연방소득세는 3,000달러 이상의 소득에 1~7%의 세금을 부과했다. 결혼한 부부는 4,000달러였다. 여기서 강조하고 싶은 것은 소득의 범위가 넓게 정의됐다는 점이다. 소득은 임금, 임대, 배당, 보수, 이자, 기업 소득, 자본소득을 가리지 않았다. 당시 미국인 평균 소득은 621달러였고 상위 2%만이 소득세 납부 대상자였다. 부자 과세 입법이었던 것이다. 소득세가 도입되자 재정위원회 의장 모릴Justin Morrill은 존 밀턴의 실락원을 인용했다. 그는 미국 납세자를 '세금 없는 천국에서 쫓겨나 이마에 땀을 흘려 먹고 살아야 하는 아담과 이브'에 비유했다.[160]

---

160. The Great Tax Wars (Steven R. Weisman, Simson & Schuster 2004), Here at last was fruition, page 279, page 281~282

5.5 부를 징발하다

제1차 세계대전은 '부의 징발'이라는 신조어를 만들었다. 국가 간에 총력전總力戰에서 젊은 남성을 강제로 동원하듯이 재산과 소득도 국가를 위해 동원하여야 한다는 말이다. 징병은 젊은 남성의 무한한 희생을 강요하지만 중·장년 층과 여성은 제외한다. 하지만 중·장년은 전쟁에서 필요한 돈을 많이 가지고 있다.

'부의 징발'에 따르면 애국심은 돈으로 환산할 수 있으며 물질적 애국심은 정신적 애국심보다 더 중요하다. 병역에 동원된 사람은 돈 벌 기회를 박탈당하기 때문에 이는 일종의 세금이다. 징집되지 않은 사람은 적어도 전쟁에서 목숨을 잃는 일이 없다. 이러한 이유로 징집되지 않은 사람의 소득과 재산에 대하여 높이 과세하는 것은 공평하다. 이는 사회를 근본적으로 바꾸기 위한 조치가 아니다. 모든 사람이 고통받는 비상상황에서 부자도 동일한 희생을 감내하도록 하는 것이다. 높은 세금으로 사치품에 낭비할 돈이 없어지면 전시 빈부격차로 발생하는 계층 갈등도 예방할 수 있다.[161]

제1차 세계대전은 각국의 재정 시스템에 여러 가지 변화를 가져왔다. 첫째, 소득세가 각국에서 정착하게 됐다. 각국 정부는 대규모 징병이 이루어지는 동안 소득세율을 최고로 높일 수 있었다. 미국에서 소득세 최고

---

161. Taxing the Rich (Kenneth Scheve & David Stasavage, Princeton University, 2016), Treating Citizens as Equals, page 20, page 141, The Great Tax Wars (Steven R. Weisman, Simson & Schuster 2004), The Dawn of a Day of Righteousness, page 323–324

세율은 1916년 15%, 1917년 67% 그리고 1918년에는 77%까지 급증했다. 이는 역사상 가장 높은 세율이었고 소득세가 재정수입의 60%를 차지하게 됐다. 소득세 면세 기준은 3,000달러에서 1,000달러로 낮아졌다. 전쟁이 없었다면 이러한 조세 구조는 불가능했다.

둘째, 담세능력에 따라 과세한다는 원칙도 확립됐다. 소득세는 전쟁 중에도 모든 사람에게 폭넓게 적용되지 않고 고소득자에게 집중됐다. 소득세는 1913년 상위 소득자 2%에 대한 과세에서 1920년에는 상위 소득자 13%에 대한 과세로 확대됐다. 전쟁 이후에도 미국은 높은 세율과 넓어진 과세대상을 통해 전쟁 부채를 상환했다. 1920년에는 4천 2백만 노동자의 13%인 5백 5십만 명이 소득세를 신고했다.

셋째, 조세의 중심이 관세에서 소득세로 바꾸었다. 1913~1915년 소득세 도입 초기까지 연방정부는 재정수입의 90%를 관세 및 물품세에서 징수했다. 소득세는 이를 바꾸었다. 전쟁이 끝나고 소득세율이 낮아져도 1930년대 재정수입의 2/3가 소득세 및 법인세에서 징수됐다. 소득세는 소비자와 생산자 간에 오랜기간 벌여왔던 관세율 논쟁을 하찮은 것으로 만들었고 재정수입에서 관세는 그 중요성을 상실했다.

마지막으로 채권 투자가 대중화됐다. 정부가 전쟁 비용을 조달하기 위해 채권을 발행하면 부자들이 이를 구입하고 국민 모두의 세금으로 상환하게 된다. 이는 부자에게 돈이 되는 투자처를 제공하는 것이 된다. 이러한 문제를 해결하기 위해 만든 것이 제1차 세계대전 중 발행한 자유채권Freedom Bonds이었다. 자유채권은 일반 시민이 채권에 투자하여 수익을 얻을 수 있도록 했고 채권의 상환은 부자를 과세하여 이루어지도록 했다. 이는 지금까지의 재원조달방식 즉 남북전쟁에서 부자에게 채권을 발행

하고 일반 소비자가 채무를 상환하는 방식을 뒤집은 것이다.[162]

제1차 세계대전 중 77%였던 최고 소득세율은 1932년 23%까지 축소됐다. 미국은 전쟁 부채를 이유로 전쟁이 끝나고 14년이 지나서야 세율을 합리적으로 조정했다. 하지만 담세능력에 기초한 누진적 성격의 조세 구조는 유지됐다. 1924년 의회는 근로소득과 비근로소득을 구별하여 투자로 인해 발생한 소득에 대해서는 임금보다 더 높은 세율로 과세했다. 다수의 사람들은 이러한 원칙에 의한 누진세를 적극 지지했다. 현재는 이와 반대이지만 투자소득을 임금소득보다 높이 과세하는 것은 의문의 여지가 없이 공정하다.

◇◇◇

제2차 세계대전 중이던 1942년 4월 루스벨트 대통령은 깜짝 놀랄 제안을 했다. "국가가 중대한 위기에 처했을 때 필요 이상의 소득은 승리를 위해 사용되어야 한다. 세금을 납부한 이후 25,000달러 이상의 소득을 가진 국민이 있어서는 안된다." 그는 25,000달러 이상의 소득에 100% 과세를 제안했다. 루스벨트의 제안에 따라 제2차 대전 중 가장 높은 소득세율은 20만달러 이상 소득에 94% 소득세였다. 이 세율은 전후 91%로 낮아져서 1964년까지 유지됐다.

미국인은 승리를 위해 높은 세금을 감수했다. 재무부는 시민의 감성을 자극하는 홍보물을 만들었다. 재무부는 유명 작사자 벌린Irving Berlin을

---

162. The Great Tax Wars (Steven R. Weisman, Simson & Schuster 2004), What did we do? What did we do? page 290, The Great Tax Wars (Steven R. Weisman, Simson & Schuster 2004), The Dawn of a Day of Righteousness, page 324, page 328, page 337, page 345~3466

통해 〈나는 오늘 소득세를 냈다 I Paid My Income Tax Today〉라는 노래를 만들기도 했다. 제2차 세계대전에서는 남북전쟁과 제1차 세계대전에서 볼 수 없었던 전시 물가안정이라는 기적같은 일이 일어났다. 소득세 세율이 높았기 때문이었다.[163]

부자들은 전시에도 부자 과세를 강화하는 것에 반대했다. 부자들은 모든 사람이 폭넓게 비용을 분담하자고 주장했고 기업인은 법인세를 올리면 전쟁에 대비한 시설투자가 어렵다 했다. 이러한 주장은 받아들여졌고 소득세의 성격도 변화했다.

소득세 납부대상이 확대되면서 이때부터 소득세는 부자가 내는 세금에서 보통 사람이 납부하는 세금이 됐다. 제2차 세계대전의 총력전은 모든 사람을 소득세 납세의무자로 만들었다. 전쟁이 종료될 시점 미국에서는 90%의 근로자가 납세신고를 했고, 60%인 4천 2백만 명의 근로자가 소득세를 납부했다. 개인 소득세는 연방정부 재정수입의 40% 그리고 법인세는 30%를 차지했다.

미국은 가난한 사람도 소득세를 쉽게 납부할 수 있도록 원천징수제도를 도입했다. 미국은 의도적으로 많은 금액을 징수했고, 이는 사람들이 납부한 세금을 되돌려받기 위해 소득세를 신고하도록 했다. 원천징수는 부자에 대한 소득세를 가난한 사람까지 내야 하는 소득세로 만들었다. 원천징수가 없다면 가난한 사람은 다음해 실제 소득세를 납부할 돈이 없다.

---

163. The Great Tax Wars (Steven R. Weisman, Simson & Schuster 2004), Epilogue, page 351-354, The Triumph of Injustice (Emmanuel Saez and Gabriel Zuckman, Norton & Company 2019), From Boston to Richmond page 35-36

원천징수는 가난한 사람의 납세 고통을 분산시키어 소득세를 효과적으로 징수하는 빈자 과세 도구이다.[164]

◇◇◇

제2차 세계대전의 정점에 연방정부는 미국 국내 총생산의 22%를 세금으로 징수했다. 이는 1950년대에 15%로 떨어졌다. 1970년대에는 국방예산, 은퇴연금 등 사회복지 비용으로 조세 징수 비율이 다시 20%대로 올라가 지금까지 20%대를 유지하고 있다. 주[State]세와 지방세는 제2차 대전 후 약 5%에서 1980년 이후 10%대를 유지하고 있다.

미국에서는 제2차 대전이 끝난 지 20년이 지난 1964년에 소득세 최고세율을 90%대에서 70%대로 낮췄다. 이후 소득세율은 1981년까지는 70%대를 유지하다가 1982년 레이건 대통령에 의해 50%대로 그리고 현재 30%대로 낮아졌다.

위트[John Witte][165]에 의하면 제1차 세계대전 이후 1920년대 조세감면은 모든 소득 계층에 고르게 이루어졌다. 또한 조세감면은 흑자 재정을 기반으로 이루어졌다. 레이건 대통령은 불경기로 만성적인 재정적자 상황에서 세금을 낮추었다. 이는 군비 확장을 하면서 이룬 예외적인 조세감면이다. 레이건의 감세정책은 고소득자와 기업을 유리하게 하여 부자가 내는 소득세 비중을 대폭 축소했다. 1980년대 말 연방정부의 재정수입에서 소득세가 차지하는 비중은 63%에서 57%로 자연스럽게 줄어들었다. 중요

---

164. The Great Tax Wars (Steven R. Weisman, Simson & Schuster 2004), Here at last was fruition, page 277

165. John Witte는 정치학자이며 위스콘신대학교에서 조세정책 및 교육을 연구하고있다.

원인은 세금에 물가연동제를 도입한 것이다. 물가 상승분만큼 과세기준이 조정됨으로써 인플레이션을 이유로 부자들이 더 높은 세율을 부담하지 않아도 됐다.[166]

---

166. The Great Tax Wars (Steven R. Weisman, Simson & Schuster 2004), Epilogue, page 356, page 359

발상의 전환

6.1 병역 해결하기

"귀족은 의무를 진다."라는 노블레스 오블리주Noblesse oblige는 우리나라에서 많이 인용되는 말이다. 부와 권력은 그에 따르는 책임과 의무가 있기 때문에 프랑스 귀족들은 외적이 쳐들어오면 모든 일을 제치고 나서서 싸웠다고 한다. 하지만 프랑스에서 '노블레스 오블리주'는 일반적으로 쓰이는 말이 아니다. 이 말은 한국에서 사회 지도층의 병역의무를 강조하기 위해 널리 쓰이고 있으나 실제 프랑스 귀족들은 지위에 걸맞는 의무를 다하지 않았다.

노블레스 오블리주는 공정의 관점에서 보면 프랑스 귀족들의 사기극이다. 프랑스 귀족들은 세금을 내지 않았다. 그럼에도 귀족들은 모든 사람이 공평하게 대우받는다고 주장할 필요가 있었다. 그들은 자신이 국가 방위라는 신성한 의무를 다하기 때문에 세금을 면제받아야 한다 했다. 국가를 위해 전쟁에 나선다는 것은 일종의 세금을 납부하는 것이기 때문에 다른 세금을 면제받아야 한다는 것이다. 성직자도 같은 논리로 자신은 사람

의 영혼을 지키는 고귀한 일을 하기 때문에 세금을 면제받는다고 했다.[167]

국가를 방어할 의무를 자세히 들여다보면 귀족들의 위선이 한번 더 드러난다. 귀족들은 많은 재산을 가지고 있기 때문에 전쟁에서 지면 잃을 것이 많다. 가진 것이 없는 농노에 비해 당연히 싸우고 지킬 게 많다. 전쟁에서 승리하면 전리품을 챙길 수 있었다. 가난한 사람과 달리 귀족에게 전쟁은 자신의 부를 지키거나 새로운 부를 획득하는 수단이었다. 귀족들이 항시 전쟁에 참여한 것도 아니었다. 목숨이 아까운 귀족들은 병역의무를 회피할 수 있었다. 귀족들은 돈으로 다른 사람을 사서 대리 복무를 시키거나 아예 병역 면제세를 납부할 수 있었다. 영국에서는 이러한 병역면제세금Scutage을 비겁세cowardice tax라고 불렀다. 귀족들은 탈세를 합리화해 주는 노블레스 오블리주를 좋아할 수밖에 없었다.

◇◇◇

국가가 존재하는 가장 큰 이유는 외부의 적으로부터 안전을 보장하는 데 있다. 복지국가 이전에 국가 예산의 대부분은 방위비였으며 국가는 병역이라는 노무를 별도의 세금으로 부과하기도 했다. 징병은 국가가 남성에 부과한 현물 세금이다. 남북 대치상황에 있는 우리는 징병을 당연하게 생각하고 있지만 역사적으로 보면 모병제가 대세였다.

국가가 누구보편적 농민 또는 특정 귀족를 징병하는지, 어떤 방식으로 병력을 충원자발적 모병 또는 강제 징병하는지는 시대에 따라 변하지만, 국가가 병력을 충원하는 방식은 국가의 정치체제 및 사회제도에 큰 영향을 미쳤다. 시민

---

167. Taxing the Rich (Kenneth Scheve & David Stasavage, Princeton University, 2016), Treating Citizens as Equals, page 37–38, Three Historical examples, page 171–172

을 보편적으로 징병하는 국가는 민주적인 정치체계를 가지게 된다. 그리스와 로마 초기 공화정은 시민들로 구성된 보병이 군의 중심인 구조 덕분에 민주주의가 가능했다. 민주주의의 이름으로 시민을 징병하면 국가는 이들에게 민주적인 체계로 보답해야 하기 때문이다.[168]

기원전 221년 진나라는 중국을 통일했다. 진나라는 농민 징병제였으나 후한 광무제는 기원후 31년 보편적 징병을 폐지하고 직업군인제를 채택했다. 이후 한나라는 4천만 명의 백성에게서 징수한 세금으로 수십 만의 병력과 십만 이상의 관료조직을 유지했다. 비슷한 시기 로마 내전을 수습한 아우구스투스 황제도 징병을 포기하고 모병제로 전환했다. 로마제국은 전성기 1억 명의 주민으로부터 조세를 징수했다. 로마는 조세수입으로 50만 명의 병력과 고속 도로망, 원형경기장을 건설했다. 동양과 서양에서 비슷한 시기 직업군인제를 채택한 이유는 무엇일까?

내전을 겪은 동서양 황제들은 내전의 원인이 보편적 징병에 있다고 생각했다. 국가는 농민군에게 대가를 준 적이 없고 충성과 희생만을 강요했다. 현장을 지휘하는 장군은 병사들과 고락을 같이 했을 뿐 아니라 승리하면 전리품을 나누어 줄 수 있었다. 농민군은 황제보다 자신을 지휘하는 장군의 말을 더 잘 들었고 성공한 장군은 전리품으로 병사들의 마음을 사서 쉽게 반란을 일으킬 수 있었다.

이를 예방하기 위해 황제는 모병제로 병사의 보수를 직접 지급하여 군에 대한 관리를 강화하고 충성을 유도했다. 말을 듣지 않는 의심스러운

---

168. Taxing the Rich (Kenneth Scheve & David Stasavage, Princeton University, 2016), Treating Citizens as Equals, page 37-38, Three Historical examples, page 171-172

장군에 대해서는 군비 지급을 중단하는 방식으로 이들을 통제했다. 재정을 통해 군을 관리하는 문민 통제를 선택한 것이다. 전쟁 기술의 변화에 따른 전략적인 이유도 있었다. 전투에서 기병의 역할이 중요해지면서 농사를 짓던 보병은 화살받이 이외에는 쓸모가 없었다. 전쟁에서 경쟁력을 확보하기 위해서는 보병보다 말을 타고 활을 쏘는 기술을 가진 전문 직업군인이 필요했다.[169]

◇◇◇

중앙 아시아에서 개발된 등자橙子. stirrup[170]는 유라시아의 군사와 정치에 커다란 변화를 가져왔다. 등자는 혼자서 말을 타고 무기를 사용하는 것이 가능하도록 했다. 등자의 지지없이 말 위에서 칼이나 창을 휘두르면 균형을 잃고 떨어질 위험이 크다. 활을 사용하는 것도 자세가 안정되지 않는다. 등자 이전의 군대는 말을 사용하더라도 그 역할이 제한적이었다. 군대는 보병 중심의 전투 편제를 가지게 되고 이는 계급 구분과 신분 차이를 최소화했다.

등자의 보급으로 기병의 전투력이 커지자 전쟁은 기병 중심으로 재편됐다. 일반 시민으로 구성된 보병의 가치는 떨어지고 말을 부리고 유지할 능력이 있는 귀족이 우대됐다. 당시 기병을 갑옷으로 무장하기 위해서는 소 10마리의 값이 필요했다. 등자는 돈 많은 귀족의 역할을 부각시켰고

---

169. Taxing the Rich (Kenneth Scheve & David Stasavage, Princeton University, 2016), Three Historical Examples, page 174–175, Sapiens (Yuval Noah Harari, HarperCollins Publishers, 2015), Building Pyramids, page 103

170. 말 안장에 매달아, 말에 오를 때나 타고 있을 때 기수의 발을 받쳐주는 역할을 하는 발걸이. 등자는 기원전 2세기경 중앙 아시아에서 시작된 것으로 추정되며, 말의 군사적 가치를 크게 증가시켰다.

결과적으로 사회계층 간 차별을 강화했다. 유럽에서 시민 민주주의가 몰락하고 기사와 봉건주의가 번성한 이유이다. 아리스토텔레스는 《정치학》에서 "기병이 적합한 토양에서는 극소수 독재정치가 발전할 가능성이 높다. 이 환경에서는 국방에 기병이 필요하고 부자만이 말을 유지할 능력이 있기 때문이다. 경무장 보병과 해군은 시민들로부터 징발되기 때문에 민주주의에 가깝다."라고 했다.[171]

기병 중심의 전투에서 평소 말 타고 활 쏘면서 사냥하던 유목민은 최고의 병사였다. 호미로 농사 짓던 농민군은 화살받이 외에는 별 쓸모가 없다. 보병 중심의 로마는 훈족 등 유목 민족의 침입에 시달렸다. 중국에서도 북방 유목 민족이 전투에서 우위를 점했다. 대부분의 중국 왕조가 북방 유목 민족의 침입에 시달리고 조공을 바친 이유이다. 로마와 중국은 유목민을 용병으로 고용하거나 이들을 동화시켜 기병으로 활용했다. 기병 전쟁의 백미는 몽골이다. 몽골 기병은 말린 고기와 말젖을 식량으로 하여 보급 문제를 해결했다. 유럽을 놀라게 만든 몽골의 기동력은 여기에서 나왔다.

반면 보병은 자기 발로 행군해 전쟁터로 이동해야 한다. 식량은 현지에서 약탈하거나 후방에서 장거리 운송이 필요했다. 원정군은 보급의 어려움 때문에 병력 규모를 최소화해야 했다. 나폴레옹은 "군대는 뱃심으로 행군한다."라고 했다. 나폴레옹은 뱃심을 채우기 위해 진격할 시간에 현지에서 식량을 약탈하거나 후방의 느릿느릿한 보급에 의존할 수밖에

---

171. Taxing the Rich (Kenneth Scheve & David Stasavage, Princeton University, 2016), Three Historical Examples, page 172, page 173-175

없었다. 보급의 어려움은 명나라 기록에서도 잘 나타난다. 1422년 명나라 영락제는 몽골 잔당을 소탕하기 위한 제3차 원정에서 23만 대군을 파병했다. 이들을 지원하는 보급 부대는 더 규모가 컸다. 영락제는 2만 톤의 곡물을 수송하기 위해 마부 23만 명, 당나귀 34만 마리, 12만 대의 수레를 동원해야 했다.

◇◇◇

등자라는 기술로 세상을 평정한 기병은 새롭게 등장한 기술에 무너진다. 새롭게 등장한 기술은 총과 대포이다. 몽골은 1241년 헝가리를 공격하면서 중국이 개발한 대포와 공성 기술을 사용했다. 이때 총포 기술이 유럽으로 전파됐다. 기병 전술로 성공한 몽골이 기병을 무력화하는 총포 기술을 유럽에 전파한 것은 아이러니하다. 총포 기술은 유럽의 기사와 봉건제도도 무너뜨렸다. 막스Karl Marx는 이에 대해 "화약이 기사 계급을 날려버렸다."라고 했다. 총포 기술은 전쟁에서 효율적이나 엄청난 돈이 필요했기 때문에 조직화된 국가만이 재정적으로 이를 뒷받침할 수 있었다. 도시 규모의 봉건 영주가 무너지고 국가 규모의 절대 왕조가 등장한 배경에는 총포가 있다.

헝가리는 1444년 대포를 사용해 오스만 제국의 침공을 저지했다. 이후 대포 기술은 유럽에서 경쟁적으로 발전했다. 대포의 가치를 안 오스만 제국은 유럽의 대포 기술자를 영입했다. 오스만은 거대한 대포를 이용하여 1455년 콘스탄티노플의 성벽을 최초로 허물었다. 콘스탄티노플은 잘 설계된 성벽과 최고의 방어 시스템 덕분에 1500년 동안 난공불락이었지만 대포 앞에서는 무용지물이었다. 공포에 질린 시민들은 성 소피아 성당Hagia Sophia Mosque으로 몰려들었다. 성 소피아 성당은 지상의 천국이자 두 번째 하늘이며 천사의 도구이자 영광의 왕좌였다. 사람들은 이교도가 성당을 공격하면 천사들이 칼을 들고 내려와 로마를 부활시킬 것이라 믿었다. 하지만 천사들은 오지 않았고 콘스탄티노플은 함락됐다.

총포를 사용하기 시작한 16세기에는 기병과 보병이 서로 승리를 주고 받았다. 총포 기술이 발전한 17세기 이후에는 총포로 무장한 보병이 기병을 압도했다. 전쟁의 중심이 기병에서 다시 평민 중심의 보병으로 재편하면서 정치 체계도 같이 변하게 됐다. 보병이 전쟁의 중심이 되면서 유럽 각국은 일반 시민을 징발했고 정치 체계도 시민민주주의 사회로 복귀하게 된다. 귀족 또는 평민 누가 전쟁의 핵심이 되는가에 따라 정치 체계가 변한 것이다. 이러한 관점에서 보면 평등을 유별나게 강조하는 우리의 정치 문화도 보편적 징병의 결과이다. 우리나라가 정치적 민주화를 쉽게 이룰 수 있었던 힘도 보편적 징병을 경험한 시민의 힘이라는 주장이 설득력 있다. 민주주의가 징병이라는 시민 희생을 바탕으로 건설됐다면 민주사회의 시민이 되기 위해서는 일정한 희생이 필요하다는 결론에 이른다.[172]

◇◇◇

전쟁에서 대규모 징집의 시작으로 프랑스 혁명을 이야기하는 사람이 많다. 나폴레옹이 전국민을 징집함으로써 과거에 볼 수 없었던 규모의 전쟁을 일으켰다는 것이다. 이에 대해 스키브Kenneth Scheve와 스사타비지Daved

172. The Pursuit of Power (William H. McNeill, The University of Chicago Press, 1982), Market Mobilization beyond China's borders, page 58–61, Why the West Rules – for Now (Ian Morris, First Picador Edition, 2011), Different Rivers, page 401–404

Stasavage는 다른 이야기를 하고 있다. 대규모 징집은 제1차 세계대전에서 시작됐다 한다. 프랑스 혁명 전 루이 14세는 36만 병력을 동원했다. 이는 프랑스 인구의 1.9%였다. 나폴레옹이 러시아를 침공할 때에는 80만 병력을 동원했다. 이는 프랑스 인구의 2.7%이다. 제1차 세계대전의 정점에서 프랑스는 전체 인구의 16%인 530만 병력을 동원했다. 대규모 징집은 새로운 기술 때문에 가능하게 됐다. 이 기술은 군사기술이 아니라 보급을 가능하게 하는 철도 기술이었다. 철도는 군대를 먼 곳으로 파병하는 것과 물자보급을 가능하게 했다.

전쟁에서 보급 문제를 근본적으로 해결한 철도는 나폴레옹 사후 발전했다. 철도는 전보와 함께 서구의 경제, 군사, 사회에 엄청난 변화를 가져왔다. 철도의 대중화는 병력과 물자의 운송을 원활하게 하여 전쟁 규모를 기하급수적으로 늘렸다. 1600년대~1900년 보병이 전투의 중심이 되면서 군대의 규모는 조금씩 늘어났으나 철도가 대중화된 20세기 군대 규모는 눈덩이처럼 불어났다. 보급 문제를 해결한 국가는 경쟁적으로 병력규모를 늘렸다. 늘어난 병력은 일반 시민의 징집을 통해 동원될 수밖에 없었다. 국가는 대규모 징병을 가능하게 하기 위해 신분 차별을 완화하는 정책을 실시했다. 20세기 도입된 보편적 인권과 투표권의 확대가 바로 그것이다.[173]

보편적 인권은 보편적 징병이 시작된 이후 선언됐다. 이는 우연이 아니다. 시민에게 희생을 강요하기 위해 국가는 정치적 자유를 보장해야 했

173. Taxing the Rich (Kenneth Scheve & David Stasavage, Princeton University, 2016), The Railroad and the Modern Mass Army, page 175-176, page 179-180

다. 민주적 동기와 자율성을 보장하면 시민들은 산업현장과 전쟁에서 높은 생산성을 발휘한다. 대리복무제도는 공정한 제도 운영을 위해 폐지됐다. 보편적 교육도 이때 시작됐다. 징병된 군인이 문자를 모르면 효율성이 떨어지기 때문에 전국민을 대상으로 하는 초등 교육이 징병과 함께 활성화됐다. 산업현장에서도 노동자들이 문자를 모르면 생산성이 떨어지기 때문에 초등교육을 받는 것은 국민의 권리가 아닌 의무로 강제됐다. 교육은 과거 국가가 필요로 하는 표준 인재를 만들기 위해 국민에게 강제된 의무였다. 지금도 교육은 국민의 4대 의무이다.

유권자는 반드시 납세자여야 한다는 원칙 또한 보편적 징병을 도입하면서 바뀌었다. 징병도 세금이기 때문이다. 과거에는 납세자가 아닌 시민은 투표할 수 없었다. 가난한 사람들이 입법을 통해 부자의 재산을 빼앗을 수 있다는 우려 때문이었다. 세금을 납부하지 않는 사람은 누가 세금을 얼마 낼 것인가를 결정하는 대표를 선출할 자격이 없다. 정부의 예산이 어떻게 쓰이는지에 대해 간섭할 자격도 없다 했다. 이러한 생각은 보편적 징병을 도입하면서 바뀌었다. 일정한 연령에 도달한 남성은 모두 투표할 수 있게 됐고 여성의 지위에도 많은 변화가 있었다. 제1차 세계대전 중 남성이 전쟁터에서 싸우는 동안 여성은 군수물자를 생산했다. 전쟁에서 여성의 중요성을 인식한 국가는 이때부터 여성에게 정치적 권리를 부여했다.

1918년 윌슨 대통령은 여성의 투표권을 지지했다. 그는 의회 연설에서 "여성의 복무가 없었더라면 미국뿐 아니라 다른 모든 교전국들이 제1차 세계대전을 치를 수 없었다. 여성에게 완전한 투표권을 부여하지 않으면 우리는 불신을 받을 것이며 불신 받는 것은 당연한 일이다."라고 했다. 세계대전의 명분 또한 투표권 확대에 기여했다. 세계대전은 민주주의와 전제주의의 대결로 포장됐기 때문에 민주주의를 자처하는 연합국은 투표권을 확대할 수밖에 없었다. 모든 시민을 징집하는 전쟁에서 사람의 가치가 중요해졌고 병역에 대한 보상으로 투표권이 확대됐다. 민주주의는 그냥 얻어진 것이 아니고 보편적 징집에 대한 대가이다.

◇◇◇

우리나라에서는 돈으로 병역을 면제받거나 사람을 사서 병역의무를 대신하도록 하는 것은 상상하기 어렵다. 하지만 18~19세기 유럽은 자발적 모병과 대리 복무가 가능한 징병제도였다. 평등을 강조한 프랑스 혁명에서도 부자에게 유리한 징병제도를 운영했다. 프랑스는 보편적 징병제도를 도입했지만 추첨을 통해 복무대상자를 결정했다. 복무대상자로 낙점된 사람은 돈을 주고 사람을 사서 다른 사람이 대리 복무하도록 할 수 있었다. 부자들이 병역의무를 회피하는 이러한 제도에 대해 당시에도 반대 의견이 많았다. 그럼에도 다수 의견은 두 사람 사이에 자발적인 계약을 정부가 제한할 수 없다면서 대리 복무를 지지했다.[174]

미국 남북전쟁에서도 부자는 병역 특권을 누렸다. 남부는 노예들이 도주하거나 반란하는 것을 막는다는 명분으로 노예 20명당 지주 1명을 병역 면제했다. '노예 20명 법twenty negroes law'이라고 불리는 이 법은 병역의무를 지는 농민들의 불만 대상이었다. 이러한 불만을 해소하기 위해 병역을 면제받는 사람은 500달러를 납부하도록 했다. 남부에서 병역면제는 부와 신분의 상징이었다. 북부에서도 다른 사람을 대리 복무시키거나 현

---

174. Taxing the Rich (Kenneth Scheve & David Stasavage, Princeton University, 2016), The Railroad and the Modern Mass Army, page 180

금 300달러를 내면 병역을 면제받을 수 있었다. 300달러는 미숙련 노동자의 1년치 임금이었다. 북부에서는 재무장관이던 체이스Salmon P. Chase가 딸에게 준 선물이 돈으로 병역을 사는 문제를 부각시켰다. 체이스는 당시 카네기와 견줄 정도로 부자였지만 선물 가격이 문제가 됐다. 고급 백화점에서 산 3,000달러짜리 숄을 야당에서는 '10명의 목숨값이다.'라고 비난했다.[175]

보편적 징병을 도입한다 하더라도 그 자체가 공정을 보장하는 것은 아니다. 모든 징병제도는 병역을 면제할 이유가 있으며 부자가 혜택 받을 가능성이 크다. 병역은 신성한 의무라고 하지만 사람들은 세금처럼 이를 피하고 싶어한다. 정당한 이유가 없다고 생각되는 전쟁에서 병역 회피는 다른 방식의 애국이라고 주장할 수 있다. 병역을 회피하는 방식은 다양하다. 법이 허용하는 양심적 병역기피를 주장하거나, 대학생 신분을 이용하여 징집을 연기하거나, 질병이 있다고 과장된 진단서를 제출하거나, 동성애자라고 주장하거나, 경제적 어려움이 있다고 하는 등 여러 방법이 있다. 위법이지만 인맥을 활용하여 면제받거나 뇌물을 주고 허위서류를 만들어 제출하는 방법도 있다.

제2차 세계대전 당시 미국에서는 72,000명이 양심적 병역기피를 신청했지만 대부분 거절됐다. 전쟁 명분이 약하던 베트남 전쟁에서는 무려 57만 명이 병역 위반자로 분류됐고 21만 명이 정식 기소됐다. 물론 처벌을 받은 사람은 8,750명이었고 이중 3,250명만이 수감생활을 했다.

---

175. The Great Tax Wars (Steven R. Weisman, Simson & Schuster 2004), Every Man's duty to contribute, page 64, There is No tax more equal, page 80

징병제에서 고령은 병역 면제의 기준이 되며 나이는 부와 밀접한 관계가 있다. 국가는 전쟁에서 재산이 없는 젊은 남성에게 희생을 강요하고 있기 때문에 돈 많은 사람 또한 동등하게 희생해야 한다. 부자들의 희생은 소득과 재산이다. 전쟁에서 젊은 남성을 징병하면 논리적으로나 형평성의 관점에서 부富도 당연히 징발해야 한다. 스프레이그[176]Oliver Sprague 의 '부의 징발' 이론이다. 이는 모든 사람이 국가를 위해 동등하게 희생하자는 주장이고 부자 과세 이론이다. 이 논리에 의하면 여성도 병역의무와 다른 형태의 의무에서 자유로울 수 없다.

◇◇◇

대규모 징병을 통해 병력과 화력을 집중시키는 제1·2차 세계대전의 군사전략은 새로운 기술로 무력화됐다. 새로운 기술은 지구 반대편에 모여 있는 적의 위치를 인공위성으로 파악하고 미사일로 정밀 타격하는 것을 가능하게 했다. 폭발물을 원거리에 투하하는 기술이 정교해지면서 대규모 군대는 종말이 예고되고 있다. 현대전에서는 병력을 한곳으로 모아 적을 공격하는 것은 오히려 상대에게 좋은 먹잇감이 된다. 한곳에 모인 병력은 언제, 어디서, 어떻게 날아올지 모르는 폭발물 세례를 당하게 된다. 1991년 걸프 전쟁은 첨단 무기가 동원된 '디지털 전쟁'의 모습을 미리 보여주었다. 현대전의 첨단 무기들은 전쟁을 '전자오락'처럼 할 수 있고 이를 안방에 생중계할 수 있다.

새롭게 바뀐 21세기 전쟁에서 군대는 소수정예의 잘 훈련된 전문가가 필요하다. 다양한 작전을 수행할 능력이 있는 특수 병력과 복잡한 기

---

176. 올리버 스프레이그(1873~1953)는 미국 경제학자이며 재정 및 금융정책을 연구했다.

술을 사용할 수 있는 전문가가 더 중요하게 됐다. 앞으로는 조종사가 필요 없는 드론과 컴퓨터 웜이 20세기 대규모 군대를 대신하게 될 것이다. 소모품으로써 일반 병사의 가치는 더 떨어졌다. 경험 많은 장군의 독자적인 판단 영역이었던 전쟁의 의사 결정도 컴퓨터 알고리즘이 더 정확하게 할 수 있다. 이는 제1·2차 세계대전에서 있었던 대량 징집의 종말을 고하는 것이다. 21세기 첨단기술의 발전으로 전쟁에서 중요한 역할을 담당하던 시민 병사의 역할과 가치가 사라졌다.

보편적 징병이 사라지면 민주주의의 정치기반에도 영향이 있을 수 있다. 전쟁에서 동등하게 희생해야 한다는 부자 과세의 논리도 사라지게 된다. 20세기에는 부자의 소득에 대해 90%까지 과세할 수 있었지만 보편적 징병이 사라지면 이러한 과세 논리도 근거가 없게 된다. 극단적인 부자 과세는 총력전의 상황에서 부자도 동등하게 희생해야 한다는 이유로 가능했다. 기술 발전으로 대규모 징병이 필요하지 않다면 부의 징발 이론도 약해질 수밖에 없고 민주주의 체제도 영향을 받을 수 있다.[177]

◇◇◇

현대전은 기술발전에 따라 결국 직업군인이 주도하게 될 것이다. 앞으로의 전쟁은 전문 군인을 사용하는 모병이 기본이 될 수밖에 없다. 문제는 현대 민주주의를 가능하게 했던 보편적 징병이 사라지면 사람의 가치도 함께 떨어진다는 것이다. 사람의 가치를 회복하는 방법으로 아테네의 전례와 같은 제도를 만들어 보면 어떨까 한다. 그리스의 전례Liturgy제

177. Taxing the Rich (Kenneth Scheve & David Stasavage, Princeton University, 2016), Treating Citizens as Equals, page 20, The demise of the Mass Army page 181-184

도는 자발적 사회 기여 프로그램이다. 그리스 부자들이 도로 건설, 축제, 군함 건조 등 공공 필요가 있을 때 자발적으로 기여하는 제도이다. 이를 가능하도록 하는 것은 사회적 평판과 명망이었고 공권력은 동원되지 않았다. 가난한 사람들도 자발적으로 자신의 노무를 제공했다. 부자들은 자신의 책임으로 도로를 건설하고 군함을 건조하여 기증했기 때문에 조세징수, 공사감리 같은 별도의 행정조직이 필요하지 않았다.

앞으로 우리나라에 바람직한 병역제도는 무엇일까? 젊은이들은 모병제를 선호하겠지만 아테네의 전례처럼 공공분야에서 1년 정도를 자발적으로 봉사하도록 한다면 어떨까? 이는 병역을 포함한 모든 공공분야에서 남녀 구별없이 봉사하는 것을 말한다. 자발적 봉사는 사람의 가치를 높이는 고귀한 일이 될 수 있다. 젊은 사람들은 이를 통해 공동체의 가치를 배우고 자신의 중요성을 확인하는 보람찬 기간이 될 수 있다. 만약 여성들이 보육원 같은 곳에서 일한다면 육아 문제를 공동체가 해결하는데 도움이 되고 향후 자신의 경력과 사회 활동에 도움을 받을 수 있다. 이러한 봉사가 싫은 사람은 대신 세금을 1~2% 정도 더 내도록 할 수 있다. 효과가 같은 말이지만 주의할 점이 있다. 사회봉사를 포기한 사람에게 세금을 1~2% 가산하는 것은 처벌로 보인다. 결과는 동일하지만 사회를 위해 봉사한 사람에게 세금을 1~2% 감해준다는 것이 더 설득력 있고 받아들이기가 쉽다. 사회봉사 활동에 소득세, 상속세, 양도소득세 등 모든 세금을 1~2% 감면해 준다면, 현재의 병역의무와 달리 재벌 3세들이 앞장서서 공공 봉사를 할 것으로 예상된다.[178]

---

178. For Good and Evil (Charles Adams, First Madison Books Edition 2001), Public Revenue, page 65~69

6.2 숨은 세금 찾기

복지국가가 언제부터 시작됐는지에 대하여는 논란이 있다. 유효수요[179] 이론의 케인즈John Maynard Keynes는 이집트 피라미드가 고용 문제를 해결하고 유효수요를 늘리기 위해 건설됐다고 한다. 이 견해는 이집트는 사막으로 둘러 쌓여 도주하기 힘든 농민을 착취하기 쉬웠기 때문에 거대한 무덤 건설이 가능했다는 설명과 반대이다. 가부장적 성격의 동양 제국이 복지국가였다는 견해도 있다. 천자天子라 주장하는 왕은 백성의 아버지로 자비로워야 했으며 백성의 삶을 위해 펼치는 복지정책은 하늘의 뜻이었다는 것이다.

기록으로 나타나는 최초의 연금은 기원전 13년 로마 군인에게 지급됐다. 아우구스투스 황제는 내전을 수습하고 집권했지만 군사 반란을 가장 두려워했다. 그는 군인을 우대하는 아이디어를 생각했다. 현역으로 20년 그리고 예비군으로 5년을 복무한 군인에게 국가가 연금을 지급하는 것이다. 연금은 목돈으로 1회 지급했으며 약 13년 동안의 임금이었다. 퇴역 군인에게 목돈을 주면 군인들이 명예로운 퇴임을 위해 반란을 일으키지 않을 거라는 생각이었다. 아우구스투스는 이 연금을 지급하기 위해 5%의 상속세를 신설했다. 영국은 16세기 장애가 생긴 군인에게 장애연금을 지급했다.[180]

---

179. 대공황 타개를 위해 정부가 민간 경제에 적극적으로 간섭하고 정부지출을 늘려 유효수요를 창출함으로써 대량실업을 없애고 완전고용을 달성하자는 경제이론이다.

180. Taxing the Rich (Kenneth Scheve & David Stasavage, Princeton University, 2016), Taxing

일반인을 대상으로 하는 연금은 1744년 스코틀랜드에서 시작됐다. 스코틀랜드의 성직자는 젊은 나이에 사망한 동료의 미망인과 자녀 생계를 돕기 위해 기금을 만들었다. 그들은 매월 보수에서 일정액을 각출하여 연금을 만들기로 했다. 얼마의 기금을 걷어야 하는지에 대한 문제는 통계로 해결했다. 당시 에든버러 대학 교수는 사망률, 어린이 수, 재혼한 미망인의 수와 미망인이 혼자 사는 기간에 대한 통계를 연구했다. 한 사람의 사망 일자를 예측하는 것은 어렵지만 통계기법으로 평균을 예측하는 것은 어려운 일이 아니었다. 이들은 성직자 개인이 매월 납부해야 할 금액을 계산하면서 20년 후에는 58,348파운드가 기금으로 모일 것으로 계산했다. 기금을 20년 동안 운영한 1765년 모아진 기금은 예상보다 1파운드가 모자란 58,347파운드가 적립되어 통계 예측이 정확하다는 것을 알려주었다.

◇◇◇

현대의 공적연금은 '무덤에서 요람까지' 복지를 주장한 영국에서 시작하지 않았다. 공적연금은 오히려 전체주의 국가인 독일에서 최초로 시작했다. 엘버Jens Alber[181]는 복지정책은 경제발전이 미흡한 국가에서 권위적인 정권을 합리화하기 위해 독재자들이 도입했다고 한다. 실제 복지 프로그램은 미약한 시장경제와 강력한 관료체제를 가진 독일과 일본이 처음 도입했다.

비스마르크는 노동자의 표심을 얻어 사회주의 세력을 약화시키기 위

Inheritance, page 93

181. 독일 사회 학자이자 정치 학자로 비교 사회과학 연구로 1983 스타인 록칸상을 수상했다.

해 복지 프로그램을 시작했다. 그는 1880년 노동자의 삶을 안정시키기 위해 여러 가지 제안을 했다. 윌리엄 1세는 이에 화답하여 1881년 '노년에 장애가 있거나 활력을 잃은 사람은 국가에 보살핌을 요청할 권리가 있다.'라고 했다. 독일은 이에 따라 1883년 질병 보험 다음 해에는 사고 보험을 도입했다. 1889년에는 70세 이상의 노인이 은퇴하면 국가가 연금을 지급하는 노령 연금이 도입됐다. 당시 독일의 평균수명은 남성 37.7세, 여성 41.4세이었기 때문에 70세면 당연히 사망하거나 거동이 불편했다. 독일은 1916년 은퇴 연령을 65세로 낮추었다.

이러한 정책으로 비스마르크는 사회주의자로 낙인 찍혔다. 비스마르크는 이에 대해 "사회주의자로 부르든 말던 나는 똑같다."라고 했다. 독일은 연금에 참여를 강제했고 기금은 노동자, 기업 및 정부의 주머니에서 나왔다. 영국은 노동자의 건강을 보장하는 국가보험법을 1911년이 되어서야 시작했다.[182]

20세기 이전 사회보장은 가족의 몫이었다. 노인을 부양하는 일과 자녀 교육은 가족이 담당했다. 집안에서 노령의 부모를 돌보는 것은 당연한 일이었으며 후손이 없는 노인은 종교단체에서 돌봐줬다. 이는 평균 수명이 40세 이내로 짧고 의료비용이 낮았으며 교육이 초등교육 수준에서 이루어질 때 가능한 것이었다. 대가족 제도 또한 이를 가능하게 했다. 핵가족이 보편화되면서 가정에서 자녀를 양육하거나 노인을 돌보는 일은 사실상 불가능해졌다. 평균수명은 두 배로 늘어나고 의료비와 교육비가 급증하면서 사회보장은 개인이 감당할 수 없는 영역이 되어버렸다. 결과적

---

182. The Sex of a Hippopotamus (Jay Starkman, Twinser Inc 2008), Retirement at Age 65, page 345–346

으로 사회보장을 국가가 담당하게 됐지만 이는 더 많은 세금 고지서를 의미한다.[183]

미국은 유럽에 비해 조세부담률이 낮은 것으로 알려져 있다. 조세부담을 실제 항목별로 분석해보면 통계 분류에 의한 착시 현상이 있다. 개인 성향이 높은 미국은 국가 연금과 보험료를 포함하여 28%의 조세부담을 하고 있다. 하지만 사실상 강제로 납부하는 사설 의료보험료를 포함하면 조세부담률은 국민소득의 34%로 증가한다. 의료보험료 통계에 숨겨진 세금이 6%가 있는 것이다. 여기에 더하여 미국은 연금 기여금 4.5%만을 조세부담으로 계산하지만 프랑스는 16.5%에 이르는 연금 기여금 모두를 조세에 포함하기 때문에 여기에도 숨은 세금이 있다. 이를 모두 포함하면 사실상 미국과 유럽의 조세부담률은 대동소이하다. 결과적으로 세금이지만 미국은 정치적 부담으로 세금을 세금이라 말하지 못하는 것이다. 따라서 조세부담을 계산할 때는 모든 세금을 포함한 국민부담률[184]이 더 정확하다. 국민의 입장에서는 총소득 보다는 자기 집으로 가져갈 수 있는 가처분 소득이 중요하기 때문이다.[185]

---

183. The Triumph of Injustice (Emmanuel Saez and Gabriel Zuckman, Norton & Company 2019), A World of Possibility, page 179

184. 국민부담률은 국민이 내는 세금(국세, 지방세)과 사회보장 기여금(국민연금, 건강보험, 고용보험)을 더한 뒤 국민 총생산(GDP)으로 나눈 값이다. 우리나라의 국민부담률은 25.6%로 OECD 회원국 중 낮은 수준이나, 국제조세비교지수로 불리는 ITC(International Tax Comparison)상의 국민부담률은 106.07로 정상 수준 100에 비해 높다.

185. The Triumph of Injustice (Emmanuel Saez and Gabriel Zuckman, Norton & Company 2019), Spiral, page 95-97

우리는 노동자가 근무기간이 끝나고 은퇴 후에 받는 돈을 연금이라 생각한다. 하지만 미국에서 1800년대부터 시작된 연금은 신체 장애와 고령 생존자에 대한 혜택으로 출발했다. 미국에서 연금은 1800년대 중반 지방공무원인 소방, 경찰과 교사에게 도입된 뒤 점차 민간으로 확대됐다. 1875년에는 아메리칸 익스프레스가 사적 연금을 도입했고 1920년에는 철도, 석유 및 금융 같은 산업에서 연금을 제공했다. 루스벨트 대통령은 1936년 사회보장 제도를 도입할 때 다른 나라를 참조하여 65세를 연금 개시연령으로 했다. 미국에서 공무원 연금은 민간과의 경쟁에서 시작했다. 국가는 높은 임금을 지급하는 민간기업에 맞서 우수한 인재를 확보하기 위해 연금을 강화했다.

과거 일할 능력이 있는 사람은 평생 일하면서 살았다. 평균 수명이 낮았기 때문에 극소수의 축복받은 사람만이 일할 수 없는 나이까지 살 수 있었다. 일정 연령이 지나면 하던 일을 그만둔다는 생각은 19세기까지 낯선 개념이었고 고령에 은퇴한다는 것은 큰 기쁨이었다. 18세기 뉴 잉글랜드 성직자인 메더Cotton Mather는 노인들은 해고에 의한 은퇴에 기쁨을 느껴야 한다고 했다. 평균수명이 2배 이상 늘어난 지금 해고에 의한 은퇴는 기쁨보다는 고통이 되고 있다. 여유가 없는 퇴직자는 은퇴 후 생계유지, 여유 있는 퇴직자는 의미 있는 시간 보내기라는 과제가 생겼다. 연금제도는 평균 수명이 40세이던 시절 설계됐고 연금 지급이 65~70세에 시작되었다. 따라서 대다수의 사람은 연금을 탈 기회가 없었고 죽을 때까지 일했다. 이러한 전제 하에서 연금제도는 잘 작동할 수 있었다. 평균수명이 90세에 이르는 현재 모든 사람이 60세 이전에 은퇴하여 30년 이상을 연금에 의존하여 살아가는 것은 바람직하지 않을 뿐 아니라 지속하기 어렵다. 현재의 연금제도는 국가 재정, 인구 자원의 효율적 활용과 복지 차원에서 바람직하지 않을 뿐만 아니라 후대에 짐이 되는 부담스러운 제도이다.

◇◇◇

건강보험은 뚜렷하게 세금의 성격을 가진 조세이다. 건강보험이 보험이라면 부담은 공평해야 하며 자발적으로 납부하는 것이 원칙이다. 하지만 건강보험은 보험이라는 이름 외에는 자발성도 없고 부담도 공평하지 않다. 보험료 납부에 사회적 약자를 배려하는 것은 보험의 원칙에 어긋나지만 그래도 참을 만하다. 문제는 상위 0.1%의 부자에게 납부 상한을 두어 특혜를 주고 있다는 점이다. 조세라면 부자가 더 납부하는 것이 당연하지만 보험료라는 이름으로 상한을 정하여 세금처럼 감면한다. 현재 지역건강보험은 상위 0.1%의 부자와 가난한 사람을 배려해주고 은퇴자와 개인사업자가 책임지는 역진성이 강한 나쁜 세금이다. 회사에서 보험료를 절반 부담해주고 재산과 관계없이 보수에서 일정액만을 내는 직장인은 행복한 예외이다.

지역건강보험료는 현재 경제적 약자와 상위 0.1%의 부자를 배려하고 애매한 중간층이 떠맡는 방식으로 설계되어 있다. 근로소득이 없는 은퇴자와 지역가입자는 보험료 산정에 불공정을 말할 수밖에 없다. 직장인과 달리 일반가입자는 건강보험료를 절반 분담해주는 고용인이 없다. 중간층의 보험료가 비쌀 수밖에 없다. 이러한 이유로 국가가 개인의 건강보험료를 절반 부담하라는 요구도 있다. 실제 건강보험료는 매년 가파르게 오르고 있지만 평균수명 연장과 의료기술 발달로 더 많은 돈이 필요하게 된다. 건강보험이 과연 언제까지 현재의 방식으로 재원을 조달할 수 있을지 의문이다.

차라리 건강보험을 세금으로 인정하고 국세로 징수하면 어떨까? 건강보험을 세금으로 부과하면 과세대상이 확대되어 보험료의 형평성 논란을 종식할 수 있다. 정치인은 세금이라는 이름으로 징수하는 금액이 늘어나기 때문에 싫어하겠지만 징수의 효율성이 높아진다. 건강보험을 세금으로 전환하면 보험이라는 이름으로 국민의 사생활을 조사 · 감시하고 소득을 추적하는 무서운 기관이 하나 사라지게 된다.

건강보험을 세금으로 인정하고 징수하는 것은 정치적으로 부담될 수 있다. 이 문제는 장기 과제로 넘기더라도 건강보험의 징수 기능과 지출 기능은 지금 즉시 분리해야 한다. 기능을 분리해야 하는 이유는 권력집중이다. 역사적으로 조세를 부과하는 권력과 지출하는 권력을 한곳에 집중하면 지출하는 권력이 언제나 징수하는 권력을 압도한다. 정부는 항상 과도하게 지출하려는 경향이 있고 자신의 입맛대로 수입을 늘리고자 한다. 영국은 이러한 권력을 분리하여 국가 발전을 이루었다. 영국은 영원한 지출자인 왕에게 새로운 세금을 만들거나 세율을 올리는 권리를 주지 않았고 주어진 수입의 범위에서 살아가도록 했다. 건강보험도 징수와 지출의 권력을 한곳에 모으면서 문제가 발생한다. 하나의 기관이 과세권과 지출권을 가지면 비용을 줄이려는 노력보다 더 많이 징수하려는 노력이 더 강해진다. 높은 징수는 결국 세금이고 공평하지 않은 건강보험료 체계는 더 많은 편법을 조장한다. 현재의 건강보험은 국민이 기쁜 마음으로 납부하는 보험이 아니라 불평불만하면서 편법의 기회를 노리게 만드는 세금

이다.[186]

우리 주변에는 건강보험료처럼 세금은 아니라고 하지만 실제 세금인 것이 너무 많다. 양의 탈을 쓴 늑대가 많이 있다는 것이다. 준조세라고 불리는 이들 세금은 부담금[187], 사회보험료[188], 수수료[189], 기부금 및 성금과 같이 모든 비자발적 부담금을 말한다. KBS 시청료도 조세이다. 피할래야 피할 수 없기 때문이다. 건강보험처럼 실제 필요한 조세는 일부 인정할 수밖에 없지만 상당수의 조세는 관료의 필요에 의해 존재한다. 이는 근대 이전 프랑스에서 불필요한 관직을 만들어 수수료를 걷은 것과 다를 바 없다.

세금은 준조세처럼 양의 탈을 쓰고 나타나기도 하지만 우리가 전혀 세금이라고 인식하지 못하는 숨은 세금이 있다. 이 세금은 국가가 통화 증발을 통해 가져가는 인플레이션이라는 세금이다.

---

186. Those Dirty Rotten Taxes (Charles Adams, Simon & Schuster 1998), The Search for the Just Tax, page 226-227, Fight Flight Fraud (Charles Adams, Euro-Dutch Publishers,1982), The Swiss-From William Tell to no-tell, page 138-139, Fight Flight Fraud (Charles Adams, Euro-Dutch Publishers,1982), Proposition 13: Format for reform, page 288-289

187. 부담금이란 행정주체가 특정의 공익사업과 관련이 있는 당사자에게, 그 사업에 필요한 경비의 전부 또는 일부를 부담하게 하는 공법상의 금전지급의무를 말한다.

188. 피보험자가 질병 · 노령 · 실업 · 사망 등에 의해 소득을 상실한 경우, 소득을 보장하기 위하여 보험 원리에 따라 피보험자 간 연대 배분 및 차등 조절하는 제도

189. 국가 · 지방자치단체가 제공하는 서비스에 대한 반대급부

6.3 인플레이션의 마법

"세금 걷는 기술은 거위가 비명을 덜 지르게 하면서 최대한 많은 깃털을 뽑는 것과 같다." 프랑스 루이 14세 시절 재무장관 콜베르^{Jean Baptiste} Colbert의 명언이다. 국가는 과거에도 그랬지만 현재에도 이 교훈을 잘 지키고 있다.

국가는 세금을 여기저기에 숨겨 놓아 납세자가 아무 생각없이 내도록 한다. 우리는 술집에서 소주를 마실 때, 식당에서 밥을 먹을 때, 밖에서 담배를 피우면서, 차를 운전하면서 세금을 내고 있으며 봉급을 받을 때도 세금을 낸다. 경우에 따라서는 잠을 자면서도 세금을 내게 된다. 이러한 세금은 누적적으로 엄청난 금액이지만 우리는 이를 직접 내거나 한꺼번에 내지 않기 때문에 비명을 덜 지르고 있다. 국가는 이러한 세금 이외에도 사람들이 전혀 눈치채지 못하도록 하면서 세금 아닌 세금을 걷고 있다.

보통 사람이 전혀 알지 못하는 이상한 세금의 이름은 '부채'이다. 이 세금은 국가가 다음 세대에게 물려주는 세금이다. 국가부채는 후대에게 물려주는 '대표 없는 과세'이다. 제1차 세계대전 중 영국이 빌린 전쟁 부채는 100년이 지난 2015년에서야 갚았다. 전쟁과 관련 없는 전후 세대들이 부채를 갚은 것이다.

국가는 전쟁 같은 위기상황에서 부채를 발행하고 전쟁은 부채를 발행할 좋은 명분을 제공한다. 영국은 나폴레옹과의 전쟁에서 금본위제를 포기하고 통화를 증발했다. 통화증발은 보통 부채 증가와 함께 이루어진다. 그 결과 빵 가격은 50%, 낙농제품은 75%, 집세는 76%, 소금 가격은 270% 올랐지만 임금은 거의 변화가 없었다. 결과적으로 노동자들이 통화 증발의 인플레이션 비용을 부담하게 됐다. 보이지 않는 세금이었다. 설상가상으로 영국에서 흉년이 들어 곡물가격이 급등하자 노동자들의 폭동이 많이 일어났다.

미국 남북전쟁에서 남부는 부채를 발행하여 전쟁 비용을 우선 해결하고 앞으로 수익을 누리는 후손들이 이를 갚는 것이 당연하다고 생각했다. 남부는 화폐와 채권을 끝없이 발행하여 전쟁비용을 조달했다. 통화가치는 급락했고 물가는 급등했다. 남부 통화는 누더기rags 또는 건초fodder라고 불리었으며 사람들은 남부 1달러보다 낙엽이 더 가치가 있다 했다. 인플레이션의 심각성을 깨달은 사람들은 지금 당장 세금을 올리지 않으면 모두가 파멸할 것이라 했다. 세금에 반대하는 의원은 적군으로 간주되어야 하며 통화증발 대신 차라리 과세하라고 주장하는 신문 사설이 등장했다.

독일은 제1차 세계대전 비용을 국내 부채로 조달했다. 독일의 부채는 1914년 50억 마르크에서 1918년 1,560억 마르크로 30배 이상 불어났다. 전후에도 독일은 대외채무를 상환하기 위해 종이 돈을 찍어냈고 초인플레이션에 시달렸다. 그 결과 노동자와 예금을 가지고 있던 은퇴자 등이 가장 큰 비용을 지불했다. 초인플레이션에서는 상상하기 힘든 일들이 발생한다. 독일 노동자는 맥주 집에 도착하면 여러 잔의 맥주를 한꺼번에 주문했다. 맥주를 마시는 동안 술값이 오를 것을 대비하여 노동자들은 거품 빠진 맥주를 선택했다. 헝가리에서는 시시각각 물가상승으로 매일 3회 임금을 지급했으며 배우자들은 화폐가치를 보존하고자 매일 3회 사업장을 방문하여 이를 수령했다는 이야기도 있다.

제2차 세계대전기간 교전국들은 부채를 발행하여 전쟁비용을 조달했다. 각국은 전쟁기간 금본위제를 포기하고 화폐를 발행했다. 제1차 세계대전과 마찬가지로 교전국들이 장기간 소모전을 지속할 수 있던 이유는 부채와 화폐 증발로 전비 조달이 가능했기 때문이다. 미국은 전쟁 비용의 48%를 세금을 통해 조달했지만 부채가 6배 증가했다. 영국은 미국으로부터 많은 신용을 제공받았다. 이들 부채는 달러로 표시됐기 때문에 영국은 폭락한 파운드화 대신 자산을 팔아서 이 부채를 갚아야 했고 많은 금이 미국으로 넘어갔다. 전쟁 기간 중 영국의 물가는 2배 올랐고, 파운드 가치는 50% 폭락했다.

국가가 통화를 남발하고 부채를 발행하는 것은 역사적 현상이다. 로마제국은 재정이 어려운 시기 은화를 평가절하했고 오스만 제국도 평가절하를 남발하다 어려움을 겪었다. 중국 원나라도 동전 주화와 종이 돈을 남발하여 민생을 어렵게 했다. 이후 명나라에서 은이 주력 화폐로 사용된 이유이다. 부채 발행은 제2차 세계대전이 끝나고 평화가 찾아왔음에도 모든 나라에서 지속되고 있다. 국가는 과도한 복지비용을 그 이유라 하고 있지만 조세 저항 없는 부채의 매력에 빠진 것 같다. 아니면 국가는 인플레이션이라는 세금의 매력을 기대하고 있는 것으로 보인다.

최근 국가는 전쟁이 아니더라도 절대절명의 위기를 강조하면서 또다시 부채를 발행하고 있다. 가히 부채 중독이라 할 수 있다. 2007년 세계금융위기, 2019년 팬데믹은 부채를 발행하기 좋은 명분을 만들어 주었다. 이 상황에서 대부분 중앙은행은 금리를 낮추면서 양적완화Quantitative Easing라는 방식으로 돈을 풀었다. 이는 통화가치를 하락시키는 조치로 부채 발행과 같은 효과를 가져온다. 그 결과 우리는 지금 집값과 물가 상승이라는 엄청난 대가를 치르고 있다.

◇◇◇

부채와 통화 증발의 결과로 나타나는 인플레이션은 가장 가증스러운 세금이다. 케인즈Keynes는 "인플레이션이라는 세금은 백만 명 중 한 사람도 알기 힘들다 했으며 이 세금은 신고되지 않고, 알 수도 없으며 잘못 이해되고 있다." 했다. 인플레이션이라는 세금은 일부 사람의 재산을 압수하여 다른 사람에게 배분한다. 이 세금은 월급생활자와 저축을 가진 사람을 처벌하고 빚이 많은 국가와 실물 자산을 가진 사람을 유리하게 만든다.

화폐가치가 하락하면서 대표적으로 상승한 실물 자산은 집값이다. 금본위제가 기본이던 과거 영국에서는 집값이 거의 오르지 않았다. 영국의 집값은 1290년부터 1939년까지 649년 동안 887% 상승했다. 많이 오른 것 같지만 이는 매년 0.4% 상승한 것이다. 실제 인플레이션을 고려하면 집값은 49%가 떨어졌다. 영국이 금본위제를 포기하고 화폐를 증발한 기간 동안 집값은 전혀 다른 모습을 보인다.

영국의 집값은 1939년부터 매년 8% 상승하여 지금까지 41,363% 올랐다. 많은 사람들은 주택공급이 부족했기 때문에 집값이 상승했다고 한다. 하지만 실제 통계는 이와 다르다. 영국에서는 1997년 외환위기 이후 10년 간 인구는 5% 증가했고 주택공급은 10%늘었다. 집값이 수요와 공급의 문제라면 이 기간 동안 집값은 하락해야 하지만 실제 집값은 3배 올랐다. 이 기간 동안 주택담보 대출은 370% 증가하여 집값 상승은 부채로 인한 통화증발 때문이라고 할 수 있다. 영국에서 보듯이 통화 증발로 의한 집값 상승은 우리나라를 포함한 세계적인 현상이다.

통화 증발로 가격이 오른 것은 집값만은 아니다. 금본위제가 약화되면서 1914년 이후 약 100년 동안 각국의 통화는 구매력을 99% 상실했다. 영국에서 1914년 1페니는 현재 1파운드보다 더 많은 물건을 구입할 수 있었다. 일반적으로 100년 전에 비해 물가가 30배 올랐다고 한다. 경제학자 해즐릿Henry Hazlitt은 인플레이션을 '특히 악랄한 세금'이라 했으며 프리드먼Milton Freidman은 "처음에는 고통 없고 때로는 즐거운 것처럼 보이는 숨겨진 세금으로 … 인플레이션은 법없이 부과되는 세금이다. 이는 진정 대표 없는 과세이다."라고 했다.

통계학자 테일러Bryan Taylor는 20세기는 역사상 그 어느 때보다 높은 인플레이션을 겪고 있으며 이는 21세기에도 계속되고 있다 했다. 인플레이션은 그 의미 또한 왜곡되고 있다. 현재 인플레이션은 소비자가 주로 구매하는 물건의 가격 동향을 집계하여 발표하고 있다. 하지만 이 통계는 사람들에게 가장 중요한 집값과 금융자산을 빼고 계산하는 문제가 있다.

소비자 물가를 계산하면서도 일부 조정이 있다. 가령 소고기 값이 2배 오르면 소비자들이 소고기 대신 닭고기와 돼지고기를 먹는다는 가정하에 소고기 값을 빼고 물가지수를 계산한다. 기술 발전에 의해 같은 가격에 살 수 있는 TV 수상기의 기능과 크기가 커지면 이를 물가가 내렸다고 계산하여 소비자 물가는 대부분 안정적이다. 발표된 물가지수와 체감 물가가 항상 다르다고 느끼는 이유이다.

만약 이자율이 통화공급을 반영하여 결정된다면 이자율은 현재의 2배 이상이 되어야 한다. 높은 이자는 집값 거품을 막을 수 있었을 것이다. 하지만 국가는 더 많은 정부지출을 위해 통화공급을 늘리고 있다. 인플레이션은 정부가 갚아야 하는 실질적인 부채를 줄여주는 효과도 있다. 이는 사람들의 부를 국가로 이전시키며, 보통 사람들 사이에서도 부의 쏠림을 가져온다.

레닌Vladimir Lenin은 "정부는 지속적인 인플레이션을 통해 국민의 중요한 재산을 눈치채지 못하게 하면서 비밀스럽게 몰수한다."했다. 인플레이션은 특정계층에 혜택을 주기도 한다. 강남에 집을 가진 사람처럼 모두가 선호하는 자산을 가진 사람들은 상대적으로 많은 특혜를 누린다. 반대로 실물 자산을 가지지 못한 노동자와 예금 자산을 가진 은퇴자들이 인플레이션 비용을 납부하게 된다. 미래 세대 또한 인플레이션과 집값 상승으로 인한 부의 불균형을 부담하게 된다. 젊은 사람들은 자신의 소득으로 집을 살 수 없고, 결혼할 수 없으며 아이를 낳는 것을 불가능하게 됐다. 정부는 이 문제를 해결하기 위해 또다시 부채를 동원하여 주택 지원책을 발표하고 출산 장려 정책을 도입하고 있지만 상황은 나아지지 않고 있다. 가난한 사람을 돕겠다는 정책이 오히려 가난한 사람을 더 어렵게 만드는 경우가 많다.

◇◇◇

국가가 통화를 증발하여 얻게 되는 이득은 여기에서 그치지 않는다. 국가는 소리 소문도 없이 더 많은 세금을 징수할 수 있다. 10년 전 토지를 10억에 구입하여 30억에 팔았다면 원칙적으로 20억의 양도차익에 세금을 납부해야 한다. 인플레이션에 의하여 줄어든 화폐가치를 고려한다면 실제 늘어난 자산가치는 0일 수 있지만 세금은 이를 고려하지 않는다. 20억이라는 명목상 차익 때문에 가장 높은 구간의 양도소득세율을 적용받는다. 양도소득세의 기준 구간은 물가 상승을 고려하여 변해야 하지만 잘 변하지 않는다. 가령 10억 이상의 양도차익에 최고세율을 적용하고 그리고 이 기준 금액이 10년 동안 변하지 않으면 국가는 새롭게 법을 만들지 않고도 더 많은 세금을 걷을 수 있다.

인플레이션으로 물가와 땅값이 전국적으로 3배 오르면 실제 양도차익은 없지만 많은 거래가 최고 세율을 적용 받아 높은 세금을 내야한다. 소득세도 최고세율 기준을 장기간 고정하면 더 많은 세금을 걷을 수 있다. 실제 화폐구매력으로 볼 때 소득은 증가하지 않았지만 인플레이션 때문에 고소득자가 늘어나면 많은 사람들이 최고세율의 소득세를 납부해야 한다.

최근 인플레이션의 문제를 보여준 사건은 공인중개사 보수요율이다. 보수요율은 인플레이션을 고려하지 않고 부동산 거래금액에 일정비율로 고정되어 있었다. 집값 폭등 상황에서 공인중개사는 엄청난 혜택을 누렸다. 시민사회는 터무니없이 높아진 수수료에 반발했고 공인중개사는 요율 인하를 결사 반대했다. 논란 끝에 반값 수수료제도가 채택됐지만 시민들의 입장에서는 그래도 높은 수수료이다. 만약 정책입안자들이 초기에 최대 수수료 100만원처럼 정액제로 보수요율표를 만들었다면 반대의 상황이 벌어졌을 것이다. 공인중개사는 물가 상승을 들어 수수료 인상을 로비했을 것이고 시민 사회는 이에 반대했을 것이다.

인플레이션으로 가장 피해를 본 징세 기관은 KBS이다. KBS가 징수 구조를 잘못 설계했기 때문이다. KBS수신료는 1980년대 2,500원이었으나 지금까지 30년 넘게 올리지 못하고 있다. 국민들의 반대가 너무 심하기 때문이다. 만약 초기 설계에서 시청료가 물가 상승을 반영하도록 했거나 전기요금의 2%라고 못을 박았다면 KBS는 시청료 인상 투쟁 없이 편안하게 더 많은 세금을 걷을 수 있었을 것이다.[190]

---

190. Daylight Robbery (Dominic Frisby, Penguin Random House UK 2019), The Unofficial Taxes: Debt and

2007년 금융위기와 코비드19 이후 풀린 돈으로 우리는 상당기간 인플레이션을 경험할 수밖에 없을 것이다. 국가는 인플레이션으로 사악한 세금이 소리 소문 없이 부과되는 것을 막기 위해 모든 세금과 수수료의 징수 구조를 재설계해야 한다.

6.4 자발적으로 내는 세금

학술적으로 마약은 술, 담배, 커피 같은 카페인 음료 그리고 대마, 코카인, 아편, 모르핀, 헤로인, 메스암페타민 같은 유사합성물질을 모두 포함한다. 모든 향정신성 물질은 합법 또는 불법 여부, 효력이 약하거나 강한지 여부, 의료용으로 사용 여부를 불문하고 물품의 성질에 따라 마약이라 할 수 있다. 본질적으로 악한 물질은 없지만 남용될 수 있는 것이 마약이다. 마약은 상품으로 인기가 높아 세금을 부과하기 좋은 물건이다. 마약은 사람들이 자발적으로 소비하면서 세금을 내는 희귀한 품목이다. 여기서 마약이라 함은 술, 담배, 커피를 포함한 가장 넓은 의미의 마약을 말한다.[191]

Inflation, page 137–145, the birth of big government page 106–116, The second world war, the US and the Nazis, page 117–125, the system is broken page 203, The Great Tax Wars (Steven R. Weisman, Simson & Schuster 2004), Every Man's Duty to Contribute, page 58–64, Fight Flight Fraud (Charles Adams, Euro-Dutch Publishers,1982), The Taxing Habit grows, page 253, The Triumph of Injustice (Emmanuel Saez and Gabriel Zuckman, Norton & Company 2019), Taxing the Rich, page 139

191. Forces of Habit (David T. Courtwright, Harvard College 2002), Introduction page 2

유럽 제국은 마약으로 식민지 노동자를 착취하고 원주민을 통제했다. 스페인은 포토시Potosi 은광 노동자에게 코카인을 제공하여 고산지대의 춥고 배고픈 환경에서 일할 수 있도록 했다. 코카인은 노동자의 음식 섭취를 줄이면서 생산성을 높일 수 있는 좋은 방법이었기 때문에 스페인 광산에서는 코카인을 보수의 일부로 지급했다. 캘리포니아 금광에서 아편은 중국인 노동자가 열악한 환경에서 일할 수 있도록 했고 이들을 부채에 빠지도록 했다. 인디언들은 알코올 때문에 자기 가족과 이웃 부족을 노예로 팔았으며 자신의 영토를 백인에게 넘겨 주기도 했다.[192]

◇◇◇

포도는 아르메니아 산악 지방에서 기원전 6000~4000년경에 재배를 시작한 것으로 보인다. 포도주는 성경에서 160회 이상 언급된다. 포도주는 예수 희생의 상징이며 귀족이 선호하는 음료였다. 고급 술인 포도주는 세금 부과의 표적이 됐다. 포도주는 세금이 5단계나 부과됐다. 포도 농장에 대한 과세, 포도 수확에 대한 과세, 양조장에 대한 과세, 포도주 생산에 대한 과세, 포도주 소비에 대한 과세였다. 돈이 없는 사람은 맥주와 사과 술Cider을 마셨다. 과거 유럽에서 귀족들은 출처를 알 수 없는 물은 마시지 않았다. 식수 오염을 의심하여 누가 어디서 어떻게 물을 가져왔는지를 알지 못하면 아무 물이나 마시지 않았다. 와인과 맥주는 세균으로부터 자신을 보호하는 안전한 음료였다. 서양에서는 와인과 맥주를 물에 희석

---

192. Seeds of Change (Henry Hobhouse, Counterpoint 2005), Coca, page 333, Forces of Habit (David T. Courtwright, Harvard College 2002), Introduction page 4–5

하여 식수로 사용했다. 반면 동양에서는 물을 끓여 차를 마셨다.[193]

증류주를 만드는 기술은 그리스 로마시대에 시작됐다. 이 기술은 아랍에서 발전되어 11세기 유럽으로 다시 전파됐다. 15세기 용량이 커진 청동 증류기는 증류주의 대량 생산을 가능하게 했다. 17세기에는 전 유럽에서 순도 높은 알코올을 생산하게 됐다. 고농도 증류주는 황금알을 낳는 거위이다. 러시아에서는 2루블하는 호밀을 증류하여 술집에서 63루블에 판매했다. 곡물을 황금으로 변환시키는 과정은 연금술사도 부러워할 만하다. 미국에서 1933년 갤런 당 1달러던 주세는 1940년 3달러로 그리고 1944년에는 9달러로 증가했다. 9달러는 생산원가의 8배에 달하는 높은 세금이다. 프랑스에서 주류 산업은 특별한 지위를 누린다. 와인 등 주류 생산, 도소매, 운송, 병 마개 제조 등을 모두 고려하면 프랑스 주류 산업은 5백만 명의 삶에 영향을 미친다. 이는 프랑스 인구의 13%에 해당한다. 주류에 대한 과세는 프랑스 국가재정의 기본이다.[194]

알코올이 가져오는 세수에도 불구하고 1900년대에는 음주를 금지하거나 제한하는 금주령禁酒領. Prohibition이 세계적으로 유행했다. 이러한 운동이 세계 각국에서 동시에 일어난 것은 우연이 아닌 것으로 보인다. 이는 음주가 일으키는 가정폭력 등 사회적 문제를 해결하고 국민 건강과 생산성을 높이기 위한 사회 운동이었다. 러시아는 제1차 세계대전 중인 1914

---

193. Seeds of Change (Henry Hobhouse, Counterpoint 2005), Coca, page 303-304, Forces of Habit (David T. Courtwright, Harvard College 2002), The Big Three page 9-11

194. Forces of Habit (David T. Courtwright, Harvard College 2002), The Big Three page 11-13, Licit and illicit Drugs, page 190

년부터 식당에서만 독주를 팔 수 있도록 제한했다. 이는 전쟁 중인 러시아 재정수입에 악영향을 미쳤다. 1917년 공산혁명 이후 러시아는 음주 규제를 한층 더 강화했다. 혁명 세력은 와인과 보드카 공장의 문을 닫고 알코올의 제조와 판매를 금지했다. 트로츠키[195]Leon Trotsky는 1923년 보드카 금지를 자랑스럽게 말했다 그는 노동자 복지에 중요한 두 가지 일로 '하루 8시간 노동'과 '보드카 금지'를 꼽았다. 하지만 러시아 사람들의 보드카 사랑은 계속됐다. 음주는 개인의 습성일 수 있지만 생존의 문제였다. 수입이 절실한 농부는 사모곤Samogon이라 불리는 밀주를 만들어 팔았다. 러시아인은 감시, 투옥, 처벌의 위협을 모두 이겨냈으며 결국 사랑을 쟁취했다. 러시아는 1920년대 후반 음주를 다시 허용했고 국영 주류판매점을 운영했다. 밀주는 재정수입에 전혀 도움이 되지 않는다. 정부는 보드카를 팔아 사회주의 건설비용을 조달하는 것이 소득 없이 밀주의 홍수에 빠지는 것보다 훨씬 나았다.

러시아를 개방으로 이끈 고르바초프Mikhail Gorbachev는 1985년 금주법Dry law을 다시 시행했다. 이 법은 보드카, 와인 및 맥주의 가격을 올리고, 주류의 판매 시간과 장소를 제한했으며 직장과 공공장소에서 술 취한 행동을 처벌했다. 이러한 조치로 범죄가 감소하고 기대수명이 늘어났다는 연구도 있으나 이는 경제적으로 지탱하기 어려운 조치였다. 보드카 가격이 올라 소비가 줄어든 것은 맞지만 밀주로 보드카에서 징수하던 재정수입

---

195. 레온 트로츠키(1879~1840)는 소련의 외교관, 정치가, 사상가이자 노동운동가이다. 10월 공산 혁명에서 레닌과 함께 소비에트 연방을 건설했다. 레닌 사후 스탈린과 노선 차이로 권력투쟁에서 밀려났고 멕시코에서 암살되었다.

1경 루블이 사라졌다.[196]

미국에서도 1919년부터 1933년까지 알코올을 금지하는 금주령이 있었다. 대공황으로 소득세 세수가 줄어들자 정부는 금주령을 유지하기 어려웠다. 금주령에 반대하는 기업가 피에 뒤퐁은 "금주령이 폐지되면 소득세가 필요하지 않을 것이며 재정수입의 절반은 알코올에 대한 과세로 충당할 수 있다." 했다. 영국에서도 비슷한 시기에 금주령이 있었다. 일부 국가는 최근까지 금주령을 시도했으나 이슬람 국가를 제외하고 모두 실패한 것으로 보인다.

인도 하리아나 지방정부는 1996년 금주령을 실시했다. 그리고 상식에 반하는 금지를 강제하는 것이 얼마나 어려운지를 보여 주었다. 부자들은 하인의 밀고를 피해 한밤중까지 기다렸다 술을 마셨다. 주택가격은 20% 떨어졌으며 사람들은 결혼식을 음주가 가능한 지방으로 옮겼다. 불법 증류주는 암시장에서 3배 높은 가격에 판매됐다. 지방정부는 주세 수입을 보충하기 위해 전기, 수도, 휘발유 같은 세금을 인상했다. 이는 폭넓은 물가상승을 가져왔다. 사람들은 하루 아침에 변하지 않았다. 사람들은 높은 물가에 더해 암시장에서 높은 가격으로 술을 사야 하는 이중고에 시달렸다. 물가상승으로 표심을 잃은 하리아나 정부는 결국 2년 만에 금주령을 철회했다.[197]

◇◇◇

유럽에 담배를 소개한 사람은 콜롬버스이다. 초기 유럽은 담배에 부

---

196. Forces of Habit (David T. Courtwright, Harvard College 2002), Licit and illicit Drugs, page 195-199

197. Forces of Habit (David T. Courtwright, Harvard College 2002), Taxes and Smuggling, page155-159

정적이었다. 교황 어반 7세는 1590년 교회에 담배를 가져오는 사람은 파문하겠다고 했다. 영국 제임스 1세는 1604년 흡연을 눈, 코, 머리, 폐에 해를 끼치는 나쁜 습관이라고 했다. 베이컨Francis Bacon은 담배는 비밀스러운 쾌락으로 사람을 정복하여 절제하기 힘들다며 중독성을 강조했다. 일부 국가는 이러한 이유로 담배소비를 금지했지만 다수의 국가는 세금이라는 실리를 선택했다.

영국 제임스 1세는 흡연을 싫어했지만 금지 대신 과세를 선택했다. 그는 담배 수입을 금지하는 높은 수준의 관세에서, 1608년 담배 1파운드당 1실링으로 낮추었다. 1660년 담배에 대한 관세는 파운드당 2펜스[198]로 더 낮아졌다. 관세를 낮추면 밀수를 예방하고 재정수입을 늘리는 효과가 있다. 높은 관세를 피하기 위해 밀수되던 담배는 관세가 낮아지면서 정상적으로 수입되기 시작했다. 제임스 1세는 담배를 생산하는 농부가 받는 가격 수준으로 관세를 낮추어 재정수입을 극대화했다.

미국에서 생산 수출하는 담배는 무조건 영국 또는 미국 선박에 의해 영국으로 선적되어야 했다. 담배를 유럽의 다른 나라로 직수출하는 것은 금지됐다. 담배는 우선 영국으로 들여와 통과세를 납부하고 다른 나라로 환적해야 했다. 이것이 중상주의의 핵심이다. 낮은 관세로 담배 거래량은 급증했고 이는 영국에 중요한 재정수입원이 됐다. 1660년 미국에서 생산하는 담배에 대한 세금은 영국 관세 수입의 1/4, 그리고 전체 재정수입의 5%를 차지했다.

제임스 2세는 1685년 담배에 대한 관세를 파운드당 2펜스에서 5펜스

---

198. 1실링은 12펜스이다. 이는 기존 관세를 83% 감하여 17%로 낮추는 것을 말한다.

로 인상했다. 미국에서 생산지 담배가격은 불황으로 파운드당 1펜스이었다. 이는 담배 가격대비 500%의 관세를 부과하는 것으로 밀수하기에 좋은 환경이 됐다. 밀수된 담배는 정상 담배의 절반 가격에 팔리었으며 밀수꾼에게 많은 이익을 가져다주었다. 높은 이윤은 세관 직원을 매수하기 쉽게 만들었다. 일부 세관원은 세관 감시선으로 밀수 담배를 운반했다.

외국에서 담배를 배운 피터 대제는 흡연을 합법화했다. 그는 1679년 담배 판매를 허용하면서 그 이유를 설명했다. 밀수는 어디에나 존재하고 모든 밀수품은 과세되지 않는다. 피터는 자신의 몫을 찾기 위해 담배 거래를 합법화했으며 높은 관세를 부과했다. 러시아는 이후 담배를 전매했다. 담배를 피우던 교황 베네딕트 13세는 교회에서 담배를 허용했다. 바티칸은 1790년 자체적으로 담배 공장을 만들어 많은 수입을 올렸다. 지도자의 나쁜 취향은 전염성이 강해 모두의 취향이 된다. 법에서 이를 처벌한다 하더라도 엄하게 집행하지 않고 너그럽게 처리될 수밖에 없다. 아편을 척결하자는 청나라 말기의 캠페인은 주요 인물이 아편에 빠져 있는 지역에서는 별다른 진척이 없었다.[199]

◇◇◇

니코틴 성분을 가진 담배가 전세계에서 널리 애용되는 것은 엄청난 일이다. 하지만 담배는 가장 널리 소비되는 마약이 아니다. 가장 널리 사용되는 마약은 카페인 그 다음은 알코올이고 담배는 세 번째이다. 현재 지구상에 가장 많이 사용되는 언어는 카페인을 함유한 커피, 차, 카카오

199. Forces of Habit (David T. Courtwright, Harvard College 2002), Taxes and Smuggling, page152–153, The High-Low Problem, page 160–162, Licit and illicit Drugs, page 193–194

및 콜라이다.[200]

영국은 수입된 차에 높은 관세를 부과했다. 1740년에는 차 1파운드당 4실링의 관세가 부과됐다. 높은 관세는 밀수를 조장했다. 밀수범은 네덜란드에서 차를 밀수하여 이를 2~3실링에 판매했다. 다른 유럽 국가들은 이러한 밀수를 단속하기보다 장려했다. 인도 항해에서 돌아오는 동인도 주식회사 선박은 밀수꾼에게 차를 팔았다. 동인도 주식회사는 선원에게 급료를 적게 주는 대신 일정량의 무료 적재공간을 제공했다. 선원들은 이 공간을 이용하여 고품질의 차를 사적으로 구입하여 들여왔다. 이들 선박이 영국 해안에 접근하면 선원들은 벌떼처럼 모여든 작은 어선에 차를 밀매했다. 선원들이 가져온 밀수 차는 영국에서 최고급 차로 인식됐고 높은 가격에 판매됐다. 야심 찬 선장은 자신에게 할당된 공식 적재 허용량에 만족할 수 없었다. 그는 선박의 안전을 위협하면서 차를 초과 적재하여 몰래 가져왔다. 선장은 이들 차를 밀수꾼에게 넘기고 불법 이익을 선원들과 나누었다. 선장이 별도로 이익을 분배하는 것은 밀고를 예방하기 위해서였다.

영국에서 차를 밀수하고 유통하는 조직이 커지면서 정식으로 수입된 차를 거래하는 상인은 생존을 위협받았다. 현명한 피트[Pitt] 수상은 세관 직원을 늘려 밀수를 단속하는 대신 물품 가격의 120%였던 차에 대한 관세를 12.5%로 낮추었다. 이는 밀수를 종식시키고 재정수입을 늘리었다. 암시장은 금지의 결과이다. 피트 수상은 금지보다는 합법화된 통제가 낫다는 것을 입증했다.[201]

---

200. Forces of Habit (David T. Courtwright, Harvard College 2002), The Big Three page 19

201. Forces of Habit (David T. Courtwright, Harvard College 2002), The High-Low Problem, page 160-162

미국은 스페인과 전쟁 비용을 조달하기 위해 특허권이 있는 의약품 또는 특수한 치료 효과가 있다고 선전하는 물질에 인지세를 부과하기로 했다. 코카콜라Coca-Cola는 1892년 법인설립 정관에 '코카콜라라는 의료 물질을 제조하고 판매하기 위해서'라고 기재했다. 코카콜라는 '놀라운' 코카인Cocaine과 '유명한' 콜라Cola 너트의 강장強壯 효과를 광고했다. 광고에는 코카콜라가 두통을 치유하고 피로를 회복한다고 했다. 회사가 나누어주는 시계에는 코카콜라를 "이상적인 두뇌 강장제, 맛있는 음료, 두통 특화, 피로 회복"이라고 광고했다.

코카콜라는 당시 허용되는 마약 성분을 가지고 있었다. 미 국세청은 코카콜라를 음료가 아닌 약물이라고 보고 세금을 부과했다. 코카콜라는 세금을 납부했지만 이를 되돌려 달라고 소송했다. 아틀랜타 배심원은 세금을 환급하도록 결정했지만 세금을 돌려준 이유가 궁금하다. 우선 코카콜라가 스스로 설탕이 가득 든 탄산음료는 건강에 해롭다고 주장했을 가능성이 있다. 다른 설명은 세금을 부과한 세무서장이 유일한 흑인이라 배심원이 인종 차별적 판결을 했을 가능성이다. 코카콜라는 유럽의 판매 허가 과정에서도 제조 비법을 공개하지 않았다. 실제 코카콜라는 1950년까지 코카인 줄기를 콜라 제조에 사용했다. 코카인 줄기에는 마약성분이 없다고 하지만 과거 코카콜라의 제조 비법이 더 궁금해지는 이유이다.[202]

202. The Sex of a Hippopotamus (Jay Starkman, Twinser Inc 2008), Coca-Cola and the Black Tax Collector page 124-127

유행은 상류에서 하류로 '추종과 도주Chase and Flight'의 방식으로 변화한다. 사회적으로 뒤진 사람은 신분의 표식을 찾아 상류층의 고상한 옷, 장식과 행동을 따라간다. 엘리트 계층은 자신만의 사회적 표식을 지키고자 대중화된 스타일과 관습을 버린다. 그리고 이들은 새로운 신분 표식을 사용하지만 모방으로 곧 대중화된다. 유행은 역동적으로 변화하며 지멜 Georg Simmel의 말처럼 '유행은 번져가면서 점차 파멸해간다.'

향정신성 물질은 이 법칙에서 예외이다. 유럽에서 커피, 차와 초콜릿은 비싸게 팔리었고 상류층의 품격을 보여주는 멋진 음료였다. 시간이 지나면서 이들 음료가 서민에게 대중화했지만 귀족들은 새로운 신분 증표를 발견하지 못했다. 대신 유럽 귀족들은 노동자가 아침에 차를 마시지 않으면 일을 시작하지 않는다고 개탄했다. 귀족들도 카페인 중독에서 벗어날 수 없었다. 이들 음료는 명품 가방에 없는 신체 강화 효과와 습관화라는 중독성을 가지고 있기 때문이다. 이블린[203]John Evelyn은 영국 정부는 담배 및 이국적 음료에 심하게 의존했다 했다. 그는 만약 영국인들이 기독교인에게 요구되는 절제를 실천했다면 영국은 재정수입 부족으로 침몰했을 것이라 했다.[204]

---

203. 이블린(1620~1706)은 영국에서 예술과 임학 및 종교적인 주제에 관한 30여 권의 책을 썼다. 평생 동안 쓴 그의 《일기》는 17세기 영국의 사회 · 문화 · 종교 · 정치를 알 수 있는 귀중한 정보로 평가된다.

204. Forces of Habit (David T. Courtwright, Harvard College 2002), A trap baited with pleasure, page 98-100

6.5 금지 대신 과세하기

마약은 기본적으로 독이다. 식물은 자기 방어를 위해 향정신성 염기를 발전시켰다. 이는 무자비한 초식 동물로부터 생존을 지키는 방어 수단이었다. 마약 식물을 섭취하는 동물은 현기증을 느끼거나 환각을 경험하게 된다. 우발적인 흥분 내지 중독은 흥분 식물을 다시 섭취하지 말라는 강력한 경고이다. 우리가 자연에서 채취한 나물을 데치는 것은 이러한 독을 무력화시키는 지혜이다.

마약을 통한 행복과 안도는 우연한 진화의 산물이다. 극소수의 식물 염기만이 두뇌의 보상 시스템과 통증 관리 센터에 영향을 미치기 때문이다. 자연은 행복에 인색하다. 행복을 주는 신경전달물질은 생존 또는 종족보존에 긍정적인 영향을 주는 행동에 지극히 적은 양이 분비된다. 소량의 행복 물질 또한 오래 지속되는 것이 아니라 연기처럼 사라진다. 마약은 기쁨을 유도하는 신경전달물질의 분비를 촉진시켜 이 시스템을 교란하여 인위적으로 행복을 느끼게 한다.

마약은 과거 문명이 가져온 질병을 치료하는데 사용됐다. 인류는 마약을 불안감, 권태, 만성피로, 통증, 불면증, 설사의 치료에 사용했다. 아우렐리우스 황제는 수면을 위해 아편을 사용했으며 로마와 인도에서는 아편을 설사, 소화불량을 치료하기 위해 사용했다. 아편은 우리나라에서도 가정 상비약이었다.

마약은 고대 종교에서도 사용했다. 결백을 주장하는 힌두 승려는 소마라는 약물을 사용했으며 이슬람은 대마를 허용했다. 이 현상은 문화적 배경과 함께 고려해야 한다. 성경에서 포도주가 허용되듯이 힌두는 시바

신을 경배하면서 대마 사용을 허용했다. 반대로 힌두교는 음주와 흡연을 경계한다. 대마를 허용하는 이슬람은 포도주를 도박으로 비유하면서 파괴적인 악이라 한다. 잉카 제국에서 코카인은 신과 교감하는 성스러운 물질로 사제들이 많이 사용했으며 왕들도 애용했다. 코카인은 잉카 고산지대에서 피로와 배고픔을 이기고 힘을 발휘하도록 도와주었기 때문에 장거리 운반 노동자, 라마llamas 등에 먹이기도 했다. 프로이트는 코카인을 기적의 약이라 믿고 자신은 물론 주변인에게 이를 추천했다. 당시 코카인은 불법 약물이 아니었으며 코카인은 그의 저술에도 상당한 영향을 미쳤다. 프랑스 약사 마리아니Angelo Mariani는 보르도 와인에 코카인 잎을 넣어 자양강장제로 특허 판매했다.[205]

◇◇◇

카운트라이트David Courtwright는 《습관의 힘Forces of Habit》에서 마약을 일반인과 다른 관점에서 보고 있다. 마약단속과 처벌은 역사적 관점에서 보면 최근의 현상이다. 17세기 중반부터 19세기 후반까지 각국의 지도자들은 마약을 금지하는 것보다 과세에 관심이 많았다. 이들은 마약 금지는 사실상 불가능하며 헛수고의 낭비라고 생각했다.

국가는 마약에 다양한 세금을 부과했다. 국가는 아편 생산량을 기준으로 농가에 세금을 부과하거나, 증류주 기기의 용량에 따라 세금을 부과하고, 심지어 커피 구매자의 종교에 따라 세금을 차별하여 부과했다.

---

205. Seeds of Change (Henry Hobhouse, Counterpoint 2005), Coca, page 299–301, 320, Forces of Habit (David T. Courtwright, Harvard College 2002), The little three: Opium, Cannabis, and coca, page 32, A trap baited with pleasure, page 91–93, About-Face: Restriction and Prohibition page 169–170

오스만 제국 술레이만 대제는 기독교인이 커피를 구입할 때 이슬람보다 25% 더 많은 세금을 부과했다. 1783년 영국은 특허 약물의 소비 증가에 관심을 가지고 인지세를 부과했다. 이들 약물의 구매자는 이중, 삼중으로 세금을 납부했다. 향정신성 물질의 소비자는 물품세는 물론이고 인지세와 다른 세금이 포함된 가격을 지불해야 했다.

프랑스 인도차이나 총독 폴 두메르는 아편을 포함한 여러 가지 세금을 부과했다. 세금을 납부하지 못하는 베트남, 라오스, 캄보디아 사람들은 집을 압류당하고 길거리 노동자로 전락했다. 그는 재정수입을 확보하기 위해 인도차이나 사람들이 아편을 계속 사용하는 것을 지지했다. 미국은 1883년 아편 수입에 파운드당 6~300달러의 세금을 부과했다. 이후 입법에 의해 아편의 수입 및 유통을 금지했지만 세금은 금지를 대신하는 매력적인 대안이었다.

유럽 제국은 19세기 이전 아시아에서 마약 전매권을 판매했다. 마약의 수입, 제조 및 판매 권한을 민간에게 주는 전매권은 경매로 판매됐다. 네덜란드는 참가자의 지갑을 열기 위해 경매 전 샴페인을 공짜로 제공했다. 마약의 전매는 재정수입을 가져오지만 많은 문제가 있다. 우선 전매는 강력한 처벌규정이 필요하다. 전매는 농부가 아편을 몰래 생산하는 것을 금지하고 이를 어기는 경우 처벌해야 한다. 이는 자유시장 원칙에 반하는 제도이며 강제집행의 비용 또한 상당하다. 또한 전매는 이윤을 극대화하고자 하는 권리자의 탐욕을 제어하기 어렵다는 문제가 있다.

유럽 식민제국은 1910년대 사인을 통한 전매를 국가 전매로 전환했다. 이는 마약 남용을 억제하고 확산을 막기 위한 목적이라고 설명됐다. 그러나 영국은 인도에서 아편 전매를 통해 상당한 이익을 챙겼다. 식민

제국은 시민 건강을 위협한다는 명분으로 아편의 전매 가격을 올릴 수 있었다. 하지만 이는 실제 재정수입을 확보하기 위한 조치로 현재 담배가격 인상 명분과 비슷하다. 식민제국은 현실을 정확하게 인식하고 있었다. 아편 가격을 너무 높이면 불법 공급자가 시장을 잠식할 것이라는 것을 알고 있었기 때문에 식민제국은 가격을 인상하고 싶은 유혹을 잘 억제했다. 재정수입을 늘리기 위해 가격을 급격히 인상하면 재정수입과 고객 모두를 잃을 수 있는 도박이었다.[206]

◇◇◇

발효된 술은 알코올 함량이 낮아 쉽게 부패한다. 기술적으로 맥주는 알코올 함량이 7%까지 와인은 최대 14%까지 가능하다. 알코올 함량이 낮은 술은 남용으로 인한 부작용이 적다. 반면 증류주는 강력한 알코올 함량을 자랑한다. 발효된 술에서 증류주로의 변화는 마치 활과 화살을 사용하던 전쟁에서 갑자기 총포를 사용하는 것과 같다. 고농도 알코올은 부작용을 일으키기 쉬우며 기존 사회의 경제적 지평을 바꾸어 놓았다. 담배도 피우기 불편한 시가와 파이프 담배에서 1880년 이후 궐련 담배가 대량 보급되면서 부작용이 심각해지기 시작했다.[207]

과거 남미에서 코카인 잎을 씹어서 섭취하는 시절 그리고 동양에서 아편을 비상 상비약으로 사용하던 시절에는 마약의 부작용 문제가 크지 않았다. 문제는 정제 기술의 발전으로 마약의 순도가 높아지면서 발생했

---

206. Forces of Habit (David T. Courtwright, Harvard College 2002), Opiates of the People, page 136, Taxes and Smuggling, page153–154

207. Forces of Habit (David T. Courtwright, Harvard College 2002), The Big Three page 14

다. 증류주와 같이 정제된 마약은 순간적으로 더 강력한 향정신성 효과를 발휘한다. 유럽에서는 초기 증류주를 생명을 구하는 기적의 약물이라고 생각했으며 약제상에서 팔았다. 사람들은 매일 아침 브랜디 반 스푼을 섭취하면 절대 병에 걸리지 않는다고 믿었다.

국가는 증류주를 의료용으로 제한했지만 일반인의 소비를 막을 수 없었다. 이후 증류주는 대신 과세되기 시작했다. 1904년 올림픽 마라톤 우승자 힉스Thomas Hicks는 피로감을 이기기 위해 경기중 알코올을 마셨다. 그의 기록은 3시간 28분이었다.

국가는 알코올과 담배에 대해서는 과세를 선택했지만 아편과 같은 마약에 대해서는 의료용으로만 사용하도록 했다. 매스암페타민은 최초 소화제로 판매됐으며 헤로인은 기침억제제로 판매되기도 했다. 사람들은 규제에도 이들 물질을 쾌락을 위해 사용했다. 각국은 19세기 중반 이후 이들 약물을 금지하거나 제한하는 것을 선택했다.[208]

◇◇◇

마약 거래와 사용을 금지하는 문제는 역사적으로 오랜 갈등이 있었다. 국민 건강을 이유로 마약을 금지해야 한다는 도덕적 견해와 사실상 금지가 어렵기 때문에 이를 허용하고 재정수입을 가져와야 한다는 현실적 의견의 대립이다. 현재 각국은 소수의 사람이 사용하는 약물에 대해서는 금지를 강화하고 많은 사람들이 애용하는 술과 담배는 허용하고 있다. 하지만 사회적 비용과 해악은 술과 담배로 인해 더 많이 발생한다는 문

208. Seeds of Change (Henry Hobhouse, Counterpoint 2005), Coca, page 296, 303, Forces of Habit (David T. Courtwright, Harvard College 2002), The Sorcerer's Apprentices page 72-84

제가 있다.

많은 국가는 금주령禁酒領을 실시한 경험이 있고 이를 통해 사람들이 어떻게 행동하는지를 잘 알고 있다. 금주령은 국민건강, 국가 생산성, 공공 윤리에 긍정적인 효과를 가져온다. 하지만 정부는 두 가지 압력에 무너졌다. 첫째는 암시장이 가져오는 거대한 사회비용이다. 불법 주류를 취급하는 조직폭력이 번성하고 이를 단속하는 비용이 많이 든다. 비용이 들더라도 단속에 성공할 수 있다면 좋겠지만 비효율과 부패가 항상 발목을 잡는다. 숨어서 제조되는 알코올은 더 많은 불순물을 가지고 있어 오히려 국민건강을 위협한다. 집행이 불가능한 법은 정부를 허수아비로 만들며 정부의 권위가 무너지는 위험도 있다. 정부가 현실과 타협하고 알코올을 허용하는 이유이다. 이는 다른 종류의 마약에 대해서도 통제 하에 일부 허용하자는 주장에 힘을 실어준다.

두 번째 이유는 국가가 공개적으로 밝히지 않는다. 국가가 알코올을 허용하는 중요한 이유는 세금이다. 알코올은 자발적 과세를 가져온다. 국가가 강제로 세금을 징수할 필요가 없고 세금에 대하여 불평하는 사람도 없다. 국가는 항상 돈이 부족하기 때문에 알코올 금지로 감소하는 재정수입을 다른 곳에서 보충하기도 어렵다. 불경기에 모든 재정수입이 감소하여도 알코올에 대한 세수는 줄어들지 않는다. 미국에서 알코올 산업은 4백만 명의 고용과 700억 달러의 조세수입을 가져온다.

미국은 마약과의 전쟁에서 매년 350억 달러 이상의 세금을 지출하고 있다. 이 액수는 마약의 불법 판매 금액으로 추산되는 500억 달러의 2/3 이상이다. 강력한 단속과 처벌에도 헤로인과 코카인은 싼 가격으로 쉽게 구입할 수 있다. 이러한 이유로 마약을 금지하고 강력하게 처벌하는 법이 정의로운 것인지 또는 지혜로운 것인지에 대해 의문을 제기하면 곧 바로 이상한 사람이 되며 거센 반대에 부딪치게 된다.

국가는 개인이 스스로 자기의 신체에 가하는 해악을 처벌할 수 없다. 물론 다른 사람에게 해악이 없다는 가정 하에서 말이다. 가령 건강을 망치는 편식, 과식, 과로를 국가가 처벌하기 어렵다. 밤새워 술을 마시는 일 또한 처벌하기 곤란하다. 이러한 관점에서 개인이 자기 몸을 버리면서 마약을 사용하는데 국가가 처벌할 수 있는가에 대해 의문이 있을 수 있다. 스트레스 상황에서 잠을 잘 자기 위해 프로포폴을 사용한 연예인도 이러한 경우에 속한다. 현실에서 마약 연예인은 사회적으로 매장되지만 국가는 해악이 더 심한 술과 담배를 금지하는 대신 과세하고 있다. 마약의 중독성에 대해서도 논란이 있다. 제1차 세계대전의 참호전에서 영국과 프랑스 군인들을 술로 참혹함을 이겨냈고 베트남 전쟁에서 미군은 헤로인의 도움을 받았다. 미국은 귀국한 병사들의 약물 중독을 우려했으나 전쟁의 스트레스 상황에서 일상으로 돌아오면서 대부분 병사들은 정상으로 돌아왔다. 하지만 일부 병사들은 약물중독에서 벗어나지 못했기 때문에 마약의 중독성 논쟁은 계속되고 있다.[209]

◇◇◇

마약의 소비자 가격은 여러 가지 요인에 의해 결정된다. 마약 가격은 일반 상품과 다른 변수가 있다. 마약 가격은 산지의 공급과 시장의 수요 이외에도 국경 통과의 어려움, 다른 조폭 및 법 집행 기관의 상호작용에

---

209. Seeds of Change (Henry Hobhouse, Counterpoint 2005), Coca, page 342, page 351–352, About-Face: Restriction and Prohibition page 168

의해 결정된다. 세관에서 대규모 단속에 성공하면 공급이 제한되어 마약 가격이 올라간다. 반대로 마약 가격이 낮아지면 범죄 조직은 새롭게 시장에 진입했거나 고리가 약한 경쟁자를 밀고하여 제거한다. 제보를 통해 마약 신고 포상금도 두툼히 챙길 수 있다. 경쟁이 사라지면 시장 가격은 다시 올라간다. 법집행 기관은 제보를 통해 마약 단속의 실적을 올리는 것처럼 보이지만 실제는 청부를 받아 마약 가격을 높게 유지시켜주는 기능을 한다. 마약거래에는 수요공급의 원리 이외에도 범죄조직의 폭력과 법의 강제가 상호작용하는 특수성이 있기 때문이다.

강력한 단속에도 마약 밀거래가 계속되는 이유는 수백 배에 이르는 불법 이익 때문이다. 가령 국가에서 1억 원 상당의 마약 밀매를 적발했다고 발표하더라도 실제 마약 밀매상이 받는 원가 손실은 300만 원 정도이다. 마약 거래 조직은 유통 마약의 70~80%를 압수당하더라도 이윤을 남길 수 있다. 엄청난 이윤이 보장되는 한 마약 밀매는 계속될 수밖에 없다. 미국은 마약과 전쟁을 선포하고 50년 동안 전쟁하듯이 마약을 단속하고 있지만 지금껏 성공하지 못했다.

미국에서는 미성년자가 맥주를 구입하는 것보다 마리화나를 구입하는 것이 더 쉽다는 말이 있을 정도였다. 미국 교도소의 51%가 마약 범죄자로 채워져 있다. 2019년 18만 명의 재소자 중 9만 5천명이 마약사범이다. 이들을 교도소에 격리시키는 비용만 연 20억 달러가 넘는다. 이 돈은 재소자 1인당 22,000달러로 가난한 청년 10만 명을 대학에서 무상 교육시킬 수 있는 엄청난 금액이다.[210]

---

210. Seeds of Change (Henry Hobhouse, Counterpoint 2005), Coca, page 344~345, Forces of Habit

미국은 최근 세금 낭비에 대한 비난 여론과 특수 질환의 치료에 필요하다는 등의 이유로 마리화나를 합법화했다. 금주령의 경험과 마약단속의 실패에서 보듯이 도덕적인 이유로 금지하고 처벌하는 것이 반드시 바람직하지는 않다. 인간 본성에 반하는 금지와 처벌은 실패할 가능성이 높다. 세리의 입장에서 보면 사람들이 자발적으로 세금을 납부하고 사용하겠다는데 굳이 이를 마다하고 처벌해야 하는 것일까? 하는 의문이 든다. 우리도 이제는 마약을 금지하고 처벌하는 것이 정의로운 것인지, 금지에 따른 사회적 비용과 부작용은 무엇인지, 그리고 대안은 무엇인지를 개방적으로 논의해 보면 좋겠다. 도덕적 정당성이 아니라 현실적으로 해악이 가장 적은 방안을 모색하자는 것이다. 협의해서 품목을 정하고 술 담배처럼 과세하는 것도 하나의 방안이 될 수 있다.

6.6 선서가 필요하면

세종대왕은 훈민정음, 과학 발전, 대마도 정벌과 육진六鎭개척 등 많은 업적을 남겼다. 조세분야에서도 합리적 개혁으로 민생을 도모했으며 이는 세종 최고의 업적이라 할 수 있다. 당시 조선의 토지세는 답험손실법踏驗損實法이었다. 논 1결마다 조미 30두와 같이 미리 세금의 기준을 정하고답험. 踏驗, 작황에 따라 조세를 감면손실. 損失하는 제도였다. 세율은 수확의 10%였으나 실제 수확량을 정하는 것이 어려웠다. 경작면적과 작황을 고

(David T. Courtwright, Harvard College 2002), Licit and illicit Drugs, page 199-202

려하여 수확량을 확인하는 것이 어려웠고 복잡한 평가 과정에서 자의와 부패가 개입했다.

세종 이전에는 공정한 평가를 위해 제1차 다른 지방 관리의 현장조사, 제2차 마을 관리의 재검사, 마지막으로 중앙에서 파견된 관리가 확인하는 3심제를 도입했다. 행정 비용을 감수하고 3심제를 도입한 이유는 사욕과 정실에 치우치는 판정이 많았기 때문일 것이다. 3심제라도 시스템이 공정하게 운영된 것은 아니었다. 국가는 지방에서 일어나는 부패와 편법을 막을 수 없었다. 세종실록에는 현장을 조사하는 관리는 물론 수행 하인에게 앞다퉈 술과 음식으로 대접하고 세금을 낮추어 달라고 했다는 기록이 있다. 제도가 부패하면 3심제를 유지하는 국가의 행정 비용뿐 아니라 세 번 접대해야 하는 농민의 비용이 세금보다 커지게 된다.

세종은 풍흉작에 관계없이 일정액을 거두는 공법을 도입하고자 했다. 이는 매년 관리를 보내 수확 예정량을 조사하고 기록하는 행정절차를 생략할 수 있다. 관리의 부패도 줄이고 조세 징수 비용을 최소화할 수 있다. 실제 수확량과 관계없이 미리 정해진 세금을 거두는 것은 인류 공통의 징수제도였다. 세종은 이러한 조세 개혁안에 17만 명을 대상으로 유례없는 여론조사를 실시했다. 조세 제도가 국가의 기본이고 민심을 이반하기 어렵다는 것을 왕이 잘 알고 있었다는 뜻이다.

황희는 새로운 공법이 '부자에게는 다행이고 백성에게는 불행'이라며 반대했다. 타협의 과정에서 만들어진 것이 '전분6등田分六等과 연분9등年分九等법'이다. 이는 토지를 비옥도에 따라 6등급으로 나누고, 해마다 수확량의 변화에 따라 9등급으로 세금을 조정하는 것이었다. 경국대전은 이 제도가 시행되고 100년이 지나 곡식 창고가 다 차고 쌀을 저장할 곳이

없다 했다. 하지만 이 제도 역시 관리의 주관적 판단이 중요하다는 맹점
이 있다. 관리는 토지의 기초 등급을 정하고 매년 수확량을 결정하는 재
량이 있었다. 이러한 제도는 시간이 지나면서 자연스럽게 타락한다.[211]

단순해 보이는 농산물에 대한 세금에도 공정한 평가는 어렵다. 수확
을 평가하는 비용의 효율성까지 고려한다면 공정한 평가는 사실상 불가
능하다. 쌀 등 주요 농산물의 실제 파종 면적, 소유주, 수확 예정량을 매
년 계산하는 것은 많은 행정력을 필요로 한다. 부패가 없더라도 이는 힘
든 일이다. 여기에 논두렁에 심은 콩, 화단에 심은 상추, 뒷산에 심은 감
자 등의 수입을 포함하면 계산은 더 어려워진다. 농부는 닭 몇 마리를 키
워서 계란을 수입으로 챙길 수 있으며 약초 채취, 민물고기 잡이, 사냥,
땔감 채취와 판매 등으로 다양한 부수입을 가져갈 수 있지만 이 모두를
공정하게 평가하는 것은 불가능하다.

⬦⬦⬦

눈으로 확인할 수 있는 농산물에 대한 과세기준을 정하는 일이 이럴
진대 눈에 보이지 않는 소득에 대한 평가는 오죽했을까. 금융산업이 발달
하지 않은 시절 소득을 파악할 수 있는 국가의 능력은 한계가 있었다. 상
인들의 소득은 높았지만 과세하기 어려웠다. 동서양 모두 상인을 천시한
이유는 소득을 속이고 세금을 납부하지 않았기 때문이다. 상인만이 알고
있는 정보의 비대칭에서 국가가 세금을 걷기 위해서는 특단의 조치가 필
요했다. 세리는 폭력까지 행사하여 정확한 신고를 확보하려 했고 여기에
서 한 단계 발전한 것이 선서와 서명이다.

211. 경향신문(2019.10.8, 이기환, 흔적의 역사)

국가는 정확한 정보를 얻기 위해 소득을 신고할 때 선서를 강제했다. 선서는 진실만을 말하겠다는 자발적인 약속이다. 선서는 신성한 상징물 앞에서 했기 때문에 허위로 선서하면 신에게 처벌을 받겠다는 엄중한 의미가 있다. 선서 기록은 기원전 메소포타미아, 이집트, 중동 지방에서 발견되기도 한다. 성경을 사용하기 전 로마인들은 칼과 같은 무기에 손을 얹고 전쟁의 신에게 선서했다. 소가 신성한 영물인 인도에서는 소똥에 손을 얹고 선서했다.

19세기 소득세율은 나폴레옹과 전쟁 중이던 영국과 남북전쟁 중이던 미국에서 최대 10%였다. 현재의 기준으로 보면 소득세를 혐오할 이유가 하나도 없어 보인다. 하지만 소득세를 신고하면서 신에게 선서하도록 하고 세리가 허위신고했다고 처벌한다면 이는 전혀 다른 이야기가 된다. 탈세의 의도가 없더라도 다양한 원천에서 나오는 소득을 모두 파악하여 신고하는 것은 까다로운 일이다. 세리 또한 정확한 기록없이 심증만으로 허위신고를 주장했을 것이다. 신고가 진실임을 선서하도록 하는 것은 신고를 더 두렵게 만들었다. 신성한 힘이 하늘에서 자기를 관찰하고 있다고 믿는 시대의 납세자들은 세리뿐 아니라 신의 처벌까지 두려워해야 했다.

과거 영국 귀족들은 존경을 받았다. 고귀한 귀족이 평민인 세리에게 자신의 소득과 세금을 신고하고 그 내용을 변호하는 것은 굴욕이었다. 자신의 세금에 대해 질문하는 세리는 독재 심판관이었다. 그들은 납세 신고를 신사의 품격을 떨어뜨리는 사생활의 침해라고 했으며 소득세 자체를 원칙에 위배된 폭력이라 했다. 1815년 의회에 제출된 청원은 "소득세는 어떤 의미에서도 자유에 반하며 영국인에 혐오감을 느끼게 하고 영국 헌법과 일치하지도 않는다."라고 했다.

세금 징수에 선서를 활용하는 것은 계몽주의 사상의 비난 대상이었다. 영국 시인 포프Alexander Pope는 "정부는 과중하고 파괴적인 세금을 부과할 수 있지만, 세금을 징수하기 위해 선서를 강요하는 것은 수치스럽고 부정한 일이다."라고 했다. 선서는 신성한 행위이다. 신을 경외하는 사회에서 신에게 선서한다는 것은 선서를 위반했을 경우 신의 은총을 포기하고 신의 저주를 받겠다는 의미이다. 세금 때문에 선서를 강제하는 것은 부패한 일이며 불경스럽다. 현대 사회의 도덕적 타락은 이런 나쁜 관행에서 시작됐다 한다.

엘리자베스 여왕은 세금 신고에 선서를 폐지했다. 과세는 선서에 의한 심문 또는 다른 강제 없이 이루어졌다. 엘리자베스의 이러한 정책은 19세기까지 살아 있었다. 미국은 선서를 포기할 수 없었다. 사실 확인의 어려움과 준법정신을 제고하기 위해서이다. 남북전쟁 당시 세무서 직원은 납세자가 신고가 정확하다는 선서를 하지 않으면 세금을 증액할 수 있었다. 1943년 이전 미국에서 세금신고서는 공증해야 했다. 이후 미국은 공증 대신 위증죄로 처벌이 가능하도록 하는 선서 신고로 바뀌었다. [212]

◇◇◇

수입물품에 관세를 부과하는 것은 오래된 전통이다. 국제교류가 어려웠던 과거 수출국과 수입국 사이에는 엄청난 가격 차이가 있었다. 물품 가격은 수출국과 수입국에서 최대 100배까지 차이가 있을 수 있다. 천문

---

212. The Great Tax Wars (Steven R. Weisman, Simson & Schuster 2004), Chase has no money, page 44. For Good and Evil (Charles Adams, First Madison Books Edition 2001), Queen Elizabeth I, page 245-246, The Enlightenment Had the Word on Taxation, page 294-295

학적 가격 차이는 상인들이 목숨을 걸고 국제무역에 종사하게 만든 이유이다. 이러한 가격 중에 어떤 가격을 선택하여 관세를 부과하는 것이 공정할까?

수입국 세관원은 수출국 가격을 알 수 없었다. 이는 수입상만이 알고 있다. 세관원이 수출국 가격을 알았다 하더라도 이를 과세 가격으로 선택할 이유가 없다. 세관원은 가격 기준을 높여 과세하고자 할 것이다. 운송비용과 적정 이윤 같은 비용을 더 할 수 있다. 여기에 난파의 위험과 해적으로 인한 손실 같은 보험 비용을 더 할 수 있다. 이러한 요소를 모두 감안하면 적정가격을 계산한다는 것은 현실적으로 불가능하다. 이러한 이유로 관세는 통상 수입국이 미리 정한 가격을 기준으로 부과했다. 수입되는 물품은 한정됐기 때문에, 로마는 국내 가격을 기준으로 수입되는 물품의 가격을 공고하고 이 기준에 의해 관세를 징수했다. 로마의 대표적인 관세율은 25%였다. 가격이 공고되지 않은 물건인 경우 수입자는 선서하고 가격을 신고해야 했다. 공고된 가격이 높아 마음에 들지 않으면 수입자는 현물로 25%를 납부할 수 있었다. 이러한 방식은 근대 혁명 이전까지 계속됐다.

2000년 전 인도는 수입물품 가격 결정에 혁신적인 아이디어를 시도했다. 과세가격 결정에 공매 방식을 도입한 것이다. 선장은 인도에 도착하면 항구에 모여 있는 상인들에게 큰 소리로 공매를 제안해야 했다. "내가 가져온 물건은 무엇인데 금액은 얼마이다. 이 금액으로 물건을 살 사람이 있는가"라고 세 번을 외쳐야 했다. 선장은 그 가격보다 높은 금액을 제시하는 상인이 있으면 수입물품 전체를 그 가격에 넘겨야 했다. 관세는 경매 가격을 기준으로 납부했다. 시장가격을 통해 관세를 공정하게 납부하도록 한 것이다. 이러한 내용은 인도의 《아타샤스트라[213]arthashastra》의 관세 편에 수록되어 있다.

공매 가격이라는 획기적인 아이디어도 오래갈 수 없었다. 인간의 본능적인 부패와 담합 때문이었다. 당시 인도의 평균 관세율은 20%였으나 인도에는 이미 그리스, 로마, 유대 상인들이 정착하여 살고 있었다. 이들은 20~30%의 수수료를 받고 현지에서 통관을 대리했다. 인도의 관세수입보다 더 높은 수수료를 받은 이들은 일종의 통관 브로커이다. 현지 브로커들은 높은 수수료를 받고 뇌물로 공매 상인들을 매수하여 신고 가격을 조절할 수 있었기 때문에 이 제도도 부패 때문에 막을 내린 것으로 보인다.

◇◇◇

선서는 그 유용성 때문에 지금까지 여러 분야에서 활용되고 있다. 대표적인 예가 법정에서 증언할 때이다. 법정에서 허위 진술은 위증죄로 처벌받는다. 현재의 세금신고서는 공증이나 선서까지는 아니더라도 허위 신고하면 처벌받을 수 있다는 서명을 해야 한다. 세금을 신고할 때 처벌은 편리한 도구이다. 법원에서 선서처럼 세금을 납부할 때 진실만을 이야기하고 관련 정보 모두를 밝히겠다 하면 국가의 일은 쉬워진다. 국가가 모든 정보를 확인하기 어렵고 가지고 있는 정보에 한계가 있기 때문이다.

현재 국가가 각종 서식에서 사용하는 서명 제도가 과연 효과적인가에

---

213. 아타샤스트라는 탄트라와 함께 산스크리트어로 쓰여진 인도 고전이다. 국가의 운영을 망라한 공공 행정과 경제 정책 군사 전략 등에 관한 보고서로 기원전 2세기부터 기원후 3세기 사이 카우틸랴(Kautilya)에 의해 쓰여졌다고 하며, 그는 마우리아 제국의 황제 찬드라굽타(기원전 321~298 재위로 추정)의 스승이었다 한다.

대해서는 의문이 있을 수 있다. 왜냐하면 서명이 신고의 마지막 단계에서 이루어지기 때문이다. 사람들이 신고서를 일단 작성하게 되면 일정 수준의 부정행위가 완성되어 서명을 앞두고 마지막 단계에 마음이 변할 가능성이 없기 때문이다. 이는 마치 법정에서 진술하기 전에 선서하는 대신 모든 진술이 다 끝나고 정직하게 진술했다고 선서하도록 하는 것과 같다.

이러한 문제를 정확하게 지적한 것이 행동경제학이다. 행동경제학자 애리얼리Dan Ariely 교수는 서식을 기입하기 전 서명을 하게 하면 '도덕성 환기'로 부정직한 신고를 사전에 예방할 수 있다고 한다. 그는 실험을 통해 사후 서명보다는 사전 서명이 신고의 정확성을 높인다고 밝혔다. 실제 보험회사에서 자동차 주행거리 신고내역[214]을 분석한 자료에 의하면 사전에 서명한 그룹의 평균주행거리는 23,700마일이지만 사후에 서명하면 주행거리가 26,100마일로 2,400마일이 늘어난다는 것을 발견했다. 그는 법규 준수도를 높이기 위해 정직한 신고가 필요한 신청서에는 사람들이 먼저 서명하도록 해야 한다고 주장한다. 관련 연구에 의하면 사전 서명은 법규 준수도를 15% 이상 높이고 정직한 신고를 유도할 수 있다 한다.

이러한 점을 고려하여 국가는 서명 제도를 다시 한번 검토해 보았으면 한다. 국가가 모든 정보를 가지고 있는 사항에 대해서는 허위신고를 처벌하겠다는 협박성 서명을 과감하게 생략했으면 좋겠다. 서명이 예외적으로

---

214. 보험회사의 주행거리 신고서 20,000건을 분석한 결과이며, 양 방식의 차이는 "나는 신고 내용이 진실하다고 확약합니다(I promise that the information I am providing is true)"의 내용에 서명 위치에 따른 차이이다

필요하다면 사전 서명과 같이 서명의 효용성을 제고하여야 한다.[215]

6.7 언어 유희

　시장은 사람들의 다양한 욕구를 충족시키는 효과적인 방식이다. 그러나 시장은 도덕과 공공의 이익에는 별 관심이 없다. 시장은 경제를 발전시키는 긍정적인 면이 있지만, 반대로 사회적 가치가 없거나 부정적인 서비스도 발전시킨다. 시장은 인터넷과 통신 산업을 발전하게 했지만 조세회피 산업도 성장시켰다. 조세회피 산업은 사회적 부를 생산하지 않는 나쁜 서비스이다. 이 산업은 부자들이 세금을 납세하지 않도록 하여 부자를 더 부자로 만들어 주고 조세부담을 다른 사람에게 넘기는 해악이 큰 사업이다.

　과거 미국은 조세회피 산업을 규제하고 단속하기 위해 많은 노력을 기울였다. 대표적인 사람은 루스벨트 대통령이다. 그는 "조세회피는 25,000달러짜리 변호사를 고용하는 것을 말하며, 변호사는 탈세를 조세회피로 바꾸어 준다." 했다. 그는 90%에 이르는 소득세를 징수하기 위해 국세청에 법률·재정적 지원을 아끼지 않았다. 그는 기회가 있을 때마다 세금이 왜 중요한지를 설명하고 도덕적 의무를 강조하는 한편 탈세를 비난했다. 미국 대법관 홈스Holmes는 세금은 문명사회를 위해 내는 돈이라고 했고, 루스벨트는 이에 더해 "많은 사람은 할인된 가격의 문명을 원하

---

215. The Honest Truth about Dishonesty (Dan Ariely, HarperCollins 2012), Fun with the Fudge Factor, page 45-53

고 있다."라고 했다.[216]

　조세회피를 범죄 취급하던 전통은 1980년대부터 흔들리기 시작했다. 이러한 변화는 레이건 대통령에서 시작됐고 조세회피 산업이 발전하기 시작했다. 레이건은 1981년 취임 연설에서 "정부는 우리의 문제를 해결하는 것이 아니라 정부가 문제이다."라고 했다. 그는 세금을 회피하는 사람이 문제가 아니라, 미국적이지 않은 세금이 문제라 했다. 이 견해에 의하면 세금은 강도 혹은 절도와 같이 나쁜 것이기 때문에 조세를 회피하는 것은 애국적인 일이 된다. 조세회피를 조장하고 지원하는 탈세 산업은 이후 번성했다. 반면 미국 국세청은 의회로부터 조직과 예산을 삭감당해 조세회피 산업에 체계적으로 대응할 능력을 상실했다.[217]

　조세와 관련하여 변호사가 제공하는 모든 서비스가 무용한 것은 아니다. 조세 관련 서비스는 소비자가 법을 해석하고 이해하는데 도움을 주며 세금 신고서를 대신 작성하는 것은 합법적이고 사회적 가치가 있다. 하지만 조세를 회피하는 것 이외에는 아무런 가치가 없는 상품을 만들어 판매하는 것은 절도용품을 파는 것과 차이가 없다. 세무당국이 기괴한 탈세 수법을 발견하고 이를 차단하면 새로운 수법이 다시 만들어진다. 새로운 수법은 신차 모델처럼 신문과 잡지에 광고되며 이들 간 경쟁으로 조세회피 비용은 낮아졌다. 비용이 낮아지면서 조세회피 서비스는 대기업과 부

---

216. The Triumph of Injustice (Emmanuel Saez and Gabriel Zuckman, Norton & Company 2019), How Injustice Triumphs, page 48, A Fine Mess (T.R. Reid, Penguin Press 2017), Taxes: what are they good for? page 30, Convoluted and Pernicious strategies page 159

217. The Triumph of Injustice (Emmanuel Saez and Gabriel Zuckman, Norton & Company 2019), How Injustice Triumphs, page 51–54

자만이 아니라 중산층까지 이용하고 있다. 결과적으로 부자가 세금을 회피함으로써 보통 사람이 부족한 세금을 메워야 하는 피해를 보게 된다.[218]

◇◇◇

조세회피는 법의 맹점만을 활용하는 것이 아니다. 조세회피는 깨끗한 이미지를 구축하기 위해 언어의 유희遊戱를 사용한다. 사회 현상은 정의하는 바에 의해 달라질 수 있기 때문이다. 선제적으로 작명하면 자신이 원하는 개념을 주입시킬 수 있다. 대표적으로 정치인들은 의제를 선점하기 위해 자기가 원하는 방식으로 사물을 정의한다. 이는 밀수꾼의 반세계화 운동으로 촉발된 미국 독립전쟁이 '대표 없이 과세 없다'라는 조세혁명으로 변모하거나, 링컨 대통령의 현실적인 관세전쟁이 고귀한 노예해방 전쟁으로 바뀌는 것과 같다.

미국인 런츠Frank Luntz[219]는 작명의 대가였다. 그는 목재 회사를 위해 부분 벌목이 아닌 일정 지역에 있는 나무를 모조리 베어낼 수 있도록 요청하면서 이를 '건강한 숲' 정책이라고 했다. 그는 상속세를 반대하는 '사망세Death Tax'라는 이름을 만들었다. 그리고 정부는 죽은 사람을 벌하지 말라며 상속세 반대 운동을 했다. 상속세는 죽은 사람이 아니라 살아 있는 사람이 상속한 재산에 대해 납부하는 세금이지만 이는 무시된다. 반대로 상속세를 지지하는 사람은 이를 '복 터진 귀공자 세금'이라거나 '패리스

---

218. The Triumph of Injustice (Emmanuel Saez and Gabriel Zuckman, Norton & Company 2019), How Injustice Triumphs, page 54-56

219. 프랑크 런츠는 미국의 정치 로비스트로 토론의 논지를 바꾸고 새롭게 개발하는 능력이 뛰어나 상속세를 사망세라고 바꾸어 쓰고, 지구 온난화 대신 기후변화라고 바꾸어 쓴 사람이다.

힐튼Paris Hilton 세금'이라고 한다.[220] 미국에서 상속세에 반대하는 공화당은 사망세, 이를 지지하는 민주당은 유산세Estate tax라는 말을 사용한다. 같은 개념을 두고 필요에 의해 말을 바꾸는 장난을 하는 것이다.

---

220. A Fine Mess (T.R. Reid, Penguin Press 2017), The Defining Problem; The Taxing Solution, page 131–132

상속세를
형평세라고 부르면?

최근 상속세가 높아 징벌적이기 때문에 이를 개혁해야 한다는 논의가 있다. 현재 대부분 국가의 재정수입에서 상속세가 차지하는 비중은 1% 이내이다. 이는 상속세의 본래 목적인 부의 재분배를 실현하지 못하고 오히려 부자의 탈세 전략이 성공하고 있다는 것을 의미한다.

상속세의 필요성과 실효성은 논외로 하고 피상속인이 평생 납부한 세금 총액을 상속세 계산에서 공제하면 어떨까 제안한다. 피상속인이 100억의 부를 축적하는 동안 평생 40억의 세금을 냈다면 이 금액의 2배를 공제하고 나머지 20억에 대해서만 상속세를 내도록 한다면 어떨까? 이 경우 상속세는 형평세라 부를 수 있다. 형평세는 상속인이 평소에 세금을 제대로 납부했다면 사후에 상속세를 걱정할 필요가 없도록 균형을 맞추는 세금이 된다.

통계로 검증해 봐야겠지만 상속이 일어나기 10년 전에 납부한 세금이라면 납부 세액의 3배 이상을 공제해 주는 것도 좋을 듯 하다. 그러면 평소 세금을 정당하게 낸 사람은 대접하고 탈세 전략에 성공한 사람을 중과하여 사후 세금에서 균형을 맞출 수 있게 된다. 이를 도입하면 상속세는 이중과세라는 문제도 해결하면서 부를 축적하는 과정에서 일부러 세금을 적게 내기 위한 탈세 전략도 사라질 수 있다. 사람들이 자발적으로 세금을 내고 싶게 만드는 인센티브가 될 수 있다. 기업의 체계적인 상속세 탈세 전략 또한 사라지게 할 수 있다. 납세 의식 장려와 행정 비용 감소에도 도움이 된다. 상속세를 형평세라고 부르는 것은 정상적인 사람이라면 모두가 좋아할 것이다.

불법적인 탈세는 탈세라고 하지 않고 부적절한 자조自助, self-help라고 부른다. 교묘한 수를 쓰는 것은 조세전략이라고 한다. 이러한 풍토에서 가장 많은 세금을 내는 사람은 아무런 조치도 하지 않는 성실한 납세자이다. 과거 조세전략이 부자들의 놀이였다면 지금은 바보를 제외한 모든 사람들이 조세회피 전략을 세우고 있다. 이는 바람직한 현상이 아니며 사회적 비용만 늘어나게 된다. 세금은 결국 누군가가 납부해야 하기 때문에 성실한 사람만 바보가 된다. 보통 사람에게는 조세전략이 필요 없는 세제를 가진 나라가 가장 살기 좋은 나라이다. 좋은 조세 제도는 일반 사람들이 세금 고민 없이 생업에 종사해도 납부해야 할 세금에 별다른 차이가 없어야 한다.[221]

조세회피 산업에서 만든 대표적 언어는 조세천국Tax Haven이라는 말이다. 조세천국이라는 말을 사용하다 보면 조세는 지옥이기 때문에 이를 회피하면 천국에서 복을 받는다는 생각이 든다. 조세는 악마이기 때문에 피하는 것이 정의롭다는 데까지 생각이 미친다. 국가의 입장에서 보면 이는 탈세 소굴이고 사회적 책임을 외국까지 가서 회피하는 극단적인 이기주의이다. 역외금융센터Offshore Finance Center 또한 탈세 소굴을 미화한 이름이다.

우리나라에서는 절세節稅라는 말을 많이 사용하고 있다. 절세는 자원을 절약하듯이 근검절약을 통해 세금을 아낀다는 창조적인 표현이다. 이 말은 세금을 내지 않고 회피하는 것을 합법적으로 보이게 만든다. 영어

221. For Good and Evil (Charles Adams, First Madison Books Edition 2001), What Constitutions are supposed to do, page 443

표현에는 절세^{Save tax}라는 말은 잘 사용하지 않는다. 대신 조세회피^{avoidance}라는 말을 사용한다. 절세는 조세회피를 한국에서 창조적으로 작명^{作名}한 것으로 보인다. 언어적 느낌으로는 절세는 칭찬받아야 할 현명한 행동으로 보이지만 조세회피는 불법은 아니더라도 사회적 책임을 다하지 않는다고 비난할 수 있다. 조세의 공정성을 추구한다면 우리는 '절세'라는 말 대신 의미가 명확한 '조세회피'라는 용어를 사용해야 한다. 국가와 언론은 최소한 '탈세'와 '조세회피'에 제대로 된 이름을 불러 주어야 한다.

◇◇◇

국가도 자신에게 유리한 이름을 통해 국민들이 세금을 더 잘 낼 수 있도록 유도한다. 조세와 재정을 연구한 셀리그만^{E.R.A Seligman} 교수는 조세는 7단계로 발전했다 한다. 세금은 고대 국가에 대한 자발적 선물에서 강제적인 의무로 변모했다. 그 첫 번째 단계는 세금은 개인이 국가에 주는 선물^{gift}이다. 이는 중세 라틴어의 'donum'으로 표시된다. 두 번째 단계는 정부가 요청하는 탄원 또는 기도^{prayed}에 대한 응답이다. 이는 라틴어의 'precasium'으로 표시된다. 세 번째 단계에서부터는 세금은 국가를 지원하는 의미를 지니게 된다. 이는 영어의 'aid, subsidy, contribution'이라는 말을 가진 세금이 이 범주에 속한다. 네 번째 단계에서는 개인이 국가를 위해 희생^{Sacrifice}하는 의미를 지니게 된다. 이는 불어의 'gabelle', 독일어의 'Abgabe'라는 말로 쓰이었다. 다섯 번째 단계는 납세자가 의무를 지는 단계이다. 영어의 'duty'가 이러한 의미로 쓰인다. 영국에서 'duty'는 상속세와 소득세를 포함한 의미이다. 여섯 번째 단계에서는 국가가 강제한다는 의미를 가지게 된다. 이는 영어의 'impost' 또는 'imposition'으로 표현된다. 마지막 일곱 번째 단계는 납세자의 의사와 관계없이 일정 금액을 부

과하는 것을 말하며 영어로는 'tax' 또는 'rate'로 표현된다.[222]

세금이라는 관념과 용어는 시대에 따라 변한다. 프랑스에서 조세는 단순히 정부가 사용하는 자금을 조달하는 것이 아니었다. 조세는 사회적 유대감과 결합을 위한 필수 요소이며 자유와 평등같은 프랑스 혁명의 상징이었다. 프랑스 혁명정부는 '조세' 대신 '기여Contribution'라는 말을 사용했다. 프랑스에서는 지금까지 조세를 사회적 기여라고 한다. 프랑스 진보주의는 높은 세금은 기업의 이윤보다는 공정성과 서비스를 강조하는 기품 있는 사회의 상징이라 한다. 소득의 불평등 정도를 나타내는 지니 지수로 보면 프랑스는 미국에 비하여 조세 시스템이 잘 작동하고 있는 것으로 보인다.[223]

미국은 제2차 세계대전 중에 624달러 이상의 소득을 가진 모든 사람에게 5%의 승리세Victory tax라는 거부하기 힘든 이름으로 징수했다. 동유럽 슬로바키아는 재정위기로 부자들에 대해 높은 세금을 부과하면서 이들의 불만을 최소화하기 위해 국회의원과 각료는 5%의 세금을 더 내도록 했다. 이는 노동자와 연대Solidarity를 강화하기 위한 조치로 홍보됐다. 체코에서도 상위 1%의 소득자에게 7%의 추가 세금을 부과하면서 연대세Solidarity tax라 했다.[224]

222. World History of the Customs and Tariffs (Hironori ASAKURA, WCO 2003), Introduction page 14

223. A Fine Mess (T.R. Reid, Penguin Press 2017), The Defining Problem; The Taxing Solution, page 127–127

224. A Fine Mess (T.R. Reid, Penguin Press 2017), policy laboratories, page 10, Flat Broke page 112–113

세금은 공평하라

7.1 워렌 버핏의 0.055% 소득세

트럼프는 2016년 대선에서 조세납부 내역의 공개를 거부했다. 납세 내역의 공개는 1970년부터 이어진 전통이었으나 트럼프는 국세청의 세무조사를 이유로 이를 거부했다. 상대 후보 힐러리 클린턴은 토론회에서 "트럼프는 카지노 허가를 받기 위해 낸 세금 이외에 다른 세금을 낸 일이 없으며 연방 소득세를 한푼도 내지 않았다."라고 비난했다. 트럼프는 이를 자랑스럽게 받아들였다. 그리고 맞받아쳤다. "그러니까 내가 똑똑한 거야!That makes me smart"라는 의외의 답변에 클린턴은 꿀 먹은 벙어리가 됐다. 클린턴은 침묵함으로써 부자가 탈세하는 것이 당연하다는 것을 인정한 꼴이 됐다.[225]

트럼프는 2차 토론에서 세금으로 힐러리를 역공했다. 나는 세금을 공

---

225. The Triumph of Injustice (Emmanuel Saez and Gabriel Zuckman, Norton & Company 2019), Reinventing Fiscal Democracy page 7–8

제 받았다. 엄청난 양의 공제이다. 클린턴의 지지자도 세금을 내지 않는다. 그들은 많은 공제를 받았다. 버핏^{Warren E. Buffett} 또한 많은 공제를 받았다 했다. 난데없는 불똥이 버핏에게 튄 것이다. 이에 버크셔 해서웨이는 성명을 통해 버핏의 2015년 소득은 11,563,931달러이고 이 소득에서 1,845,557달러의 세금을 납부했다 했다. 그리고 그는 13살때부터 지금까지 소득세를 납부하고 있다 했다. 공식 설명에 의하면 그는 소득 대비 16%의 세금을 내고 있다. 하지만 버핏은 자기가 한 말대로 공정하게 세금을 내고 있을까?

포브스^{Forbes} 지에 의하면 버핏은 2015년을 기준으로 650조 달러의 부자이다. 그의 투자수익은 연 20%에 이른다. 보수적으로 추정하여 그의 투자수익이 5%라고 가정한다면 2015년 그의 투자소득은 32조 달러에 이른다. 그리고 180만 달러의 세금을 납부했다. 트럼프는 세금을 내지 않는다고 자랑스럽게 이야기하고 버핏은 충실하게 세금을 낸다고 한다. 하지만 버핏이 낸 세금은 총소득의 0.055%이다.

주커버그^{Mark Zuckerberg}는 페이스북 지분 20%를 소유했다. 그는 소득세를 얼마나 낼까? 페이스북은 2018년 200억 달러의 수익을 낸 것으로 되어 있다. 주가가 올라 생긴 소득은 제외하고 그의 1년 소득은 200억 달러의 20%인 40억 달러가 될 것이다. 하지만 그는 소득세를 한푼도 내지 않았다. 페이스북이 배당을 하지 않았기 때문이다. 모든 부자가 그러하듯이 미국에서는 주식을 팔지 않는 한 주커버그의 주식투자 소득세는 0원이다. 법인 페이스북 또한 해외 조세회피로 대부분의 세금을 제대로 내고

있지 않다.[226]

트럼프는 부모로부터 상속받은 재산에 대하여 상속세나 증여세를 납부하지 않았다. 이후 다양한 조세회피 전략으로 세금을 납부하는 일이 없었다. 버핏은 전혀 다른 방식을 택했다. 버핏의 자산은 주로 버크셔 해서웨이Berkshire Hathaway 주식이다. 버크셔 해서웨이는 배당을 하지 않는다. 수십 년 동안 맺은 투자의 결실이 세금 한푼 내지 않고 회사에 축적되어 있는 것이다. 세금을 내지 않고 다시 투자되는 돈은 눈덩이처럼 불어 2021년 9월 버크셔 해서웨이의 주식은 1주 가격이 43만 달러이다.

버핏은 자신의 여행과 식사 비용을 회사 경비로 처리할 수 있고 혹시 돈이 필요하면 회사 주식 한 주만 팔면 5억이 입금된다. 이 소득에 대해 그는 투자소득세 20%만 내면 된다. 버핏은 부자 과세를 지지하고 있다. 그는 빈부격차를 해소하는 여러 제안을 하여 그의 이름을 딴 부자 과세Buffett rule 법안이 제안되기도 했다. 이로 인해 버핏은 존경받는 부자의 반열에 올랐지만 주식을 팔지 않았기 때문에 그는 많은 돈을 벌고도 세금을 납부하지 않았으며 앞으로도 세금을 내지 않을 것이다.

◇◇◇

애플은 혁신을 대표하는 미국 기업이다. 애플은 제품의 혁신만이 아니라 조세회피 혁신에서도 선두기업이다. 애플은 미국 법인세를 회피하기 위해 미국에서 발생할 소득을 아일랜드로 이전했다. 애플은 아일랜드 정부와 법인세를 2% 이내로 합의였지만 여기서 만족할 수 없었다. 애플

226. The Triumph of Injustice (Emmanuel Saez and Gabriel Zuckman, Norton & Company 2019), Income and Taxes in America page 19

은 2%의 법인세도 절약하여 주주가치를 극대화하고자 했다. 애플은 미국에서 관리하는 이름 뿐인 자회사를 아일랜드에 세웠다. 이 회사에 미국 이외의 나라에 제품을 판매할 수 있는 권한을 주었다. 애플 제품은 미국에서 디자인, 개발, 프로그램을 만들고 중국에서 생산하지만 판매권은 아일랜드에 있는 자회사가 가진다. 이 회사는 매년 수입 억불을 벌고 있지만 세금은 한푼도 내고 있지 않다. 탈세는 법의 허점을 파고 들었다. 아일랜드는 자국에서 관리하는 기업에 한하여 법인세를 납부하도록 하여 미국에서 관리하는 애플 자회사는 세금을 납부할 의무가 없다. 미국에서는 미국에 설립된 법인에 한하여 과세하기 때문에 아일랜드 자회사는 양쪽에 납세의무가 없다.

애플은 국적 없는 자회사를 만들어 천문학적인 세금을 회피하고 있다. 하지만 애플은 미국에서 다른 사람들이 낸 세금으로 유지되는 도로, 통신, 교육, 경찰, 소방, 법원의 혜택을 누리고 있다. 이러한 비난에 대해 애플의 최고 경영자인 팀 쿡Tim Cook은 애플은 납부해야 할 모든 세금은 빠짐없이 내고 있다면서 애플은 미국내 판매에 대하여 매년 1천 6백만 달러 이상을 납부한다 했다. 그는 애플은 조세회피처를 이용하지 않으며 오히려 35%에 이르는 법인세가 문제라고 항변했다.

애플은 구글에 비하면 조세회피 수법이 단순한 편이다. 검색 엔진, 소프트웨어, 의약품 특허, 컴퓨터 운영시스템 등의 특허권을 가지고 있는 기업은 특허권과 사용료를 조세회피처로 이전하여 납세 의무를 회피한다. 구글은 버뮤다에 설립한 구글지주회사에 특허권을 주고 2017년 1년 동안 221억 달러를 벌었다. 경제주간지 블룸버그의 추정에 의하면 구글은 이러한 방식으로 4년 간 미국에 납부할 세금 31억 달러를 회피했다.

이자 비용 또한 조세회피에 활용된다. 다국적 기업은 같은 그룹 내 해외 기업으로부터 높은 금리로 돈을 빌리고 자기들끼리 이자를 주고받으면서 이를 비용으로 공제한다.[227]

미국 회계감사원Government Accounting Office은 2013 보고서에서 미국기업은 세율이 35%임에도 이익의 12.6%만을 세금으로 내고 있다 했다. 외국에서 납부하는 세금을 포함하여도 최대 16.9%밖에 세금을 납부하지 않는다. 1998년부터 2005년 사이 다국적 기업의 55%가 적어도 1회 이상 납부할 세금이 없다고 신고했다. 각종 면세 및 공제 제도와 해외 조세 도피가 주범이다.

기업의 조세회피는 미국의 법인세 징수 통계에서도 나타난다. 1960년대에 법인세는 정부 재정수입의 33%를 차지했다. 현재는 9%밖에 되지 않는다. 이 부족액은 개인 납세자가 채워야 한다. 1960년대 개인은 재정수입에 50%를 납부했으나 현재 80%를 책임지고 있다. 이는 국가가 법인세율을 낮추어 기업에 유리한 조세 제도를 만들어 주었지만 법인은 더 많은 소득과 재산을 조세회피처로 돌렸다는 것을 말한다.[228]

◇◇◇

세금을 회피하는 것은 기업만이 아니다. 2015년 유출된 파나마 페이

---

227. The Triumph of Injustice (Emmanuel Saez and Gabriel Zuckman, Norton & Company 2019), Welcome to Bermuland, page 75, A Fine Mess (T.R. Reid, Penguin Press 2017), The Defining Problem; The Taxing Solution, page 151–153

228. A Fine Mess (T.R. Reid, Penguin Press 2017), The Defining Problem; The Taxing Solution, page 147–151, page 165

퍼스Panama Papers[229]는 초부자들이 탈세하고 법적 의무를 회피하기 위해 조세회피처를 애용하는 것이 드러났다. 유명 인사 중에는 성룡Jackie Chan과 리오넬 메시Lionel Messi와 같은 스타 이외에도 고위공직자를 다수 포함하고 있었다. 이집트 호스니 무바라크Hosni Mubarak 대통령의 가족과 측근, 러시아 푸틴 대통령의 측근은 20억불의 계좌를 가지고 있었고, 시진핑Xi Jinping도 고객이었다. 파키스탄 수상과 말레이시아 수상의 아들도 비밀계좌를 가지고 있었으며 아일랜드 수상은 가족들이 계좌를 가지고 있었다는 것이 들통나 사임했다. 영국 카메룬David Cameron 수상도 아버지가 계좌를 가지고 있었기 때문에 이를 해명해야 했다.

러시아 정부 언론은 이를 미국의 음모라고 했고 중국에서는 관련 언어의 인터넷 검색이 금지됐다. 파나마 페이퍼는 기업과 개인의 탈세 자금, 정치인의 부패자금, 범죄 조직의 마약 밀거래 자금이 모두 같은 방식으로 조세회피처를 이용한다는 것을 알려주었다. 파나마 페이퍼는 임원이 없더라도 법인을 설립할 수 있는 국가에 파나마12345x, 또는 AB56789JP 같은 익명의 법인을 만든다. 고객은 아무것도 하지 않는 회사의 주식을 자기 돈 5억 달러를 들여 산다. 주권stock certificates은 소지한 사람에게 지급되는 소지식으로 발행된다. 아무런 이름이 필요 없다. 무기명 주권을 구입한 자금은 법인 이름으로 예치되어 아무도 이를 알 수 없게 된다. 대부분 은행은 이들 법인 이름으로 신용카드를 발행하여 부자 고객

---

229. 파나마 페이퍼스는 국제탐사보도언론인협회(ICIJ)가 폭로한 파나마 최대 로펌 모색 폰세카가 보유한 약 1,150만 건의 비밀 문서다. 이 서류는 각국 정상 12명과 친인척 61명, 고위 정치인과 관료 128명, 포브스 갑부 순위에 이름을 올린 초부자 29명을 포함해 21만4153명이 조세회피처에 위장 회사를 설립하여 세금을 회피하고 재산을 은닉한 것이 드러났다.

이 언제 어디서나 이를 이용할 수 있도록 한다. 파나마 페이퍼에 의하면 이 법률회사는 위장 회사 214,000개를 세운 것으로 나타났다.

　　조세회피처를 통한 탈세 규모는 알 수 없다. 월 스트리트지 기자가 2015년 미 국세청 기록을 분석한 결과 미국인은 스위스에 1만개 이상의 비밀계좌를 가지고 있으며 그 금액은 100억 달러 이상으로 추정했다. 미 의회의 추산에 의하면 전세계 비밀계좌를 통해 매년 400억 달러 이상의 탈세가 이루어진다 한다.

◇◇◇

　　국가는 소득의 개념을 넓히고 많은 사람들에게 소득세를 부과하고자 한다. 하지만 각국은 소득을 제대로 과세하지 않는 많은 이유를 가지고 있다. 다양한 공제 조항과 면세 조항이 그것이다. 부자는 근로소득을 자본소득으로 바꾸어 낮은 세율을 적용 받을 수 있다. 세법의 이러한 규정은 과거 귀족이 애용하던 면세 특권과 유사하다. 이러한 특혜는 최고의 소득을 가진 부자들이 보통의 시민보다 더 낮은 세율로 세금을 내도록 한다. 현재의 소득세는 부자일수록 과세대상 소득을 숨기기 쉬운 세금이다. 부와 담세능력은 과세대상 소득과 전혀 관련이 없다. 소득세는 과거 유행하던 물품세가 모두에게 공평한 세금이라는 주장과 비슷하다. 부자는 소비를 많이 하기 때문에 당연히 세금을 많이 납부한다는 논리는 상식에 어긋난다. 근검한 부자가 반드시 소비를 더 많이 하지 않듯이 부자가 반드시 과세대상 소득이 많은 것은 아니다.

　　소득은 크게 근로소득과 자본소득으로 구성된다. 자본소득은 자산을 손쉽게 해외로 도피할 수 있기 때문에 과세하기가 어렵다. 이러한 딜레마에 국가는 자본소득세를 낮추어 조세수입을 일부라도 확보하려 한다.

일부 국가는 이를 예방하기 위해 법인세율을 낮추고 있지만 노동에 대한 소득세 및 상속세는 강화하고 있다. 해외로 이전하기 쉬운 자본과 달리 노동은 세금 때문에 해외로 이주하기 어렵기 때문이다. 일반적으로 개인은 자본에 비해 해외로 직접 이주할 가능성이 낮지만 고소득 스포츠 스타와 연예인은 예외이다.[230]

부자 과세에 대하여는 뒤에서 이야기하기로 한다. 여기서는 미국 대법관 닐리Neely의 경구를 인용하는 것으로 마무리하고자 한다. "강제적으로 정직할 수밖에 없는 사람을 제외하고 소득세 탈세는 사회의 모든 계층과 사람들에게 퍼져 있다. 탈세는 보통 기회에 비례하여 일어난다."[231]

230. Taxing the Rich (Kenneth Scheve & David Stasavage, Princeton University, 2016), Did Globalization make it impossible to tax the Rich? Page 197–200

231. For Good and Evil (Charles Adams, First Madison Books Edition 2001), How a Good Tax Goes Bad, page 383

자본은 부자가 잠들어 있거나 하와이에서 휴가를 즐기고 있어도 부를 창출한다. 반면 노동은 아프거나 다치면 소득이 단절된다. 이러한 이유로 자본을 노동보다 더 과세하는 것이 정의롭다. 불로소득을 높이 과세하는 것과 같은 논리이다. 미국에서 1940년부터 1980년까지 자본에 대한 평균 세율은 40%이고, 노동에 대한 세율은 25%였던 이유이다. 이게 합리적이지만 이후 자본에 대한 세율은 낮아지기 시작하여 평균 20%로 낮아졌고, 노동에 대한 세율은 10%가 올라 평균 35%가 됐다.[232] 2016년 자본소득의 최고세율은 23.7%인 반면 노동에 대한 최고 세율은 그 두 배인 39.6%가 됐다. 초부자들은 소득의 대부분이 자본소득이지만 보통 사람들은 자본소득이 2%이내이다. 조세연구센터Tax Policy Center에 의하면 2013년 자본을 낮게 과세함으로써 얻는 이익의 75%를 백만 달러 이상을 버는 부자들이 가져갔다 한다.

현재 대부분의 국가는 자본을 낮게 과세한다. 그 이유는 첫째, 경제성장은 일자리를 만들어내고 경제가 성장하기 위해 자본이 필요하기 때문이다. 둘째, 자본투자는 기본적으로 위험하기 때문에 투자를 활성화하기 위해 보상이 필요하다는 논리이다. 하지만 이러한 주장은 실제 미국에서 자본 과세와 경제 성장의 관계를 검증하여 보았을 때 사실이 아니다. 현재의 조세 제도는 자본을 소유한 사람이 부자가 될 수 있도록 하는 환경을 제공했고 초부자들은 자본에서 더 많은 돈을 번다.[233]

---

232. The Triumph of Injustice (Emmanuel Saez and Gabriel Zuckman, Norton & Company 2019), Taxing the Rich, page 128-130, Welcome to Bermuland, page 93

233. A Fine Mess (T.R. Reid, Penguin Press 2017), The Defining Problem; The Taxing Solution, page 136

자본소득과
금융거래세

    자사주 매입은 자본소득을 늘리는 좋은 방법이다. 자사주 매입은 주식 가격을 올려 회사의 자금을 주주에게 돌려주는 배당금 지급과 같은 효과가 있다. 이 두 방식의 차이는 세금이다. 배당은 배당세를 납부해야 하고 자사주 매입은 주식을 팔 경우에만 자본소득세가 적용된다. 현재 자본소득세는 미국에서 낮은 세율이 적용된다. 부자가 세금을 내지 않는 방법은 자신의 비용을 회사에서 제공하는 전용기, 요트, 자동차, 식대로 처리하고 주식을 팔지 않고 보유하는 것이다.[234]

    자선사업은 조세회피에 폭넓게 이용되고 있다. 부자는 가격 결정이 어려운 토지, 예술품, 건물을 기증한다. 독립적인 '감정평가사'는 누가 비용을 대는지를 잘 알고 있다. 예술품을 박물관에 기증하는 사람은 최고로 높은 평가 금액을 세금에서 공제받을 수 있으며 예술품을 기증받은 박물관은 새로 취득한 소장품의 어마어마한 가치를 자랑할 수 있다. 탈세전략으로 분할기증이라는 꼼수가 있었다. 이는 부자가 여름휴가를 즐기는 기간에 미술품을 미술관에 잠시 빌려주는 것을 말한다. 미국에서 이러한 일

---

234. The Triumph of Injustice (Emmanuel Saez and Gabriel Zuckman, Norton & Company 2019), How Injustice Triumphs, page 49–50

이 금지되자 부자들은 '사설 미술관'이라는 새로운 꼼수를 개발했다. 부자의 집 앞에 미술관을 짓고 이 미술관에 예술품을 넘겨주는 것이다. 이는 자기 자신에게 예술품을 넘기고 조세를 감면받는 제도이다. 부자들이 예술을 좋아하는 이유이다.

자선사업 공제는 사람들로 하여금 더 많이 기부하도록 하여 자선을 활성화하기 위한 제도이다. 하지만 자선사업공제로 사람들이 더 많이 기부한다는 주장은 신빙성이 없다. 오히려 일부 기업에서는 유통기간이 임박한 의약품, 식품 등을 기증하고 세금을 공제 받았다. 대부분 국가는 자선사업 공제가 폐지됐을 때 자선 기여가 상당히 줄어드는 것을 경험했다. 그렇다 하더라도 세금을 공제해서 자선사업을 장려하는 것은 나쁜 제도이다. 이는 경제적 이익이 없으면 기부를 하지 않겠다는 것을 의미함으로 자선하고자 하는 고귀한 마음을 싸구려로 만든다.[235]

빈부격차를 해소하고 재정수입을 확보하는 방안으로 금융활동세[FAT, Financial Activities Tax]가 있다. 유럽연합에서 발효된 금융활동세의 하나인 금융거래세[Financial Trading Tax]는 주로 부자들에게 과세되기 때문에 로빈후드세라고 불리운다. 학계에서는 이를 미국 경제학자 토빈[James Tobin]의 이름을 따서 토빈세[Tobin Tax]라 한다. 월가 투기세라고 부르는 사람도 있다.

금융거래세의 가장 기본적인 형태는 주식, 채권, 옵션, 외환, 대부, 보험, 파생상품의 거래에 부과하는 판매세이다. 이들에 대한 과세는 오래된 전통이다. 영국에서 인지세는 모든 주식거래 금액에 0.5%를 부과하며 1614년부터 계속되어 왔다. 미국은 1914년부터 1966년까지 주식거래에

---

235. A Fine Mess (T.R. Reid, Penguin Press 2017), Scooping Water with a Sieve page 83-87

소액의 세금을 부과했으나 월가의 압력에 의해 폐지됐다. 반면 미국 증권 거래소는 주식시장을 관리하는 수수료를 지금까지 받고 있다. 금융거래는 규모가 엄청나기 때문에 세율이 낮더라도 많은 세금을 거둘 수 있다.

미의회 예산 사무소에 의하면 금융거래에 0.1%의 세금을 부과하면 앞으로 10년 동안 7,770억 달러의 세금을 걷을 수 있다 한다. 월 스트리트지는 이 작은 세금에 대해 '작은 수수료, 큰 돈'이라고 표현하고 있다. 이 세금은 상위 1%의 금융자본가가 부담하기 때문에 훌륭한 세금이다. 하지만 주식시장을 질식시키고 투자를 어렵게 한다는 월가의 주장에 밀려 실행되지 못하고 있다.[236]

---

236. A Fine Mess (T.R. Reid, Penguin Press 2017), The Single Tax, The Fat Tax, The Tiny Tax, The Carbon Tax - and No Tax at All, page 180-181, page 184-185, page 199-205

7.2 공정과 신뢰

　사람들은 공정한 것을 좋아하며 이는 인간 본성의 문제이다. 독일 경제학자 베르너 귀스Werner Güth는 현실에서 공정 문제를 다시 한번 더 생각하게 하는 '최후통첩 게임ultimatum game'을 만들었다. 게임은 2인 1조로 이루어지며 참가자가 서로를 알지 못하는 상태에서 진행한다. 게임 규칙은 간단하다. 게임 참가자 중 한 사람이 10만 원을 받고 다른 참가자와 이를 어떻게 나눌 것인가를 결정한다. 그는 자기 마음대로 10만 원 모두를 가지거나, 반반씩 나누거나, 상대방에게 전액을 주는 것을 제안할 수 있다. 단, 제안의 기회는 한 번이고 협상은 있을 수 없다. 다른 참가자는 제안된 금액을 받아들이거나 거절하는 수밖에 없다. 제안을 받아들이면 참가자는 제안한 금액을 나누어 가지지만 거절하면 둘 다 한푼도 가질 수 없게 된다. 최후 통첩이 말해주듯이 두 번의 기회는 없다.

　경제학자들은 합리적 인간은 9만 9천 원을 가지고 다른 참가자에게 천 원을 제안할 것으로 생각했다. 다른 참가자 또한 이성적이라면 천 원이라도 받는 것이 아무것도 없는 것보다 도움이 된다. 공돈을 받을 수 있다면 다른 참가자가 9만 9천 원을 가지는 것에 대해 신경 쓸 이유가 없다. 학자들의 예상과 달리 대부분 참가자는 공정하지 않은 액수의 제안을 단호히 거절했다. 그들은 경제적 손실을 보더라도 바보 취급당하는 것을 거부했다. 참가자들은 불공정을 바로잡고 상대를 응징하기 위해 대가를 치르는 것을 선택했다. 이는 합리성의 문제가 아니라 공정이라는 감성의 문제였다. 적은 돈을 제시받는 것에 대한 분노로 제안을 거절하면 사회 정의를 실천했다는 만족감이 있다. '공정'을 본능적으로 깨우치고 있는 대부분의 제안자는 낮은 금액을 제시하지 않았고 그들은 절반 또는 3~4만원의 금액을 제시했다.

'최후통첩 게임'은 전통 경제학의 기반을 허물었다.[237] 사람은 냉철한 계산에 의해 행동하는 것이 아니라 오히려 따뜻한 사회적 논리에 의해 행동한다는 것이다. 사람은 감성에 지배되며 이는 과거 수렵시대부터 내려오는 복잡한 알고리즘이다. 수렵시대 사냥을 같이 했지만 상대방이 모든 것을 다 차지하고 닭 날개 하나만을 주었다면 어떨까? 닭 날개 하나라도 있으니 좋다고 생각할까? 정상적인 사람이라면 불합리한 대우에 닭 날개를 집어 던지고 크게 항의했을 것이다. 이러한 행동은 단기적으로 배고프고 두들겨 맞을 수 있겠지만 장기적으로 보상받을 수 있다. 불공정한 제안을 받아들이는 온순한 사람은 생존하기 어렵다. 이러한 투쟁에서 살아남은 인류는 불공정을 견디지 못한다.

불공정은 원숭이도 참지 못한다. 영장류 동물학자 프란스 디 발Frans De Waal은 꼬리감기원숭이가 마주 볼 수 있도록 우리를 배치했다. 울타리 안에 작은 돌을 두고 원숭이가 이 돌을 연구원에게 주도록 훈련했다. 연구원은 원숭이가 돌을 주면 오이 조각으로 보상했다. 첫 번째 실험에서 두 원숭이는 모두 오이 조각을 받고 행복해했다. 두 번째 실험에서 첫 원숭이는 보상으로 포도를 받았다. 포도는 오이보다 맛이 좋다. 다른 원숭이는 여전히 오이 조각을 주었다. 첫 번째 실험에서 오이에 한없이 행복해하던 두 번째 원숭이는 분개했다. 원숭이는 오이를 받고 믿을 수 없다는 듯이 바라보다가 오이를 연구원에게 집어던지고 소리지르며 뛰어다녔

---

237. Home Deus (Yuval Noah Harari, Harvill Secker 2016), Beyond Sex and Violence, page 161-167

다. "나는 바보가 아니야!"

◇◇◇

공정의 개념은 정의하기 어렵다. 구체적 숫자로 나타나는 세금에 있어서 공정은 더욱 어렵다. 과연 공정한 세금은 무엇일까? 조세에 있어 공정하다는 것은 완전히 다른 세 가지 의미로 해석될 수 있다. 그 세 가지 이론은 '동등 대우equal treatment, 담세능력ability to pay, 보상 논리compensatory arguments'이다. 형식적으로는 위 세 가지 방식 모두 공정하다 할 수 있다. 하지만 구체적인 납부금액으로 보면 엄청난 차이가 난다. 어떤 해석이 가장 공정할까?

'동등 대우' 이론이다. 사람이 평등하다는 것은 모든 사람이 똑같은 세율로 세금을 내는 것을 말한다. 이는 일률 과세 정신이다. 공평하다는 것은 법 앞에서 동일한 대우를 말한다. 민주주의 국가가 1인 1투표제를 채택하듯이 모든 사람은 동일한 세율 또는 동일한 금액을 납부해야 한다. 돈을 많이 번다고 높은 세금을 내는 것은 정의롭지 않다. 공정한 세금은 같은 비율로 과세하는 것이다. 부자에 대해 높이 과세하는 것은 성공을 처벌하는 일이며 열심히 일하고자 하는 동기를 빼앗아간다. 현대 조세 제도의 가장 큰 모순은 모든 사람을 동등하게 대우해야 한다는 민주주의 원칙과 충돌하는 것이다.

'담세능력' 이론이다. 밀John Stuart Mill은 담세능력을 고려한 '동등한 희생Equality of Sacrifice'을 주장했다. '동등한 희생' 이론은 경제학의 한계효용 이론을 차용했다. 가난한 사람은 조금만 과세하여도 한계효용이 극단적으로 감소하나 부자는 한계효용이 크게 감소하지 않는다. 따라서 동등한 희생을 위해 부자와 가난한 사람의 한계효용감소가 같아질 정도로 과세해야 한다고 한다. 담세능력에 따른 과세는 많은 사람이 주장하고 있으나 반대 의견도 많다. 우선 '동일한 희생'을 위해 부자가 얼마나 더 많은 세금을 내야 하는지를 알 수 없다는 것이다. 다음은 부자가 돈을 어떻게 벌었는지를 고려하지 않는다는 것이다. 개인의 노력과 희생으로 어렵게 번 돈을 부자라는 이유로 심하게 과세할 수 없다는 것이다. 단순히 운이 좋아서 부자가 된 사람을 중과세하는 것은 대부분 인정한다.[238]

부자가 더 많은 돈을 납부해야 한다는 것은 성경[239]에서도 이야기하고 있다. 예수는 가난한 과부가 렙돈 두 닢을 헌금하는 것을 보고 이 과부는 자기가 가지고 있는 생활비 전부를 넣었다고 하며 부자들이 더 많이 헌금하도록 암시했다. 이는 담세능력에 따른 최대 부담을 이야기한 것이다. 이는 세금으로 얼마를 냈느냐 보다는 세금을 납부하고 남은 것이 없다는 것이 더 중요하다.

'보상 논리'이다. 이는 부자가 국가로부터 특혜를 받았기 때문에 이를 보상하기 위해 더 많은 세금을 내야 한다는 이론이다. 이 말은 셀리그만 Edwin Seligman 교수[240]가 만들어냈다. 보상 논리는 누진세를 적용하는데 있어 가장 강력한 논리이다. 역사적으로 국가는 소비되는 물품에 대한 간접세를 통해 재정수입을 확보했다. 간접세는 징수하기 쉽다. 소비에 대한

---

238. Taxing the Rich (Kenneth Scheve & David Stasavage, Princeton University, 2016), Three ways to treat people as equals, Page 206-210, Treating Citizens as Equals, page 24, page 31

239. 성경은 전체로 볼 때 반대로 해석될 수 있는 부분이 있으며 세금에 대한 견해도 그 중 하나이다. 성경의 출애굽기에는 동등 대우를, 마가복음은 담세능력에 따른 과세를 이야기하고 있다.

240. 셀리그만(186~1939)은 경제학자로 조세와 공공재정을 연구했다. 그는 누진적 소득세를 주장하여, 미국에서 소득세 도입에 기여했다.

과세는 가난한 사람이 소득에 비해 더 많은 세금을 납부하기 때문에 역진적이다. 따라서 소득세는 간접세의 역진 문제를 치유하기 위한 보상으로 부자에게 누진적으로 과세해야 한다.[241]

존 롤스John Rawls는 다른 방법으로 불공정을 치유할 수 없다면 급격하게 누진적인 소득세가 필요하다 했다. 불공정을 바로잡기 위해서라면 두 가지 잘못을 합하여 이를 바르게 할 수 있다 했다.

보상 이론은 부자가 운이 좋아서 돈을 번 것인지 또는 노력으로 번 것인지에 대한 사람들의 인식에 따라 달라진다. 유럽에서는 부자가 운이 좋았다고 보고 과세하여 불평등을 보상하려는 성향이 강하다. 노력하지 않았는데 땅값이 오르고 부모를 잘 만나 상속받은 경우이다. 반면 미국은 부자는 노력으로 만들어졌다고 생각하기 때문에 부자 과세를 반대하는 목소리가 크다. 기업가 정신을 살려야 한다는 것이다. 정부의 정책에 의해 부자가 만들어진 경우 보상 이론은 정점에 이른다. 정부의 특혜로 부자가 됐다면 형평성 차원에서 더 많이 과세해야 한다는 것이다.[242]

제1차 세계대전에서 대규모 징병은 부자 과세를 새롭게 부각시켰다. 전쟁 상황에서 젊은 사람을 징병한다면 이에 상응하여 부富도 공정하게 징발해야 한다는 것이다. 이러한 '부의 징발' 이론은 일종의 보상 논

241. A Fine Mess (T.R. Reid, Penguin Press 2017), Taxes: what are they good for? page 28, page 44–45, Taxing the Rich (Kenneth Scheve & David Stasavage, Princeton University, 2016), Treating Citizens as Equals, page 33

242. Taxing the Rich (Kenneth Scheve & David Stasavage, Princeton University, 2016), Treating Citizens as Equals, page 37, Was There a postwar consensus? 188–189, Three ways to treat people as equals, Page 209

리이다. 제2차 세계대전은 보상 논리의 정점으로 부자의 소득에 94%까지 과세했다. 보상 논리는 제2차 세계대전의 대규모 동원이 끝나면서 사라졌다. 전시 강력한 부자 과세 근거였던 보상 논리는 현재 '담세능력' 또는 '공정'이라는 말로 설명되고 있지만 그 영향은 제한적이다. 이로 인해 1980년대 초반까지 80%대로 유지되던 소득세 최고세율은 현재 30% 대로 떨어졌다.

◇◇◇

조세 제도가 잘 작동하기 위해서는 실제 공정한 것이 중요할까? 아니면 공정하다는 외양을 갖추는 것이 더 중요할까? 유발 하라리는 공정의 원칙은 작은 집단에서는 잘 작동되나 대규모 집단에서는 작동되지 않는다 했다. 역사적으로 대부분의 국가는 극도로 불공정했지만 놀랍게도 안정적이며 효과적이었다 한다. 대규모 집단에서는 공정하다는 외양이 더 중요한 것으로 보인다. 하라리는 '최후통첩 게임'이 두 사람이 아닌 백만 명씩 두 개 그룹에서 이루어지는 것을 가정했다. 백만 명의 의견은 통일하기 어렵다. 지도자를 통해 의견을 조율하여야 하지만 지도자는 자신의 이익을 우선하여 금액을 나누고 당근과 채찍으로 다스린다는 것이다. 지도자는 반란이 의심스러운 사람은 처벌하여 압박하고 온화한 사람에게는 영원한 내세를 약속한다. 이는 정권이 바뀌어도 기본적으로 불평등한 귀족 사회가 수천 년 동안 유지된 이유이다. 사람들이 종교와 같이 공통적인 신념체계를 가지고 있다면 국가는 안정적인 계층구조를 만들고 다수가 협력하는 네트워크를 더 잘 구축할 수 있다. 이는 비록 불공정하지만 국가가 잘 유지됐던 이유이고 정치가 종교를 존중한 이유이다.

정부는 공정하다는 외양을 널리 알리기 위해 홍보전문가를 채용한다. 홍보전문가는 자신이 알리고 싶은 것만 알리고 이를 믿도록 하는 사람이다. 이들은 다양한 기법으로 공포감, 애국심 같은 군중심리를 조작하여 자발적 납세를 유도한다. 이에 비하여 고대 그리스와 로마가 더 좋은 조세 제도를 가지고 있었다. 그들은 걸출한 경력을 가진 정치인을 국세청장으로 임명했다. 납세자들은 국세청장을 사랑하고 존경했으며 지도자의 도덕성이 납세자에게 긍정적인 영향을 주었다. 현재의 기준으로 보면 처칠, 링컨, 루스벨트 같은 사람이 국세청장으로 봉사하면서 정치 경력을 마무리했을 것이다.[243]

'최후통첩 게임ultimatum game' 내에서도 불공정을 인내하는 예외적인 상황이 있다. 실제 게임참가자들이 불공정을 받아들이는 때는 첫째, 제안자가 나보다 더 뛰어난 능력을 갖고 있다고 믿는 경우이다. 시험 성적으로 제안자를 결정하면 사람들은 불공정한 제안을 쉽게 받아들인다. 과거 황제들은 신과 교감을 가지고 있거나 초인적인 능력이 있다고 주장했다. 황제가 천자天子라는 사실을 믿게 되면 백성들은 불공정을 인내한다. 둘째, 제안에 대해 여러 명이 경쟁하는 경우이다. 경쟁 관계에서는 다른 사람에 앞서 천 원이라도 받아야 한다. 셋째, 이해관계가 전혀 없는 컴퓨터를 통해 제안하는 경우이다. 컴퓨터 추첨도 결국 사람이 만든 프로그램에 의한 결과이지만 사람들은 컴퓨터 추첨의 공정성을 의심하지 않는다.[244]

◇◇◇

경제학자 또는 법학자에게 세금은 단순해 보인다. 사람들이 세금을

---

243. For Good and Evil (Charles Adams, First Madison Books Edition 2001), The Early Republic, page 82

244. Home Deus (Yuval Noah Harari, Harvill Secker 2016), Beyond Sex and Violence, page 161– 167

납부하도록 하기 위해서는 강력한 처벌과 세무조사 그리고 탈세가 어려운 세법을 만드는 것이다. 탈세를 제대로 단속하고 처벌한다면 탈세할 동기가 줄어드는 것은 사실이지만 이를 집행하는 비용도 커진다. 사람의 탈세 본능은 지속해서 억누르기가 어렵다. 세법이 복잡하고 예외가 있다면 조세를 회피하고자 하는 분위기가 만연된다. 세금이 공정하지 않다고 생각하면 사람들은 탈세를 정당하다고 생각한다. 세금이 과도하면 탈세의 인센티브가 증가하여 처벌을 강조하는 법으로 막기 어렵다. 국가의 조세 제도는 유능한 세무공무원의 강제와 처벌만으로는 작동할 수 없다.

미국 미네소타 주정부는 조세의 자진 납부와 관련하여 1995년 납세자를 대상으로 조사했다. 납세자의 법규준수도Voluntary compliance를 높이기 위해 주정부가 납세자에게 제공한 다음의 4가지 정보 중에서 영향력이 가장 큰 정보가 무엇인가를 질문했다. (1) 조세는 공공의 이익을 위한 부담이다. (2) 조세를 납부하지 않으면 처벌된다. (3) 세무서에서 조세 납부가 쉽도록 도와준다. (4) 90% 이상의 사람이 납부했다. 납세자에게 가장 큰 영향을 준 정보는 놀랍게도 (4) "많은 사람이 세금을 납부했다."였다. 다른 사람이 세금을 납부하는 것을 보고 자신도 세금을 납부하는 것은 사회적 준거Social Proof이지만 공정성의 문제이기도 하다. 다른 사람이 세금을 납부하고 있다는 믿음이 있을 때 사람들은 자진 납부할 가능성이 높아진다.

도덕주의자인 미국 윌슨Woodrow Wilson 대통령이 말했듯이 사람들은 납세의무를 '명예로운 특권'이라고 생각하지 않는다. 공정하지 않은 조세는 탈세를 정당화한다. 러시아에는 "모든 사람이 훔치면, 모두 도둑이 아니다."라는 속담이 있다. 프랑스에도 "나라에서 가져가는 것은 훔치는 것이 아니다."라는 비슷한 속담이 있다. J.P 모건은 1937년 탈세에 대하여 "의회는 세금을 어떻게 부과할지 알아야 한다. 의회가 세금을 어떻게 징수하는지 모른다면, 세금을 내는 것은 바보가 하는 짓이다."라고 말했다.

미국 배우이자 칼럼니스트였던 로저스Will Rogers는 공정성을 강조하여 "사람들은 낮은 세금보다 공정한 세금을 원한다." 했다. 사람들은 자기의 소득을 극대화하는 조세 제도를 선호하기도 하지만 공정성도 추구한다. 사람들이 가진 공정의 기준은 시대에 따라 변하며 일부 사람들은 다른 사람보다 공정성에 더 많은 가중치를 두기도 한다.[245]

국가와 조세는 신뢰 시스템이다. 신뢰는 개인보다 공동으로 기금을 모아서 함께 일하는 것이 좋고 정부의 역할과 민주주의에 대한 믿음이다. 조세의 공정성에 대한 신뢰가 있다면 아무리 누진적인 세금이라도 시민들이 납부할 것이며, 이러한 신뢰가 깨지면 탈세와 불법이 만연하게 된다. 신뢰가 사라지면 조세 집행에 물리적 강제만 남아 사회적으로 더 큰 비용이 필요하며 불신은 극에 달하게 된다. 최고의 조세 시스템은 처벌이 아니라 공정과 신뢰에 의하여 유지되는 시스템이다.[246]

---

245. A Fine Mess (T.R. Reid, Penguin Press 2017), Taxes: what are they good for? page 28,
For Good and Evil (Charles Adams, First Madison Books Edition 2001), The Artful Dodger: Evasion and Avoidance, page 402

246. The Triumph of Injustice (Emmanuel Saez and Gabriel Zuckman, Norton & Company 2019), How Injustice Triumphs, page 47–48

7.3 빈자 과세 부자 과세

"누가 세금을 내는 것이 공정한가."라는 질문에 얽힌 대립과 갈등은 역사적으로 빈자와 부자 사이에 가장 많았다. 남북전쟁 당시 세금에 관한 토론 중 한 의원이 다음과 같은 말을 했다. "세금은 내 코에 난 종기와 같아서 몹시 불편해." 다른 의원이 물었다. "그렇다면 그 종기가 어디에 있으면 좋겠는가?" 한참 생각에 잠겨 있던 그 의원이 대답했다. "나는 이게 다른 사람의 등에 있었으면 좋겠어."

사람들은 자기만 빼고 다른 사람들이 세금을 내는 것을 좋아한다. 과거 5000년 동안 조세 제도는 권력자를 제외하고 다른 사람이 세금을 내는 구조였다. 근대 정치학자들은 이를 치유하기 위해 동의에 의한 과세를 주장했다. 동의한 사람은 상처받을 수 없다는 말처럼 사람들이 동의했다면 그 사람의 소득에 대해 90%를 과세하여도 아무런 문제가 없다 했다. 현실에서 실제 동의한 적은 없지만 기독교인은 유대인에게 기독교인보다 4배 더 많은 세금을 부과했다.[247]

◇◇◇

지금은 부자 과세가 유행이지만 빈자 과세가 유행이던 시절도 있었다. 근대 이전 경제학자들은 빈곤을 치유하는 최고의 처방은 빈자 중과세라 믿었고 가난한 사람에게 더 많은 세금을 부과했다. 세금이 늘어나면 가난한 사람은 세금을 내기 위해 더 열심히 일하게 된다. 이는 노동 생산

---

247. Those Dirty Rotten Taxes (Charles Adams, Simon & Schuster 1998), Do not dig a hole for somebody else, Lest you fall in it yourself page 146

성으로 이어지고 모든 사람에게 도움이 된다. 세금은 빈곤퇴치를 위한 수단이 된다. 가난한 사람은 잡초와 같아서 많이 자를수록 더 강해진다 했다. 물론 가난한 사람은 이러한 생각에 절대 동의할 수 없었다. 프랑스 농부들은 과도한 세금에 폭력으로 저항했다. 농부들은 살인, 파괴, 공격, 방화와 같은 폭동을 일으켰다. 보르도Bordeaux 지방에서 조세 반란이 진압되고 재무장관은 다음과 같이 말했다. "반란이 끝나고 10년이 지났지만 프랑스 세리가 보르도 지방을 돌아다니는 것은 당시 전쟁중인 스페인 지방을 돌아다니는 것보다 더 위험하다."

프랑스는 영국과 백년전쟁에서 전비를 조달하기 위해 1355년 소득세를 도입했다. 소득세는 유례가 없는 빈자 중과세였다. 소득세 세율은 부자 4%, 중산층 5% 그리고 가난한 사람은 10%였다. 부자와 귀족은 이 세율에도 불만이었다. 비록 부자가 4%를 납부하여도 결론적으로 부자가 더 많은 세금을 납부하기 때문에 이는 불공평하다.

19세기에는 사회진화론Social Darwinism이 대유행이었다. 사회진화론은 자연 세계와 같이 인간 사회도 생존을 위한 경쟁이며 경쟁은 '적자생존' 適者生存에 의해 결정된다 했다. 자연의 섭리는 힘있는 자가 힘없는 사람을 착취하는 것이다. 국가가 가난한 사람을 돌보는 사회보장은 자연의 진화 과정을 방해한다. 무한 경쟁은 당연한 일이며 자연의 선택과 일치한다. 가난한 자는 '도태된 자'로 도움을 주어서는 안 되며 생존경쟁에서 부는 성공의 상징이다. 사회진화론은 앵글로 색슨족이나 아리안족의 생물학적 우월성을 지지했고 제국주의와 인종차별적 정책을 합리화했다. 사회진화론으로 무장한 자산가들은 빈부격차를 해소하려는 국가의 노력을 폄하했다. 가난한 사람이 일하지 않고 수입을 얻을 수 있다면 게으르고 나태해질 것이다. 사기 치고 쓸모없는 사람이 될 것이다. 그들은 자기 존중과 절제의 미덕을 상실하고 게으름과 반항심만 키울 것이다 했다. 인구론의 맬서스Thomas Malthus는 가난한 사람의 생활 수준은 높아질 수 없다고 했다. 가난한 사람은 돈이 생기면 아이를 더 가져 불행하게 된다. 애덤 스미스의 추종자인 세Jean-Baptiste Say는 진정한 자유 시장에서는 실업이 불가능하다 했다. 사람들이 일자리를 구하지 못하는 것은 시장이 감내하는 수준보다 더 높은 임금을 요구하기 때문이라 했다.

자본가들은 자선의 혜택을 받는 것은 도덕적 약점이라 낙인찍었다. 노동자는 가족 수를 최대한 줄이고 알코올을 포함한 모든 사치를 금지해야 한다. 그들은 고난에 대비하여 저축해야 하며 근검절약해야 한다. 빈민 구제는 구호에 의존하는 나쁜 행동을 장려한다. 빈곤에 대응하는 효과적인 방법은 가난한 사람을 더 가난하게 만드는 것이다. 건강한 실업자라면 도움을 요청하는 대신 무슨 일이라도 해야 하며 국가는 이러한 환경을 만들어야 한다. 1834년 영국에서 통과된 빈민법은 이러한 생각을 반영했다. 빈민은 감옥 같은 창고에 거주하는 것을 전제로 구제했다. 빈민들은 이를 바스티유 감옥이라 불렀다.[248]

빈자 과세가 유행하던 시절 부자들은 민주주의라는 말을 저주했다. 시민의 요구로 투표권을 확대했지만 귀족들은 보편적 투표를 두려워했다. 부자들이 두려워했던 것은 투표로 선출된 대표자에 의한 약탈적 부자

---

248. For Good and Evil (Charles Adams, First Madison Books Edition 2001), Many Revolts −One revolution, page 231, Fight Flight Fraud (Charles Adams, Euro−Dutch Publishers,1982), Many Revolts −One revolution page 176

과세였다. 이러한 이유로 귀족들은 재산이 있어야 투표할 수 있도록 투표권을 제한했다. 지배계급은 귀족들로 구성된 상원의회처럼 투표로 선출되지 않는 두 번째 의회를 만들었다. 두 번째 의회는 절대 군주가 임명했고 부자 과세와 같은 계급 입법에 거부권을 행사할 수 있었다. 하지만 귀족들의 우려는 현실화되지 않았다. 전세계 모든 민주국가에서 가난한 사람들은 부자의 재산을 몰수하지 않았다. 1900년을 기준으로 많은 국가들은 민주적인 투표제를 선택했으나 소득세가 10%를 상회한 국가는 하나도 없었다.[249]

◇◇◇

프랑스 경제학자 피케티Thomas Piketty는 세금 이야기로 베스트 셀러를 만들었다. 《21세기 자본론》은 무려 700페이지에 이르는 어려운 경제학 책이지만 대중적인 인기를 얻고 있다. 그는 현대 사회가 겪고 있는 부의 불평등 원인을 분석하고 해법을 제시했다. 피케티는 극단적인 빈부격차를 해소하는 방안으로 부자들에 대한 '누진적 소득세'와 '국제 부유세' 등 지루한 세금 이야기를 하고 있지만 그는 연예인 이상의 인기를 누리고 있다.[250]

피케티Thomas Piketty는 정부 정책으로 빈부격차가 심화된다 했다. 노동을 통한 급여보다 주식 거래를 통한 자본 수익을 낮게 과세하기 때문에 빈부격차가 더 커졌다 한다. 미국 서브프라임 모기지 사태로 주택과 금

---

249. Taxing the Rich (Kenneth Scheve & David Stasavage, Princeton University, 2016), Changes in Top Rates: A role for deomcray, page 64

250. A Fine Mess (T.R. Reid, Penguin Press 2017), The Defining Problem; The Taxing Solution, page 115

융시장이 붕괴됐을 때 미국은 집 잃은 보통 사람을 지원하는 대신 금융 기관을 지원했다. 이는 금융자본가와 주주를 더 좋게 만들었다. 놀랄만 한 일이 아니다. 금융 자본이 법을 만드는 의원과 관료들에게 더 큰 영향 을 미치고 있기 때문이다. 현대 부자들은 임금보다 자본투자를 통해 돈을 번다. 부자들은 주식, 채권, 선물거래, 부동산, 특허 등을 통해 엄청난 돈 을 벌고 있지만 매일같이 노동으로 돈을 버는 사람보다 세금은 적게 내 고 있다. 서민들은 택배 회사와 계약하여 배달로 돈을 벌지만 택배 회사 의 주식을 가진 부자가 몇 배 더 많은 돈을 번다. 그리고 주주들은 노동소 득에 비하여 적은 비율의 세금을 낸다.

부자가 더 부자가 되는 것은 경제의 원칙이 됐다. 모든 사람이 평등하 다는 관념은 죽어가고 있다. 피케티는 부자 중과세를 주장하고 있다. 부 자에게 걷은 돈으로 보통 사람의 복지를 증가시키는 교육, 의료, 직업을 제공하는 것이다. 소득세는 노동을 통해 돈을 버는 사람보다 금융거래를 통해 돈을 버는 사람이 더 많이 내어야 한다. 하지만 다수의 국가는 임금 보다 자본소득에 낮은 세율로 과세하고 있다. 임금은 노동자가 아프거나 사고를 당하면 소득이 없지만, 자본은 술을 마시거나 잠들어 있는 시간에 도 돈을 벌어준다.[251] 이는 지독히 불공평하며 자본가의 축재를 돕는 정책 이다.

피케티는 최적의 소득세 세율이 80%이며 약 5억원 이상의 소득에 80%의 세율을 적용한다면 경제성장을 저해하지 않으면서 소득 불균형

---

251. Taxing the Rich (Kenneth Scheve & David Stasavage, Princeton University, 2016), United Kingdom, page 139

을 해소할 수 있다 한다. 피케티는 높은 소득세뿐 아니라 부유세를 주장하고 있다. 부유세는 집과 토지에 대한 세금이 아니라 모든 부의 총액에 대한 세금이다. 따라서, 집, 땅, 자동차, 요트, 보석, 은행계좌 및 금융자산, 소장 예술품 등을 합하여 과세해야 한다. 자산 총액이 50억 원인 사람에게 부유세 2%를 부과하면 그 사람은 매년 1억 원의 부유세를 납부해야 한다. 부유세는 탈세의 문제가 있다. 매년 1억씩을 내야 하는 부자라면 예금과 예술품 같은 자산을 해외로 빼돌릴 것이다. 이를 방지하기 위해 피케티는 국제 부유세를 주장한다.

피케티에 앞서 19세기 불평등의 문제를 조세로 해결하고자 한 사람으로 미국인 헨리 조지Henry George가 있다. 1879년 발간된 그의 《진보와 빈곤Progress and Poverty》은 300만 부 이상 팔렸으며 20개 언어로 번역됐다. 빈부격차가 극심했던 미국에서 당시 그는 마크 트웨인, 토마스 에디슨과 같은 인기를 누렸다. 조지는 토지에 대한 단일세Single tax를 주장했다. 일반적으로 특정 대상에 과세하면 해당 행위는 위축된다. 노동에 대한 과세, 상거래에 대한 과세, 이자에 대한 과세는 모두 부정적인 영향이 있다. 과세하여도 위축되지 않는 유일한 것은 토지이다. 토지 소유는 아무리 높은 세금을 부과하여도 사라지지 않기 때문에 토지에 대한 단일세금으로 재정 수요를 충족할 수 있다고 했다.[252]

---

252. A Fine Mess (T.R. Reid, Penguin Press 2017), The Single Tax, The Fat Tax, The Tiny Tax, The Carbon Tax — and No Tax At All, page 171–175

국토 보유세

지난 대통령 선거에서 이슈가 됐던 국토보유세는 조지의 단일세와 유사한 개념이다. 이는 토지가치세^{Land Value Tax} 또는 장소사용세^{Location Usage Tax}라는 말로도 불리고 있다. 이는 19세기 미국 경제학자가 만들어낸 변덕스러운 개념이 아니다. 이 세금은 1909년 영국에서 처칠^{Winston Churchill}이 도입하고자 했던 이상적인 세금이다. 처칠은 도로와 길이 닦이고 전기와 수도가 들어오면서 지주는 땅값 상승의 혜택을 보지만 지주는 한 일이 아무것도 없다 했다. 땅값 상승은 모든 사람의 비용과 노력으로 이루어졌기 때문에 이 과정에서 발생한 이익을 공동체가 가져가는 것은 바람직하다 했다.

이 개념에 의하면, 1억짜리 땅에 지주가 4억을 들여 5억짜리 집을 만든다면 이때 세금은 당연히 없다. 집주인의 노력으로 5억짜리 집이 됐기 때문이다. 반면 이 집 주변에 지하철이 개통되어 땅의 가치가 1억에서 5억이 된다면 늘어난 부는 공동체가 가져가야 한다는 것이다. 이는 집주인의 노력과 관계없이 발생한 불로소득이기 때문이다. 이 세금은 넓은 야산을 보유한 사람보다 도시에 알짜배기 땅을 소유한 사람이 많이 내게 된다. 토지는 숨길 수 없기 때문에 탈세가 불가능하다는 장점도 있다. 또한 이 세금은 토지에 돈을 묻어 두고 개발이익을 기대하는 투기를 예방할 수 있는 이상적인 세금이나 현실에서 수용가능성에는 의문이 있다.

　이 세금은 처칠도 대지주의 반대로 실패했다. 우리나라에서도 유사한 토지 초과이득세가 위헌이라고 결정됐기 때문이다. 이 세금은 실현되지 않은 이익에 대한 과세의 문제가 있고 원천징수되는 소득세와 달리 재산을 팔아서라도 세금을 내야 하는 지주들의 저항이 상당할 것이기 때문이다. 악마는 디테일에 있다 했듯이 이 세금이 앞으로 어떻게 될지 궁금하다.[253]

253. Daylight Robbery (Dominic Frisby, Penguin Random House UK 2019), Designing Utopia, page 211-215

노벨상 수상자인 스티글리츠Joseph Stiglitz는 시장은 그 자체만으로 효율적이지도 안정적이지도 않다 했다. 그는 《불평등의 대가The Price Of Inequality》에서 경제적 불평등은 정치 시스템 실패의 원인이자 결과라 했다. 정치가 실패하면 경제 시스템이 불안정해지고 그 불안정은 다시 불평등을 심화시킨다 한다. 지난 30년 간 하위 90%의 소득은 15% 증가한 반면 상위 1%는 150% 증가했다. 이는 장기적으로 불평등과 양극화로 상위 1%에게도 나쁜 영향을 미친다. 그는 자본소득을 낮게 과세하는 것을 폐지해야 한다 했다. 자본소득과 노동소득은 최소한 같은 수준에서 과세해야 하며 이것이 공정한 조세 시스템이다. 부자 과세는 공공의 필요와 가난한 사람에게 동등한 생존권을 보장하기 위해서 필요하며 특히 면세 규정을 폐지하는 것이 중요하다 했다.[254]

사에즈Emmanuel Saez와 주크만Gabriel zuckman은 국가소득세National Income Tax를 주장한다. 국가소득세는 자본소득, 노동소득, 제조업, 금융업, 비영리법인 여부를 불문하고 모든 소득에 대하여 동일하게 과세하는 것을 말한다. 부자들이 많이 가지고 있는 주식과 저금도 예외는 아니며 모든 소득은 단일세율로 예외 없이 과세해야 한다 하고 있다. 법인 소득과 개인소득에 차이가 없도록 유보, 배당 여부를 불문하고 동일하게 과세하여 법인을 통한 조세회피를 막아야 한다 주장한다. 미국에서 최고 소득자 400명은 소득의 20% 정도를 납부하고 있지만, 초부자들의 노동의욕을 저해하지 않고 빈부격차를 해소하는 최적의 소득 세율은 60%라고 주장한다. 소

---

254. A Fine Mess (T.R. Reid, Penguin Press 2017), The Defining Problem; The Taxing Solution, page 123–125

득 불공평을 충분히 해소하기 위해 부유세 또한 필요하다고 했다. 워렌 버핏과 같은 부자들은 부에 비하여 낮은 세금을 내도록 소득과 자산을 조정했기 때문이다. 초부자들은 많은 자산을 축적하면서 소득 대비 0% 대의 세금을 내면서 살고 있다. 초부자들은 상속세를 낼 수 있지만 이는 20~30년 후에 일이고 탈세 전략을 통해 사전에 회피하기 때문에 부유세가 필요하다 한다.

부유세의 장점은 자산을 숨기기 어렵다는 것이다. 버핏이 600조 달러가 넘는 자산을 가졌다는 사실은 감추기 어렵다. 엘리자베스 워렌Elizabeth Warren 의원의 주장대로 부유세가 3% 과세된다면 버핏은 2019년 현재 소득세 2백만 달러를 납부하다가 천 배 더 많은 부유세 18조 달러를 납부해야 한다. 워렌은 5천만 달러 이상의 부자에 대해서는 2%, 10억 달러 이상의 부자에 대해서는 3%의 부유세를 주장하고 있다. 여기에 더하여 버핏은 소득세도 몇 백배 더 납부해야 한다. 개인적으로는 버핏이 매년 18조 달러 이상의 부유세와 소득세를 추가로 납부하면서 부자 과세에 동의할지 궁금하다.[255]

◇◇◇

토마 피케티가 유명 인사가 된 이유는 빈부격차이다. 그는 사람들이 절실하게 느끼는 빈부격차 문제를 제기하고 해결 방안을 잘 제시했기 때문이다. 헨리 조지의 저술이 유행하던 19세기 말과 20세기 초 미국에서도 빈부격차가 극심했다. 이 시기를 억압적인 세금도 없고 기업 활동에

---

255. The Triumph of Injustice (Emmanuel Saez and Gabriel Zuckman, Norton & Company 2019), Taxing the Rich, page 132–135, page 138–139, page 149, A world of possibility, page 187–190

정부의 간섭도 없는 자본주의의 황금기라고 말하는 사람도 있다. 하지만 당시 빈부격차는 미국에서 가장 격렬한 노동 운동의 원인이었으며 자본 세력과 많은 충돌이 있었다. 극심한 빈부격차는 대공황과 세계대전을 겪으면서 완화되기 시작했다. 미국은 90%에 이르는 소득세와 복지 프로그램을 도입했고 이로써 빈부격차는 1970년대 가장 낮은 수준으로 떨어졌다. 줄어들었던 빈부격차는 1980년대 레이건 대통령의 부자감세정책으로 다시 커지기 시작하여 현재는 심각한 수준에 이르렀다.

기울어진
운동장

1970년대 미국 부자는 자신의 소득에서 50% 이상을 세금으로 납부했다. 이는 노동자보다 2배 높은 세율이었다. 신자유주의에서 자본에 대한 세율은 대폭 축소됐고 현재 부자들은 노동자, 교사 또는 은퇴자보다 더 적은 세금을 낸다. 미국정부의 지출은 1910년에 비하여 4배 증가했지만 부자의 기여는 1910년 수준으로 되돌아갔다. 초부자들은 전통적인 사회적 의무를 다하지 않고 있다. 2011년 자료에 의하면 미국 사람은 평균 25~30%대의 소득을 세금으로 납부한다. 하지만 연간 소득이 천만 달러 이상인 1만 2천 명은 평균 20.4%, 1억 달러 이상인 400명은 평균 18%의 소득세를 낸다.[256]

그 결과 미국에서 1970년대 말 상위 1%의 부자가 국부의 22%를 차지하였으나 2018년에는 37%로 상승했다. 반대로 하위 90% 사람들이 차지하는 국부는 같은 기간 40%에서 27%로 떨어졌다. 1980년대 이후 상위 1%와 하위 90% 사람들이 차지하는 부의 위치가 바뀌었다. 하위 90%

256. A Fine Mess (T.R. Reid, Penguin Press 2017), The Defining Problem; The Taxing Solution, page 135, The Triumph of Injustice (Emmanuel Saez and Gabriel Zuckman, Norton & Company 2019), Reinventing Fiscal Democracy page 11

가 잃은 것을 상위 1%가 가져갔다. 1950년대 유통업 CEO는 직원의 평균 임금보다 20배 더 많은 임금을 받았고 부자로 존경받았다. 현재 유통업 CEO는 직원보다 600배 높은 임금을 받고 있으며 월마트 CEO는 1,000배 많은 임금을 받고 있다. 일반 기업의 CEO와 금융산업 CEO도 높은 수준의 보수를 받고 있다. 보통 사람의 소득은 정체하거나 퇴보하고 부자만 더 큰 부자가 됐다. 중간 소득의 가구는 최근 15년 동안 소득이 8.6% 감소했다. 2000년대 초반 미국 중간 가구의 소득은 약 55,000달러에서 지금까지 변화가 없지만 상위 1%는 405,000달러를 상위 0.1%는 1,900,000달러를 벌었다.[257]

불평등이 확대되는 가장 큰 원인은 부자들은 임금이 아니라 자본소득을 통해 돈을 벌기 때문이다. 보통 사람은 햄버거를 조리하거나 청소하면서 돈을 벌지만 돈은 햄버거 회사의 주식을 보유하거나 사고 파는 투자자가 가장 많이 번다. 미국에서 소득 하위 90%는 노동을 통해 소득의 85%를 얻는다. 나머지 15%는 자본소득이다. 하지만 상위 0.1%는 소득의 2/3 이상을 자본을 통해 벌고 최상위로 가면 자본소득이 100%이다. 정부가 자본에 대한 세금을 낮추면 이는 부자들에게 특혜를 주는 것이 된다. 정부는 부자들이 눈사람 굴리듯이 부를 축적하는 것을 도와준다. 부는 소득을 만들고 이 소득은 노동에 의한 소득보다 세금을 적게 내고 다시 부와 소득을 만드는 악순환이 이루어진다.[258]

---

257. A Fine Mess (T.R. Reid, Penguin Press 2017), The Defining Problem; The Taxing Solution, page 116, page 119, page 122

258. The Triumph of Injustice (Emmanuel Saez and Gabriel Zuckman, Norton & Company 2019), Spiral, page 97–98

OECD가 발표한 2018~2019년 기준 한국의 상대적 빈곤율은 16.7%로 조사 대상 37개 회원국 중 4위를 차지했다. 상대적 빈곤은 사회 구성원 대부분이 누리는 일정한 수준의 생활을 누리지 못하는 상태를 말한다. 최소 생활 수준에 해당하는 절대적 빈곤과는 다른 개념이다. 상대적 빈곤율이 우리보다 높은 나라는 1위 코스타리카와 미국, 3위 이스라엘이다. 우리나라에선 6명 중 1명이 상대적 빈곤에 해당하며 기준이 되는 소득은 2021년 2인 가구 154만원이다. 불공평한 조세 제도를 다시 한번 고민해야 할 이유이다.

◇◇◇

　부자 과세는 경제성장에 악영향을 미친다고 500년 이상 비판받았다. 하지만 실증적인 자료는 이와 반대 현상을 보여주고 있다. 미국의 경우 높은 세율의 소득세가 부과되던 기간[1946~1980] 경제성장률은 매년 2%로 견실했으나 낮은 세율의 소득세가 부과되던 기간[1980~2018] 경제성장률은 평균 1.4%에 그쳤다. 세계화 논쟁은 이탈리아 르네상스 시대부터 있어 왔다. 세계화 논쟁은 세제지원을 통해 가급적 많은 해외 투자와 경제활동을 유치하라고 하지만 오히려 역외 탈세만 부추기고 있다. 최근 200년 동안의 자료에 의하면 정부는 부의 불균형이 크다고 부자 과세를 강화하지 않았다. 하지만 높은 소득세는 부의 불균형을 줄여주었다는 것을 입증하고 있다. 부자 과세는 부의 불균형이 심각하고 정부가 부자에게 유리한 기울어진 운동장을 만들었기 때문이라고 생각할 때 이루어졌다.[259]

　과거 부자감세를 대표하는 낙수효과 이론[260]은 기대되는 경제적 효과를 가져오지 않았다. 오히려 재정적자의 심화와 부의 양극화만 불러왔다. 폴 크루그먼은 그의 저서 《미래를 말하다》에서 레이건의 낙수 이론은 부자를 위한 정책이라고 비판했다. 빈부격차가 심화되는 현재 부자 과세가

---

259. Taxing the Rich (Kenneth Scheve & David Stasavage, Princeton University, 2016), Treating Citizens as Equals, page 22, Did fears for growth lead to lower taxes? Page 192~195, Did Globalization make it impossible to tax the Rich? Page 195~200

260. 조세를 감면하면 단기적으로는 조세수입이 감소하고 재정적자가 발생하지만, 투자가 일어나고 그 효과로 보통 사람들의 수입이 늘어나고 재정수입이 증가한다는 것이 '낙수 효과(Trickle Down)' 이론이다. 레이건 대통령은 이 이론을 바탕으로 1980년대 부자감세 정책을 실시했다.

사회안정과 경제성장에 도움이 된다는 주장이 더 설득력 있어 보인다.[261]

레이[Ray Dalio]는 현재 각국의 정치 및 경제 상황이 1930년대와 비슷하다 한다. 1930년대는 극심한 빈부격차와 국가 부채로 사회적 갈등이 심했고 정치적 격변이 있었다. 빈부격차는 정치를 과격하게 만들고 극단적인 갈등을 초래한다. 당시 소련은 이미 공산주의 혁명을 경험했고, 독일, 일본, 이탈리아에서는 우파 독재가 등장했다. 스페인은 좌우의 갈등으로 내전을 겪었다. 영국과 미국은 소득세 도입과 사회복지 프로그램을 통해 문제를 해결했다. 제2차 세계대전은 각국이 자기 중심적으로 문제를 해결하는 과정에서 일어난 갈등으로 발생했다.

퇴락하는 국가는 세금 대신 손쉬운 부채를 발행하여 문제를 해결하고자 한다. 그리고 지도자의 무능과 부패로 빈부격차가 커진다. 레이는 국가가 망하는 공식은 국가부채와 빈부격차가 극심한 상태에서 경제위기 또는 전쟁이 발생하기 때문이라 한다. 부채를 더 이상 늘리기 어려운 국가는 마지막 수단으로 세금을 급격하게 올려보지만 이는 오히려 탈세와 반란을 조장하여 국가의 패망을 촉진한다. 고대국가에서부터 입증된 국가가 망하는 공식이다. 그는 미국에서 우파 트럼프가 대통령에 당선된 것도 좌파 샌더스가 인기를 누린 것도 빈부격차에 의한 정치 양극화 때문이라 한다. 트럼프를 겪은 미국은 중도인 바이든을 선택했다. 빈부격차로

---

261. The Triumph of Injustice (Emmanuel Saez and Gabriel Zuckman, Norton & Company 2019), From Boston to Richmond page 37, Beyond Laffer, page 157–159, Beyond Laffer, page 160–165 For Good and Evil (Charles Adams, First Madison Books Edition 2001), The Miracle Economies, page 432–434

인한 사회적 갈등은 우리나라도 예외가 아니다.[262]

대공황시대에 그랬듯이 불황기에는 부의 불균형에 대한 불만이 높아진다. 이는 콘드라테프Nikolai Kondrateiff[263]가 말한 장기적으로 이어지는 끝없는 경제와 정치 사이클의 하나일 수 있다. 하나의 정치 체계가 번성하여 문제점을 노출하면 이에 대한 개혁으로 다른 정치체계를 가져온다. 자본주의가 번성하는 기간의 자유방임은 소득 재분배의 열정으로 이어진다. 일정 주기마다 반복되는 부자 과세의 큰 물결은 당분간 거스르기 힘들 것으로 보인다. 이를 사전에 준비하고 현명하게 대처하는 지혜를 찾아야 할 것이다. 케인즈John Maynard Keynes의 말로 맺는다. "만약 내가 잘못됐다는 것을 다른 사람이 설득한다면, 저는 제 생각을 바꿉니다. 여러분은 어떻게 하나요?"

7.4 단순함의 미학

미국은 2000년 초대 납세자 보호 담당관[264]으로 니나 올슨Nina Olson을 임명했다. 그녀는 부자가 아니라 가난한 사람의 세무신고를 대리하던 변

---

262. Principles for dealing with The Changing World Order (Ray Dalio, Avid Reader Pdress 2021)

263. Nikolai Kondrateiff 는 1920년, 생산과 투자를 포함한 경제 사이클의 60년 이론을 쓴 러시아 경제학자이다. 그는 1930년대 자본주의의 병폐는 일시적이며 스스로 개선될 것이라고 결론지었다. 스탈린은 그를 강제노동수용소로 보내서 1938년 사망했다.

264. 미국의 납세자 보호 담당관은 국세청장의 통제하에 있지 않다. 납세자 보호 담당관은 재무부 장관이 임명하며 장관만이 해임할 수 있다. 납세자 보호 담당 조직은 2천 명에 이르며 민원이 있으면 언제든지 국세청의 업무에 개입할 수 있다.

호사였다. 그녀는 "조세 제도가 너무 복잡하여 사람들이 납세 신고를 위해 많은 시간과 돈을 낭비한다. 이는 사람들이 조세 제도와 국세청을 미워하도록 하며 다른 사람은 탈세하는데 자신은 모든 세금을 납부하는 것처럼 생각하게 한다. 이는 자율적 법규준수 제도를 망가뜨린다. 나는 매년 이러한 문제를 건의했지만 세법은 매년 더 복잡해졌다." 했다.

올슨은 미국 세법이 다음과 같은 문제를 가지고 있다고 한다.

1. 법규준수를 어렵게 하며 납세 신고를 위해 과도한 시간을 낭비하게 한다.

2. 세무사를 고용하거나 납세 프로그램을 구입하도록 하여 납세자의 돈을 낭비하도록 한다.

3. 이해하기 어렵고 세금이 어떻게 계산되고 어떤 세율이 적용되는지 알 수 없게 됐다.

4. 약삭빠른 사람들이 납세의무를 최소화할 수 있도록 도와주고 범죄자들에 탈세 기회를 제공한다.

5. 탈세한다는 의심으로 조세 시스템에 신뢰를 훼손하며 정직한 납세 의식을 저하시킨다.

6. 매년 수천만 건의 문의 전화로 업무에 부담이 되고 고품격의 서비스를 제공하는데 방해된다.

올슨이 신랄하게 비판하는 미국 국세청은 사실 최고의 효율을 자랑한다. 2015년을 기준으로 국세청은 114억 달러의 예산으로 3조 3천억 달러를 징수했다. 35센트를 투자하여 100달러를 징수한 셈이다. 국세청 직원의 생산성을 다른 방식으로 표현하면 직원 1인당 임금 대비 징수금액이다. 국세청은 7만 6천 명의 직원으로 3조 3천억 달러를 징수했기 때문에 직원 1인당 임금의 400배를 징수했다. 이는 징수 비용을 납세자에게 전가하여 이룬 성과이다. 납세자는 복잡한 규정 때문에 세무사 또는 소프트웨어를 구입해야 하며 이 비용과 서류 준비 비용은 미 국세청 예산의 3배에 이른다. 미국 국세청이 114억 달러를 쓰는 동안 미국 납세자들은 60억 시간을 투자하며 400억 달러를 지출해야 한다. 시간과 비용으로 계산할 때 납세는 미국에서 가장 큰 산업이다. 이들 시간을 노동인력으로 환산하면 4백 30만 명이 세무신고를 전담하고 있는 규모이다. 이는 미국에서 전문 운전기사로 일하는 사람의 숫자와 비슷하다.[265]

◇◇◇

이상적인 조세에 대하여 World Bank, IMF 및 OECD는 모두 동일한 원칙을 이야기하고 있다. 이 원칙은 단순하고 이해하기 쉽지만 실행하는 것은 쉽지 않다. '넓은 세원 낮은 세율'이라고 불리는 이 원칙은 복잡하지 않다. 경제학자들은 이를 BBLR Broad Base, Low Rate 4자로 부르고 있다. BBLR 은 근로자가 회사에서 받는 모든 혜택 임금, 건강보험료 지원, 퇴직연금지원, 회사가 제공하는 주차료, 식대 등을 소득으로 본다. 자동차 회사 직원이 회사에서 사원 할인 혜택을 받아 신차를 구입하면 회사가 제공하는 할인은 소득이 된다. 정부가 지급한 전기차 구입 보조금도 소득이다. 과세 소득은 이를 모두 더하면 된다. 여기에 정부는 주택구입 이자, 재산세, 교육비, 자선기금 등 모든

---

265. A Fine Mess (T.R. Reid, Penguin Press 2017), Simplify, Simplify, page 211–215, Daylight Robbery (Dominic Frisby, Penguin Random House UK 2019), Adam Smith's four cannons, page 202

비용을 공제하지 않는다. BBLR은 소득 기준을 잔혹하게 높이지만 세율을 급격하게 낮출 수 있기 때문에 실제 납부 금액은 더 낮아질 수 있다.

BBLR의 장점은 단순함에 있다. 복잡한 규정이 없으면 세금 신고가 쉬워진다. 국세청도 간단하게 검증할 수 있다. 정부는 조세를 면제할 특별한 이유가 있다고 생각하지만 이는 조세수입을 감소시킨다. 감소된 조세수입은 다른 사람 또는 다른 부분에서 더 많이 징수될 수밖에 없다. 면제를 최소화하는 폭넓은 세원은 공정한 과세를 가능하게 한다. 만약 공제와 감면 같은 특혜가 엄격히 제한된다면 세율을 급격히 낮출 수 있다.

뉴질랜드는 BBLR로 소득세율을 절반으로 낮추었다. 뉴질랜드의 평균 노동자는 17.5%의 소득세를 납부한다. 이 세금으로 정부는 노후 연금과 사회복지까지 책임지며 대학에서 무상교육을 제공한다. 반면 미국 노동자는 연금보험, 의료보장 비용까지 포함하면 약 35%의 세금을 내지만 복지 혜택은 턱없이 부족하다. BBLR의 장점은 이것이다. 뉴질랜드는 부가가치세와 같은 재화 및 용역세GST; Goods and Services Tax에도 BBLR을 도입하여 모든 재화나 서비스를 구매할 때 예외 없이 15%를 납부하도록 하고 있다. 길거리 여성의 서비스도 당연히 재화 및 용역세 납부대상이다.[266]

미국은 연금 계좌에 배당과 이자 소득을 면세한다. 법인의 유보 소득은 면세한다. 근로자에게 지불한 건강보험료도 면세된다. 주택 소유자가 자기에게 납부하는 임대료도 면세한다. 실제 소득이지만 여러 가지 면제로 소득세를 납부해야 할 소득이 총소득의 63%밖에 되지 않는다. 1980

---

266. A Fine Mess (T.R. Reid, Penguin Press 2017), BBLR page 57, page 63, policy laboratories, page 11

년에는 71%가 소득세 대상이었다. 이익집단의 로비로 면세가 늘어나면서 세율은 높아지고 세법은 복잡해졌다. 미국 조세 연구소Tax Analysis Center는 기업에 제공하는 모든 공제, 감면이 사라지면 국세청은 현재 35%의 세율로 거두는 만큼의 세금을 9%의 세율로 징수할 수 있을 것이라 했다. 낮은 세율은 비싼 조세전문가를 고용하거나 이윤을 해외로 빼돌릴 필요가 없게 한다.[267]

우리나라는 근로소득세 면세자 비중이 40%로 높은 편이다. 언론에서는 이는 BBLR의 '넓은 세원 낮은 세율' 원칙에 어긋난다 한다. 소득이 있는 곳에 과세한다는 원칙에 맞지 않기 때문에 저소득자를 과세하자고 한다. 하지만 이는 잘못된 주장이다. 넓은 세원의 BBLR 원칙이라 하더라도 최저임금을 받는 저소득자를 과세하자는 것은 지극히 부당하다. 저소득자는 소득에 비하여 부가가치세 등으로 더 많은 세금을 내고 있다. 오히려 BBLR은 주식 부자와 같이 많은 자본소득을 가지고 있음에도 세금을 납부하지 않거나 적게 납부하는 자본 부자를 겨냥해야 한다. 그것이 '넓은 세원'의 원칙이다. 미국도 가난한 사람 47%가 소득세를 내지 않는다.[268]

◇◇◇

조세를 복잡하게 만드는 것은 국회이다. 경제학자들은 국가가 제공하는 다양한 면제, 예외, 공제, 감면과 같은 여러 조세감면 조치를 조세

267. A Fine Mess (T.R. Reid, Penguin Press 2017), BBLR page 52-55, Convoluted and Pernicious Strategies page 166, The Triumph of Injustice (Emmanuel Saez and Gabriel Zuckman, Norton & Company 2019), Income and Taxes in America, page 9

268. A Fine Mess (T.R. Reid, Penguin Press 2017), Taxes: what are they good for? page 46

지출tax expenditures이라 부른다. 이 용어는 서리Stanley Surrey 교수가 만들어냈다. 서리 교수가 문제를 제기하기 전에는 정부가 여러 공제와 면제 때문에 얼마나 많은 재정수입을 놓치고 있는지 알기 어려웠다. 1968년 서리 교수의 보고서는 조세 면제 총액이 어떤 정부기관의 예산보다 많다는 것을 보여주었다. "조세감면은 지출이다."라는 서리 교수의 주장은 World Bank와 OECD 경제학자의 눈길을 끌었다. 이들 기구는 모든 국가에 매년 조세지출을 집계하여 공표하도록 했고 현재 우리나라를 포함한 20여 개 국가가 조세지출 통계를 발표하고 있다.

조세지출은 재정수입에 나쁜 영향을 미친다. 이는 필연적으로 다른 세금으로 보충되어야 하고, 법규준수를 유지하기 위한 행정비용이 든다. 세금 공제와 같은 조세지출은 정부의 지출 법안과 같이 수조 달러의 비용이 든다. 하지만 면제라는 말을 사용하기 때문에 국가는 조세지출을 쉽게 남발한다. 명칭 여하를 불문하고 조세지출 보고서는 민주국가에서 재정수입이 조세 특혜로 줄어들고 있다는 것을 보여준다. 영국의 개인소득세는 폭넓은 면제, 감면, 공제 등으로 조세수입을 50%나 감소시킨다. 이러한 특례 때문에 재정수입 중 이탈리아는 40.6%, 스페인은 34.6%, 오스트리아는 30%, 미국은 37%, 우리나라는 국세 수입의 15%가 줄어들고 있다. 조세지출이 없다면 국회가 모든 세금의 세율을 15% 낮추어도 같은 수준의 재정수입을 확보할 수 있다.

학자들은 정부 마음대로 제공하는 '조세지출'에 합리성이 있다면 정부의 공식 예산을 통해 이루어져야 한다고 한다. 특정 기업 또는 업종에 대한 정부의 면세 지원이 보조금을 직접 지급할 가치가 없다면 이는 조세지출로 합리화될 수 없다. 이러한 특혜는 납세자 몇 명만을 겨냥하기 때문에 '소총탄' 조세규정이라 한다. 부자와 기업은 이러한 혜택을 제공받기 위해 선거자금 등 로비 비용을 기꺼이 지불한다.[269]

미국에서 주택담보대출 공제 제도는 집을 사는 사람에게 엄청난 혜택이라고 강조하지만, 이는 집을 사는 것을 더 어렵게 만들었을 가능성이 크다. 모든 연구 결과는 주택담보대출 이자 공제가 집값을 올리는데 기여했다고 한다. OECD는 집을 새롭게 구입하는 사람은 이자가 공제되는 만큼 더 높은 가격을 지불하기 때문에 이 세제로 혜택을 보는 사람이 아니라고 한다. 담보대출 이자 공제는 보통 사람이 집을 사는 것을 쉽게 만들겠다는 정책 효과를 가져오지 못했다. 오히려 집값을 올려 집주인에게 이익을 주고 걷어야 할 세금만 낭비했다.

조세 감면과 특혜는 세법을 복잡하게 만든다. 조세 특혜는 납세자가 이를 입증하기 위해 서류를 발급받고 제출하는 문제와 국가의 감시라는 불편함으로 행정비용이 많이 든다. 관련기관에서는 입증서류를 발급해야 하며 세무당국은 이를 처리하고 감시하기 위해 인력과 시간을 투입해야 한다. 영국에서 자선 기증을 하면 기증자와 자선단체에서 이를 증명하는 공증 서류를 제출해야 한다. 호주에서는 직장에서 사용하는 단체복 구입을 공제받을 수 있으나 이를 등록하는 기관에서 사전 승인을 받아야 한다. 세금 특혜는 이를 관리하고 강제하는 비용과 인력이 필요하기 때문에 온통 행정 낭비이다.[270]

---

269. A Fine Mess (T.R. Reid, Penguin Press 2017), Scooping Water with a Sieve page 73, page 74

270. A Fine Mess (T.R. Reid, Penguin Press 2017), Taxes: what are they good for? page 40–41, Scooping Water with a Sieve page 75–78, page 87–90

종교개혁 이전 성경은 성직자만의 전유물이었다. 이는 초기 문자가 세리와 귀족의 전유물이었던 것과 같은 맥락이다. 농부들은 라틴어로 쓰여진 성경을 읽을 수 없었으며 양피지에 베껴 쓴 성경은 비싼 노동자의 평생 임금으로도 구입하기 어려웠다. 신의 계시는 성직자의 단독 특권이었고 성직자만이 이를 해석할 수 있었다. 예배도 성직자가 등을 돌리고 라틴어로 행했기 때문에 보통 사람은 알 수 없었다. 종교를 독점하고 그들만의 세상에서 살아가던 성직자는 타락했고 면죄부를 판매하기까지 이르렀다. 종교개혁은 인쇄혁명으로 성경 가격이 낮아지면서 시작됐다. 보통 사람들이 성경을 읽고 해석할 수 있게 되면서 성직자의 절대 권력이 사라졌다. 가톨릭 교회는 자신의 권력 원천인 성경이 대중에게 확산되는 것을 막기 위하여 노력했다. 특히 교회는 라틴어로 쓰여진 성경을 일반인이 읽기 쉬운 불어, 독일어, 영어, 이탈리아어로 번역하는 것을 반대했다.

현재의 복잡한 세법은 라틴어로 쓰인 성경과 같다. 분명히 한글로 쓰여 있으나 복잡하여 일반인이 이해하는 것은 사실상 불가능하다. 여기저기 숨어 있는 예외 규정은 전문가를 고용하는 것을 필수적으로 만든다. 전문가는 큰 돈을 아낄 수 있는 조세회피 전략을 수립하여 준다. 결과적으로 그들만의 세계가 만들어지고 보통 시민은 부자가 회피한 세금까지 더 내어야 한다. 최근 양도소득세는 세무사도 포기할 정도로 복잡해졌다. 복잡한 세법에 특혜의 여지가 있다면 사람들은 세법을 공부하거나 전문가를 고용한다. 모든 사람이 세법을 공부하고 조세회피에 온 힘을 쓰도록 하는 것은 낭비이다. 이는 조세 전문가와 눈치 빠른 사람이 살기 좋은 세상을 만든다.

국민 에너지는 창조적인 생산활동에 쓰여야 한다. 사람들은 조세 전략으로 돈 버는 일을 궁리하는 대신 제품과 서비스를 혁신하는 창조적 노력으로 승부해야 한다. 이는 조세가 쉽고 단순해야 가능하게 된다. 법이 단순하면 법무 및 회계법인에 지급하는 비용은 절감되고 이 비용은 국가의 복지와 미래를 위해 사용할 수 있다. 이러한 점에서 네덜란드 국세청의 표어는 적절하다. "우리는 세금을 내는 것을 즐겁게 할 수 없지만, 최소한 쉽게 할 수 있다." 쉬운 납세 제도는 납세자가 세금을 내기 위해 쓰는 고통의 시간과 비용을 야외에서 즐기는 시간으로 만들어 줄 수 있다. 일본은 매년 소득, 납세액, 원천 징수액 등을 계산한 우편을 납세자에게 보낸다. 그리고 이견이 없으면 그 차액을 지정계좌에서 입·출금한다.[271]

"권리 위에 잠자는 자는 보호받지 못한다."라는 법언이 있다. 법학 시간에 가장 먼저 배우는 말이지만 다른 관점에서 보면 이 말은 법으로 먹고 사는 사람들의 기득권 표현이다. 현재의 복잡한 세법 앞에서 과연 어떤 법학자가 이런 말을 할 수 있을까 의문이다. 일례로 미국의 세법은 2백 40만 단어로 구성되어 있다. 참고로 성경은 백만 단어가 안 되기 때문에 세법은 성경의 약 3배에 이른다. 이는 1955년보다 6배, 1995년보다 2배 늘어난 숫자이다. 이 법을 해석하는 보충 규정이 7백 7십만 단어 또한 추가되어야 하며, 판례법Case Law등 전문가가 읽어야 하는 관련 규정이 무려 6만여 페이지에 이르고 있다.

---

271. A Fine Mess (T.R. Reid, Penguin Press 2017), policy laboratories, page 7, Simplify Simplify, page 220

모든 법이 간단하고 이해하기 쉬울 때 위의 법언은 유효했다. 하지만 세법만으로 웬만한 서재를 다 채울 수 있는 현재에도 이 법언이 유용할까? 복잡한 세법을 다 이해하는 사람은 누구일까? 이 법언을 바탕으로 보통 사람에게 복잡한 세법을 공부하도록 강요하는 것은 정당한가? 같은 조건임에도 약삭빠른 사람은 전문가의 도움을 받아 조세를 납부하지 않고, 별 생각 없이 열심히 사는 사람에게 조세 폭탄을 때리는 것은 불공평하다. 플라톤도 말했다. "세금에 있어 같은 소득이라도 공정한 사람은 불공정한 사람보다 세금을 더 낸다. 환급에 있어 공정한 사람은 하나도 받는 것이 없지만 불공정한 사람은 이득을 취한다." "큰 부자는 자신을 위한 법을 만들고 작은 부자는 합법적으로 세금을 회피하는 전문가를 고용한다. 그리고 가난한 자는 탈세한다."라는 말이 있다. 모든 부와 노동은 사회를 유지하는 데 필요한 몫의 비용을 납부해야 하기 때문에 모든 조세 면제는 탈세이다. 의무를 다하지 않는 부는 사회에 대한 책임을 면탈하는 것이다. 조세의 도덕성은 개인뿐 아니라 정부에도 적용되어야 한다. 개인이 자신의 소득을 은닉하는 것이 비난받듯이 정부가 면제를 허용하는 것 또한 비도덕적이다. 단순한 세제가 절대적으로 필요한 이유이다.[272]

◇◇◇

조세는 의사결정에 중립적이어야 한다. 이는 경제학자들이 한목소리

---

272. Daylight Robbery (Dominic Frisby, Penguin Random House UK 2019), Adam Smith's four cannons, page 200-202, For Good and Evil (Charles Adams, First Madison Books Edition 2001), What Constitutions are supposed to do, page 443

로 주장하고 있다. 백만장자가 자산을 맡길 은행을 찾는다면 이는 자산을 잘 숨겨주는 스위스 은행이 아니라 자산을 잘 관리해주는 은행이 되어야 한다. 여기에는 낮은 세율이 절대적이다. 세율이 낮다면 개인의 의사결정에 조세가 끼어들 여지가 적다. 소득세 세율이 10%라면 고급 회계 전문가를 고용하여 탈세 전략을 짜거나 해외 이주를 고민할 필요가 없다. 소득세 세율이 50%라면 전문가의 전략이 절실하다. 높은 세율은 기술적인 조세회피를 가치 있는 것으로 만든다. 세율을 낮추면 납세자가 지불하는 자문료와 복잡한 탈세 구조를 만들기 위해 지출하는 비용을 세금으로 징수할 수 있다.

공정한 조세 제도를 위해 10% 단일 소득세를 주장하는 사람도 있다. 10%는 역사적으로 가장 오랫동안 그리고 많은 나라에서 사용되던 세율이었다. 수확세 10%를 징수하는 것은 이스라엘, 그리스 로마에서 데쿠마 decuma라 불리었으며 중국과 우리나라에서도 사용됐다. 십일조는 이해하기 쉽고 단순하기 때문에 받아들이기 쉬운 세금이다. 10% 단일 소득세는 폭넓게 정의된 모든 소득에 대하여 예외 없이 10%의 세율로 과세하는 것을 말한다. 단일 세율은 이자, 배당, 자본, 상속 등 모든 소득에 대하여 동일하게 적용되어야 하며 모든 공제 제도는 폐지해야 한다. 보통 사람은 10%의 소득세를 내고 상위 고소득자는 20% 정도를 납부한다면 제도도 단순해지고 공정성의 문제도 해소된다.

모든 소득에 대하여 10%를 과세하고 공제가 없다면 실제 부담은 현재 세법에 의해 20% 정도가 될 것이다. 부자는 실제 40% 정도의 세금을 부담하게 된다. 적은 금액으로 보이지만 자본소득까지 포함한다면 엄청난 금액이다. 이 제도는 모든 납세자가 이해하고 납부하기 쉽고 집행과 관리가 용이하다. 이는 성경의 십일조처럼 납세자들이 당연한 것으로 받아들이기 쉽다. 납세자가 소득을 공제받기 위해 필요한 입증서류를 준비할 필요가 없어지고, 납세자를 탈세범처럼 감시할 필요도 없다. 이 제도를 채택하고 세금을 원천징수 한다면 대부분의 납세자가 소득세를 신고할 이유가 없게 된다. 시민과 국가간의 다툼도 없어진다. 국가의 협박이 사라지면서 국가에 대한 신뢰가 높아진다.[273]

7.5 기득권 뜯어고치기

1980년대 미국 농부 1명은 65명이 먹을 수 있는 농산물을 생산했다. 반면 소련 농부는 겨우 8명이 먹을 수 있는 농산물을 생산했다. 소련의 지도자들은 집단농장의 문제점을 잘 알고 있었다. 이웃 나라 중국이 농업 개혁에 성공하여 농업 생산이 늘어나는 것도 목격했다. 하지만 소련은 집단농장을 고집했다. 소련은 왜 집단농장을 계속 유지했을까?

소련이 농업을 개혁하지 않은 이유에 대해 여러 해석이 있지만 관료의 집단 이익 때문이라는 설명이 유력해 보인다. 소련이 단순한 농업부분에서조차 계획경제를 운영할 수 없다면 복잡한 다른 산업에서도 계획경제를 포기해야 한다. 자유경제를 도입하여 농업 부분에서 성공하면 다른 산업에서도 이를 도입해야 한다. 이는 계획경제를 기반으로 하는 관료체

273. For Good and Evil (Charles Adams, First Madison Books Edition 2001), Introduction, page 14, Taming the Monster, page 470–471, A Fine Mess (T.R. Reid, Penguin Press 2017), BBLR page 54–55

제의 붕괴를 말한다. 집단농장에서 농부를 해방시키고 공장에서 원하는 제품을 자유롭게 생산하도록 하는 것은 관료의 지위를 위태롭게 한다. 정보 유통을 자유롭게 하고 개인의 창의력을 장려하는 것은 기득권에 직접적인 위협이 된다. 따라서 개혁은 당에 대한 충성과 과학적 사회주의 내에서 이루어져야 했다. 사회주의 안에서 계획수립을 유연하게 하고, 투자를 증대하며, 알코올 및 부패에 강력하게 대응했어야 가능했다. 하지만 시장경제나 사기업 도입 같은 근본 개혁은 있을 수 없는 일이었다. 소련의 관료들은 가격통제 및 계획경제를 포기할 수 없었다. 러시아 경제가 정체된 이유는 관료의 기득권 때문이다.[274]

◇◇◇

기득권을 가진 사람은 이를 유지하기 위해 모든 노력을 기울인다. 대표적인 인물이 로마 최고의 부자 크라수스Marcus Licinius Crassus였다. 크라수스는 광산에서 노예무역까지 다양한 사업을 했지만 그는 소방사업에서 가장 큰 돈을 벌었다. 로마 시내에서 화재가 발생하면 크라수스는 시시각각 불타는 집에 미쳐 가는 집주인과 서비스 요금을 협상했다. 그는 유리한 지위에서 협상하여 불타는 집의 소유권을 가져가고 집주인에게 임대료를 받았다. 로마인은 크라수스 같은 악덕 자본가에게 벗어나고자 공공소방을 주장했다. 로마를 살기 좋은 나라로 만들고자 하는 로마인의 꿈은 기득권을 지키려는 크라수스의 뇌물과 부패로 실패했다.

---

274. The Rise and Fall of the Great Powers (Paul Kennedy, Frist Vintage Edition 1989), The Offstage Superpowers, page 321-322, The Rise and Fall of the Great Powers (Paul Kennedy, Frist Vintage Edition 1989), The Changing Economic Balance, 1590 to 1980, page 431, The Soviet Union and Its "Contractions", page 488-492, page 498-499

크라수스는 장래가 유망한 정치인을 골라 투자를 아끼지 않았다. 그는 소방 사업을 보호하기 위해 상원에 막대한 로비자금을 뿌렸다. 이 투자의 대표적 수혜자가 카이사르^{Gaius Julius Caesar}였다. 카이사르는 답례로 크라수스의 사업을 보호했을 뿐 아니라 다른 특권도 부여했다. 그는 파르티아와의 전쟁에서 크라수스를 사령관으로 임명했다. 전쟁에서 승리하면 명예와 전리품이라는 부를 챙길 수 있는 좋은 기회였지만 결과는 최악이었다. 크라수스는 기원전 53년의 카랜 전투^{Battle of Carrhae}에서 대패했다. 로마에서 가장 큰 부자를 생포했다는 것을 알게 된 파르티아는 끓는 금물을 크라수스의 목에 부었다 한다. 이는 평생 금에 눈이 어두웠던 부자에게 죽어서라도 금으로 갈증을 채우라는 배려였다 한다.[275]

다수의 이익과 소수의 이익이 대립하면 의외로 소수가 승리하는 경우가 많다. 기득권과 생존이 걸린 소수는 뭉치는 반면 약간의 손해를 보는 다수는 무관심하기 때문이다. 편의점에서 일반 의약품을 판매하는 것은 모든 국민에게 이익이 되지만 약사들의 반대로 시행하는데 오랜 시간이 걸렸다. 편의점에서 판매하는 의약품의 가격도 높게 하여 약사가 손해보지 않도록 조정했다. 판매가격이 높으면 편의점도 손해가 아니다. 결과적으로 국민들만 피해를 보게 된다. 같은 이유로 휴대전화 요금은 통신사가 유리하게 설계되어 잘 바뀌지 않는다. 모든 국민이 공감하는 부동산 중개 수수료를 조정하기 힘든 것도 기득권의 힘이다. 대부분 국민들이 싫어하지만 KBS가 시청료 매번 올려야 한다고 떳떳하게 주장하는 이유이다. 소

275. A Fine Mess (T.R. Reid, Penguin Press 2017), Taxes: what are they good for? page 29–30

수의 기득권을 가능하게 하는 것은 다수의 무관심이다. 언론의 역할이 중요하지만 언론 역시 믿을 수 없다는 문제가 있다.

◇◇◇

언론은 공익을 내세우고 있지만 먹고 살아야 한다는 치명적인 약점이 있다. 언론은 고객을 확보하고 수익을 얻기 위해 활동하며 공정한 정보를 제공하는 것은 부수적인 목표가 된다. 언론이 기득권 수호에 중요한 역할을 한다는 것을 잘 보여준 사람은 페루의 후지모리Alberto Fujimori 대통령이다. 후지모리는 부패한 정치인이었다. 그는 정권을 유지하기 위해 국가의 모든 조직을 매수했다. 국가정보원장인 몬테시노스Vladimiro Montesinos는 뇌물 비용을 자세히 기록했다. 이는 부패 비용을 수치로 보여주는 좋은 사례이다. 몬테시노스는 국회의원, 판사, 신문 편집장, TV 및 라디오를 매수했다.

몬테시노스의 뇌물 지급액은 기득권 유지를 위한 우선 순위가 어디에 있는지를 잘 보여준다. 매수 리스트에 있는 국회의원과 판사는 많아야 매월 천불 수준에서 해결됐다. 신문 또한 매월 몇천 달러 수준의 뇌물이면 충분했다. 가장 비싼 곳은 매월 백만 달러를 받는 TV방송국이었다. 몬테시노스는 정부의 광고 예산을 50% 늘려 이들 매체를 추가로 지원했다. 몬테시노스는 TV방송국을 장악했고 배신을 막기 위해 TV채널 관계자의 성관계 영상과 뇌물을 지급받는 영상 등을 만들어 협박했으며 뇌물계약서를 만들어 협력 기준을 표준화했다.

하지만 그는 결정적인 실수를 했다. 몬테시노스는 독자가 만여 명 정도밖에 되지 않는 국영금융방송을 매수하는 것을 잊었다. 이 방송은 몬테시노스가 판사에게 뇌물 주는 것을 방영했고, 이를 계기로 후지모리 정권이 무너졌다. 후지모리는 기득권 유지에 언론, 특히 TV방송이 중요하다는 것을 다시 한번 알려주었다.

몬테시노스는 자신에게 불리한 뇌물 비용 기록을 자세하게 남기었다. 왜일까? 이는 범죄조직에서 잘 나타나는 현상이다. 그는 은밀하게 거래되는 자금을 횡령하지 않았다는 증거를 남겨둘 필요가 있었다. 그는 자신이 쥐도 새도 모르게 매장 당하는 일이 없도록 하기 위해 결백하다는 증거를 가지고 있어야 했다. 독재자로부터 자신을 보호하기 위한 이 증거는 후지모리 대통령의 몰락을 가져왔다.[276]

◇◇◇

정치인에게 새로운 세금은 죽음과의 키스이다. 새로운 세금은 과거의 방식에 익숙한 사람들에 의해 부결되거나 납세자의 반발을 사 낙선하게 만든다. 부가가치세는 효율적인 세금이나 미국에서 부가가치세 도입을 주장한 의원은 모두 낙선했다. 민주당은 부가가치세를 가난한 사람이 더 내는 부당한 세금이라 하고, 공화당은 부가가치세가 세금을 수확하는 기계라 생각한다. 보통 사람이 가진 평균적인 상식을 벗어나는 세법은 권력을 잃는 지름길이 된다. 세금문제에 있어 선구자적인 입법은 위험한 폭발물을 건드리는 것이다. 정치인이 세금 개혁을 싫어하고 막판까지 이를 미루는 이유이다.[277]

276. The Rise and Fall of the Great Powers (Paul Kennedy, Frist Vintage Edition 1989), The United States: The Problem of Number One in Relative Decline, page 524

277. A Fine Mess (T.R. Reid, Penguin Press 2017), policy laboratories, page 11, The Single Tax, The Fat Tax, The Tiny Tax, The Carbon Tax - and No Tax at All, page 188, The Money Machine, page 245, page 248

1990년 영국 대처Margaret Thatcher 수상은 '지역사회세'라는 이름의 세금을 도입했다. 인두세라고도 불린 이 세금은 같은 지방에 거주하는 모든 사람에게 똑같은 금액의 지방세를 부과하는 것이었다. 대처는 이 세금을 통해 방대한 지방행적조직에 책임성과 투명성을 제고하고자 했다. 문제는 작은 원룸에서 거주하는 임차인이나 호화 빌라 거주자가 동등하게 250파운드를 내야 하는 형평성에서 생겨났다. 가난한 납세자들은 이 세금에 분노로 응답했다. 그들은 납세를 거부했으며 세무서에 벽돌을 던졌고 거리에서 시위했다. 이 세금은 즉시 폐지됐고 철의 수상은 직업을 잃었다.

환경보호 같은 우아한 원칙도 세금 앞에서는 무용지물이 된다. 탄소세를 둘러싼 호주의 경험은 많은 것을 말해준다. 호주 노동당 대표 길라드Gulia Gillard는 2010년 선거에서 논란이 있던 탄소세를 절대 도입하지 않겠다고 공약했다. 선거에서 과반에 실패한 길라드는 녹색당과 연정을 할 수밖에 없었다. 녹색당과 연정을 위해 길라드는 광산, 발전소, 공장 등에 탄소세를 부과하기로 했다. 탄소세로 인해 전기요금은 11% 상승했고 가정에서는 평균 500달러의 전기요금을 매년 추가로 납부해야 했다. 사람들은 고상한 원칙에도 비용 지불에는 인색하다. 현실화된 세금 앞에 탄소세에 대한 지지는 하루아침에 사라졌다. 야당에서는 이를 맹공했고 위기를 느낀 노동당은 2013년 길라드를 해임하고 선거에 임했으나 패배했다. 호주에서 탄소세는 실행된 지 2년 만에 폐지됐다. 아무리 좋은 세금이라 하더라도 새로운 세금은 정착하기 어렵다. 기득권은 정치인과 권력자만

의 문제가 아니라 기존 방식에 익숙한 보통 사람도 가지고 있다.[278]

사람들은 기회가 되면 조세를 회피한다. 일반인은 권력자에 비해 기회가 적을 뿐이다. 1987년 미국 소득세 신고에서 7백만 명의 어린이가 갑자기 사라졌다. 정부의 공식서류에서 1년 만에 7백만 명의 어린이가 실종되는 거대한 유괴사건이 발생한 것이다. 그 이유는 1986년 세법에서 부양가족dependent을 신고할 때 5세 이상인 경우 사회보장번호를 기입하도록 했기 때문이다. 사회보장번호를 기입하기 전 사람들이 세금을 회피하기 위해 가공의 인물을 내세워서 부양가족을 공제받았다. 일부 사람은 집에서 키우는 개, 고양이를 부양가족으로 신고했다. 7백만 명이면 전체 부양가족의 9%에 이르는 엄청난 숫자이다. 사람들은 개, 고양이를 자신이 보호하는 가족dependent으로 생각하기 때문에 양심에 거리낄 일이 없었다. 국세청은 이후 과도하게 부양가족 소득공제를 한 사람들을 조사했고 평균 2,000달러를 부당 공제했다고 밝혔다. 단순하게 사회보장번호를 기입하게 한 이 개혁은 미국에서 매년 30조 달러의 추가적인 조세수입을 가져왔다.[279]

◇◇◇

헨리 포드Henry Ford는 자동차 사고에서 생명을 구하기 위해 안전 유리를 생각했다. 전문가에게 깨지지 않는 유리를 만들어 달라고 했지만 이들

278. A Fine Mess (T.R. Reid, Penguin Press 2017), Flat Broke, page 96, The Single Tax, The Fat Tax, The Tiny Tax, The Carbon Tax – and No Tax at All, page 189–191

279. Freakonomics (Steven D. Levitt and Stephen J. Dubner, Revised and Expanded Edition 2005), School teachers and sumo wrestlers, page 21

은 많은 이유를 대면서 안전 유리는 만들 수 없다고 했다. 포드는 안전 유리를 만들 수 없다고 생각하지 않는 젊은이를 데려오라 했다. 포드는 젊은 엔지니어를 통해 안전 유리를 만들 수 있었다. 조세 개혁에는 이러한 발상이 필요하다. 증세라는 위험한 발상을 현실화하기 위해서는 일정한 위기의식이 필요하다. 미국은 제2차 세계대전에서 최고 소득세율 94%를 부과할 수 있었다. 전쟁 같은 위기 상황이 아닌 현재 세계 각국은 조세수입을 늘리기 위해 재정 개혁을 서두르고 있다. 그 이유는 무엇일까?[280]

7.6 세금의 미래

전세계에 세금 폭풍이 몰려오고 있다. 이 폭풍은 우리나라처럼 주택에 부과하는 양도소득세, 재산세를 말하는 것이 아니다. 최근 OECD에서는 다국적 기업을 과세하는 디지털세 부과에 합의했다. 이는 구글과 페이스북 같은 다국적 기업이 법인세가 낮은 나라에 자회사를 세워 세금을 회피하던 관행을 근절하겠다는 것이다. 합의안은 연간 매출액이 200억 유로 이익률이 10% 이상인 글로벌 기업은 실제 이익을 보는 나라에서 세금을 내도록 하는 것이다. 전세계 매출이 7억 5000만 유로 이상인 다국적 기업 또한 어느 국가에서 사업하더라도 15% 이상의 세금을 내야 한다.

다국적 기업 과세에 대하여 OECD 합의가 이루어진 것은 이례적이다. 지금까지 세계 각국은 투자유치를 위해 법인세를 경쟁적으로 낮추어

---

280. For Good and Evil (Charles Adams, First Madison Books Edition 2001), Epilogue, page 484

왔다. 1985년과 2018년을 비교하면 세계 각국의 법정 법인세율 평균은 49%에서 24%로 낮아졌다. 이러한 바닥으로의 무한 경쟁Race to the bottom은 모든 국가에 도움이 되지 않았다.

세계 각국은 이제 다국적 기업에 어느 정도 세금을 부과할 수 있게 됐다. 대표적인 것이 구글, 애플, 페이스북 같은 대형 IT 기업이다. 이 제도가 도입되면 각국은 법인세 수입을 대폭 늘릴 수 있을 것으로 보인다. 국내에서도 구글과 애플이 낸 세금은 각각 100억 원이 채 되지 않지만 앞으로 수천억 원대 세금을 걷을 수 있다. 낮은 법인세를 무기로 해외 기업을 유치하던 각국의 세금 경쟁도 완화될 것이다.

다국적 기업의 탈세 도구인 이전가격제도[281]는 1920년대에 만들어졌다. 당시 다국적 기업은 수익의 5%만을 해외에서 거두고 있었다. 낮은 해외 영업비중으로 다국적 기업의 탈세는 크게 문제되지 않았지만 해외 이익이 20%를 넘어선 지금 다국적 기업의 탈세는 무시하기 어렵다. 해외 거래가 증가하면서 이전가격제도를 통해 먹고 사는 많은 이해관계자들이 생겨났다. 이전가격관련 조세회피를 통해 먹고 사는 사람은 4대 회계법인을 포함하여 국제적으로 25만 명에 이른다.[282]

기존의 이전가격제도에서 다국적 기업을 과세하는 것은 불가능에 가깝다. 영국은 예외적으로 스타벅스가 세금을 납부하도록 압박하는데 성

---

281. 다국적 기업이 세 부담(稅負擔)을 최소화하기 위해 국제거래를 조작하는 경우, 이를 막기 위해 세무 당국이 만든 국제거래 심사기준을 말한다. 일반적으로 다국적 기업은 세금의 종류나 비율이 나라마다 다른 점을 이용하여 세금이 적은 나라로 이익을 집중시키는 방법을 취한다.

282. The Triumph of Injustice (Emmanuel Saez and Gabriel Zuckman, Norton & Company 2019), Welcome to Bermuland, page 87, How to Stop Spiral, page 112–113

공하기도 했다. 이는 정부의 노력이 아니라 시민들의 불매운동 결과였다. 영국인이 스타벅스에서 커피를 구입하면 스타벅스 영국은 스위스에 있는 계열 회사에 로열티를 지불한다. 여기에 더하여 스타벅스 영국은 네덜란드에 있는 계열회사에 포괄적인 지식재산권 로열티를 지불했다. 또한 해외 계열사에서 운영비를 차입하고 높은 이자를 지급했다. 스타벅스는 영국에서 막대한 수익을 올렸지만 가공된 로열티와 이자 비용때문에 세금을 낼 소득이 하나도 없었다. 스타벅스 영국이 수익을 빼돌린 네덜란드와 스위스는 대표적인 조세회피 국가이다. 스타벅스는 이들 국가로부터 조세 특혜를 받기로 사전 합의하고 자회사를 세웠다.

이 사실이 2012년 보도되자 화난 영국 시민들은 스타벅스 불매운동을 벌였다. 여기에 굴복한 스타벅스는 영국정부에 20만 파운드의 세금을 납부했다. 비록 작은 금액이나 불매운동이 납세를 이끌어 냈다. 스타벅스가 앞으로 최저 법인세 15%를 모든 국가에서 납부한다면 이러한 편법은 많이 사라질 것이다.[283]

◇◇◇

선진국들이 다국적 기업 과세에 합의한 이유는 무엇일까? 각국이 겪고 있는 천문학적인 재정적자 때문이다. 세계 각국은 2007년 시작된 금융위기에서 엄청난 금융 및 재정지원을 실시했다. 미국 연방준비은행은 1조 달러 이상의 자금을 투입하여 회사채를 구입하는 양적완화를 실시했고 이를 다 회수하기도 전에 코로나 팬데믹으로 다시 한번 2조 3천억

283. A Fine Mess (T.R. Reid, Penguin Press 2017), The Defining Problem; The Taxing Solution, page 155, Convoluted and Pernicious Strategies, page 167

달러를 지원했다. 2021년에 취임한 바이든 대통령은 대공황 시기와 같은 위기대처 방식을 발표했다. 도로, 항만 등 사회적 인프라 건설과 친환경 산업에 2조 달러를 투자하겠다는 것이다. 제1·2차 세계대전의 전비 수준인 이 돈은 과연 어디에서 나올 수 있을까? 1980년대 레이건 대통령 이후 누적된 미국의 무역 및 재정적자는 이미 천문학적이다. 종이 돈^{Dollar}은 찍어 낼 수 있는 대로 찍어냈다. 풀린 돈으로 인플레이션이 고개를 들고 있다. 필요한 재정 자금은 결국 세금에서 나와야 한다. 세금이 필요한 바이든 행정부는 OECD에서 다국적 기업의 과세를 주도했고 부유세 신설과 소득세 증세를 논의하고 있다.

우리나라도 이러한 증세 논쟁에서 자유로울 수 없다. 최근 자본소득에 대한 과세가 진전을 이루었지만 지금까지 국민들의 관심은 주택에 부과되는 세금이었다. 사람들은 체감하는 것에는 민감하기 때문이다. 하지만 이보다는 더 큰 그림을 그려야 할 때가 아닌가 한다. 현재의 일시적 재정 수요 이외에도 앞으로 재정 수요가 늘어날 수밖에 없는 이유는 너무 많다.

첫째는 군사적 안전보장을 위한 비용이다. 제1차 세계대전 이전까지 국가의 재정 수요는 대부분 전쟁 비용이었다. 국가는 이를 조달하기 위해 국민 소득에서 10% 정도를 과세했다. 제1·2차 세계대전에서 전쟁 비용은 빠른 속도로 증가했다. 각국은 총력전에서 국민 총생산의 50%까지 전쟁비용으로 사용했다. 전쟁 비용은 평화 시에도 계속 늘어만 갔다. 미국은 1950년 400억 달러를 군비로 사용했으나 1980년에는 4,550억 달러로 늘어났다. 첨단무기 경쟁으로 현대의 전투 장비는 더 비싸지고 있다. 무인 드론, 컴퓨터 정보 시스템 등 전쟁 비용은 기하급수적으로 늘어나고 있다. 이는 더 높은 세금을 말한다.

둘째, 복지를 위한 사회경제적 수요이다. 대부분의 국가에서 제2차 세계대전 이후 복지 비용은 기하급수적으로 늘어났다. 영국의 경우 사회보장 비용은 1948년 전체 예산의 15%에서 30%로 늘어났다. 교육 예산은 전체 예산의 11%를 차지하고 있다. 국가예산 전체에서 차지하는 국방비 비중은 상대적으로 줄었으나 그 차액은 모두 복지비용으로 사용되고 있다.

미국에서는 이미 노인 복지를 위한 사회 및 의료보장 비용이 정부 예산의 45%를 차지하고 있다. 인도적이기는 하나 국가의 미래에 도움을 주는 비용은 아니다. 이는 현재 65세 이상의 인구가 전체에서 12%를 차지할 때 드는 비용이다. 2030년 노령 인구가 20%로 늘어나게 되면 노인복지 비용은 예산의 70%를 사용하여야 한다. 국방 등 다른 분야의 예산을 삭감하지 않으면 미국은 현재 걷는 세금보다 50%의 증세가 필요하게 된다.[284] 증세가 현실적으로 가능할까? 이는 결코 남의 나라 일이 아니다.

최근의 노동 환경은 복지비용을 더 요구하고 있다. 노동이 단기 계약에 의한 과제수행방식으로 변했기 때문이다. 노동자가 고급기술을 가지고 있고 그 기술에 대한 수요가 있다면 문제가 없지만, 배달의 민족 같은 플랫폼 기업Platform business 노동자는 정규 고용의 혜택을 상실하게 된다. 아프거나 부상을 당하면 문제는 더 심각해진다. 플랫폼 기업은 세금으로 만들어 놓은 사회적 인프라를 최대한 활용하여 돈을 벌고 있지만 자신을 성장하게 해준 국가사회에 혜택을 돌려주는 데는 인색하다. 주주들은 많은 돈을 벌지만 노동자의 사회보장에는 관심이 없다. 플랫폼 기업과 주주

---

284. The Great Inflation and Its Aftermath (Robert J. Samuelson, 2010 Random House Trade Paperback Edition, 2008), The future of Affluence page 216–217

는 자본소득에 대하여 세금을 납부하기 때문에 노동자보다 더 낮은 세율로 세금을 낸다. 이러한 비용은 일반 시민들이 낸 세금으로 메꿔야 한다.

셋째, 미래의 성장 동력을 확보할 필요이다. 국가는 국방과 복지를 확보하는 동시에 미래를 위한 성장 기반을 확충해야 한다. 국가는 도로, 공항 등 각종 산업 인프라, 첨단 연구 및 미래 교육 투자에도 많은 돈이 필요하다. 이를 무시하는 국가는 당연히 쇠퇴할 수밖에 없다. 국가는 이 세 가지 분야의 요구와 전략에 따라 세금을 안분할 수밖에 없고 국가는 항상 더 많은 돈이 필요하다.[285]

◇◇◇

1900년대에 국가는 국민총생산의 9% 이내를 재정수입으로 징수했다. 당시 영국의 재정 전문가는 가까운 장래 조세징수를 예측하면서 정부가 국민소득에 5%를 과세한다면 이는 최소한의 요구이다. 정부가 5~10%를 과세한다면 이는 적당하며 합리적이다. 국가가 10% 이상을 가져간다면 국민에게 너무 가혹한 부담이 된다고 했고 이 비율이 15~16%에 이른다면 조세부담을 더 이상 늘리는 것은 불가능하다 했다. 대다수의 학자들은 여기에 동의했다.

예측은 예측일 뿐이다. 이 예측은 전쟁과 복지로 꿈이 되어버렸다. 국가는 1950년대 평균 20%를 재정수입으로 징수했다. 이후 정부의 재정 수요는 꾸준히 증가하여 현재 OECD 국가는 평균 국민총생산의 35%를 세금으로 징수한다. 덴마크와 같은 나라는 50%가 세금이며, 프랑스와 벨

---

285. The Rise and Fall of the Great Powers (Paul Kennedy, Frist Vintage Edition 1989), History and Speculation, page 446

기에는 45%가 세금이다. 이에 반해 미국과 한국은 국민총생산의 25% 정도를 세금으로 납부하고 있다. 물론 미국과 한국도 의료보험, 연금을 포함하면 그 수치가 더 높아진다. 높은 조세는 전혀 새로운 현상이며 그 이유는 시민들이 정부로부터 더 많은 것을 요구하고 있기 때문이다.[286]

미국에서 조세 자유Tax Freedom Day[287]의 날은 1902년에는 1월 31일, 1922년에는 2월 17일, 1948년에는 3월 29일, 1958년에는 4월 10일, 1968년에는 4월 24일에서 2019년에는 4월 19일이다. 1년 중 1/3 이상의 소득을 세금으로 내고 있는 것이다. 국민은 세금을 내기 싫어하지만 국가가 강제로 세금을 늘렸다고 욕할 수 있겠지만 이 모든 것은 국민들의 요구에 의해 이루어졌다. 정부가 다양한 복지사업을 하도록 유권자가 요구했기 때문이다.

경제성장과 사회안정의 균형을 맞추는 적절한 세금은 어디에서 결정할 수 있을까? 쉽지 않은 문제이다. 미국은 "최적의 성장을 가져오기 위해 부의 불균형이 어디까지 허용될까"라는 실험을 하는 것으로 보인다. 반면 유럽은 "최적의 평등과 행복을 추구하기 위해 성장이 어디까지 희생될 수 있을까"라는 실험을 하고 있는 것으로 보인다. 국민 총생산의 50%까지 과세하는 북유럽과 국민총생산의 30%를 과세하는 미국이 비슷한 수준의 번영을 누리는 것은 아이러니하다.

◇◇◇

---

286. A Fine Mess (T.R. Reid, Penguin Press 2017), low Effort, Low Collection, page 14

287. 조세 자유의 날은 이론상 1년 동안 국가에 납부해야 할 세금의 총액을 벌어들인 날이다. 따라서, 조세 자유의 날 이전에 소득은 국가의 몫이고, 이후 소득은 개인이 자유롭게 처분할 수 있는 돈이다.

고대에는 토지가 가장 중요한 자산이었다. 정치는 토지를 확보하기 위한 투쟁이었다. 토지가 소수에 편중되면서 사회는 귀족과 평민으로 나뉘었다. 산업화 이후에는 토지보다 기계와 공장이 더 중요한 자산이 됐으며 정치적 투쟁은 생산수단을 통제하는데 집중되었다. 기계와 공장이 소수에 집중되면서 사회는 자본가와 노동자로 나뉘게 된다. 21세기에는 데이터가 더 중요한 자산으로 부각하고 있고 앞으로 정치투쟁은 데이터를 통제하는데 집중될 것이다. 데이터가 일부에 집중되면, 인류는 다시 두 개 그룹으로 나뉠 것이다. 데이터를 가진 그룹과 그렇지 않은 그룹이다.

블록체인 네트워크와 비트코인 같은 암호 화폐 기술은 화폐제도를 개혁할 것이다. 모든 화폐는 디지털로 변화할 것이며 정부 지폐는 사라지고 자유롭게 흐르는 디지털 화폐로 변할 것이다. 현재 전자제품 판매업의 경우 약 5%의 수익이 난다. 이중 2.5%가 결제 비용이다. 디지털 화폐는 이 비용을 모두 없앨 수 있다. 이를 바탕으로 앞으로 결제 수단은 디지털로 변한 달러, 유로, 엔, 파운드, 인민폐와 비트코인 정도만 남을 수 있다. 국제거래에 달러를 사용하지 않거나 화폐의 국제 이동이 없다면 돈에 대하여 과세하는 것이 불가능하거나 부적절한 것이 될 수 있다. 정부는 과거의 방식 대신 정보에 대한 과세 같이 전혀 새로운 조세 시스템을 개발해야 할 것이다. 정보는 가장 중요한 자산이 될 것이며 실제 다양한 거래에서 교환되는 유일한 물건이기도 하다.

정부의 입장에서 전자거래는 현금거래보다 감독하기가 쉽다. 추적이 가능한 전자메일과 같이 비트코인은 가명을 사용하지만 익명은 아니다. 비트코인 거래는 비트코인 볼록 체인에 기록되고 추적되며 모든 사람이 볼 수 있다. 수사기관의 입장에서 비트코인은 금, 현금보다 추적이 쉽다.

정부가 비트코인을 추적할 수 없다고 생각하는 것은 오류이다. 비트코인 거래는 널리 알려져 있기 때문에 누구든지 거래내역 전체를 보고 누가 코인을 소유하고 있는지를 알 수 있다. 이러한 내용을 아는 정부는 비트코인 사용을 지지할 것이고 자유주의자들은 비트코인을 반대할 수 있다. 전자화폐는 개인의 모든 영역에 대한 정부의 통제력을 강화하여 국가가 빅 브라더Big brother로 변할 수 있다.

국가는 현재 디지털 유목민Digital nomads으로 인해 세수의 손실을 보고 있다. 이들은 주된 거주지가 없다. 소득을 온라인에서 벌기 때문에 현재의 세법으로 세금을 부과하기 어렵다. 미국의 전설적인 은행 강도 서튼Willie Sutton은 유명한 말을 남겼다. 그는 "왜 은행을 털었나?"라는 질문에 "돈이 거기 있잖아."라고 대답했다. 세금 또한 돈이 있는 곳을 찾아다닌다. 정부는 돈이 필요하고 돈을 쉽게 구할 수 있는 장소를 잘 찾는다. 전쟁에서 부자 과세를 강화하는 것도 돈을 쉽게 구할 수 있기 때문이다. 국가는 고대에는 토지, 근대에는 소득을 집중 과세했고, 앞으로는 새로운 법과 기술을 통해 데이터를 과세할 것이다.[288]

디지털 기술이 발전하면 과세 당국 또한 블록체인Blockchain과 인공지능AI을 업무에 활용할 것이다. 대표적으로 생각할 수 있는 것이 수출입 물품의 세관신고이다. 미래에는 선박과 항공기가 수입화물을 운송하는 동안 적재된 물품의 가격, 운임, 보험료의 데이터를 기초로 관세, 수수료 등

---

288. Taxing the Rich (Kenneth Scheve & David Stasavage, Princeton University, 2016), Taxes on the Rich in context, page 115, 129, The Industries of the future (Alex Ross, Simon & Schuster Paperbacks, 2016), The code-fication of money, markets, and trust, page 113~115, Daylight Robbery (Dominic Frisby, Penguin Random House UK 2019), Data: The Taxman's New Friend, page 184~190

이 자동 계산되어 선박이 도착하기 전에 모든 절차가 완료될 수 있다. 이 경우 사람의 개입이 전혀 필요하지 않으며 업무는 더 효율적으로 처리될 수 있다. 국세청은 소득세 탈세를 잡아내기 위해 구글처럼 납세자의 행동을 분석할 것이다. 예를 들면 소득세 신고를 하지 않으면서 비싼 포도주를 산 사람, 조세 천국을 검색한 사람, 페이스북에 해외 호화 여행 사진을 올린 사람을 선별하여 세무 조사할 것이다. 모든 납세자의 스타일과 위험은 점수로 기록되어 관리될 것이다. 이를 통해 과세당국은 지금보다 몇 십배 더 강력하게 위험을 관리하고 탈세자를 정확하게 선별하여 세무조사를 실시할 것이다.

◇◇◇

세금 논쟁은 우리가 어떤 사회를 원하는가에 대한 논쟁이다. 공정한 과세는 바른 균형을 찾기 위한 지속적인 과정이다. 이는 물을 거슬러 가는 돛단배와 같아서 앞으로 나아가는 듯 하지만 기득권의 로비와 시민의 무관심으로 뒤로 나가기 때문에 항상 새로운 균형을 잡기 위해 노력해야 한다. 시민의 무관심이 어떤 결과를 가져오는지는 현재의 조세시스템에서 볼 수 있다. 20세기 정부의 역할과 재정 수요는 3배 이상 늘어났지만 부자가 국가 재정에 기여하는 몫은 100년 전으로 후퇴했다. 공정한 조세에 대한 시민들의 관심이 사라지면서 부자에게 유리하도록 기울어진 운동장이 자연스럽게 만들어졌기 때문이다. 형사제도가 유전무죄有錢無罪, 무전유죄無錢有罪라는 오명을 쓰고 있듯이 조세 제도도 유전면세有錢免稅, 무전과세無錢課稅로 타락하는 일이 없도록 해야 한다.

위대한 국가들은 경제를 활성화하는 세금으로 위대한 국가가 됐다. 이들 제국은 시간이 지나면서 타락하였고 불공정한 세금으로 무너졌다.

세금은 불을 다루는 것과 같다. 적절한 관리와 돌봄이 없으면 우리가 이룬 모든 것을 다 태울 수 도 있고 적절히 관리되는 불은 온기를 나누어 좋은 나라를 만들고 행복을 가져다 준다. 조세는 좋은 사회를 나타내는 지수이다. 조세 시스템은 국가의 건강을 보여주는 지표이다. 국가는 누가 세금을 내고, 무엇에 대하여 세금을 내고, 세금을 부과하는 기준을 어떻게 정하고, 어떻게 징수하고 사용하는 지에 따라 가장 잘 평가될 수 있다. 이러한 조세정책은 우리 모두가 공동으로 선택하는 것이다. 탈세를 용인하는 것도 결국 우리가 결정한 것이다. 우리는 다른 선택을 할 수 있다. 유권자가 깨어 있어야 하는 이유이다. 당장 세금을 감면해주겠다는 공약보다는 정치가 큰 그림을 그리도록 하는 권리행사가 필요하다. 사람들이 자각하고 요구해야 정치가 바뀔 수 있다. 누가 세금을 어떻게 내는가를 두고 우리가 오늘 내린 결정은 다음 세대의 미래를 결정한다. 우리는 세금에 대하여 끊임없이 질문하고 토론해야 한다. 지금 세금은 과연 공정한가? 미래를 위해 바람직한 세금은 무엇일까?[289]

289. The Great Tax Wars (Steven R. Weisman, Simson & Schuster 2004), Epilogue, page 366, For Good and Evil (Charles Adams, First Madison Books Edition 2001), Taxes, page 3, The Artful Dodger: Evasion and Avoidance, page 395-404, Fight Flight Fraud (Charles Adams, Euro-Dutch Publishers,1982), Proposition 13: Format for reform, page 280-289

참고문헌

◇
◇
◇

- Against the Grain (James C. Scott, Yale University, 2017)
- A Fine Mess (T.R. Reid, Penguin Press, 2017)
- A people's history of the World (Howard Zinn, Verso, 2017)
- A Splendid Exchange (William J. Bernstein, Grove Press, 2008)
- A history of taxation and expenditure in the Western World (Carolyn Webber and Aaron Wildavsky, Simon & Schuster, 1986)
- Contraband (Andrew Wender Cohen, Courier Westford, 2015)
- Daylight Robbery (Dominic Frisby, Penguin Random House UK, 2019)
- Debt (David Graeber, MelvilleHouse, 2011)
- For Good and Evil (Charles Adams, First Madison Books Edition, 2001)
- Fight Flight Fraud (Charles Adams, Euro-Dutch Publishers, 1982)
- Forces of Habit (David T. Courtwright, Harvard College, 2002)
- Freakonomics (Steven D, Levitt and Stephen J. Dubner, Revised and Expanded Edition, 2005)
- How do you kill 11 million people? (Andy Andrews, Thomas Nelson, 2011)
- Home Deus (Yuval Noah Harari, Harvill Secker, 2016)
- Merchant Kings (Stephen Bonn, Thomas Dunne Books, 2009)
- Masters of the Word (William J. Bernstein, Grove Press, 2013)
- Organized Crime (Howard Abadinsky, Nelson-Hall, 1998)
- Principles for dealing with the Changing World Order (Day Dalio, Avid Reader Press, 2021)
- Sapiens (Yuval Noah Harari, HarperCollins Publishers, 2015)
- Seeing like a State (James C. Scott, Yale University, 1998)
- Seeds of Change (Henry Hobhouse, Counterpoint, 2005)
- Smugger Nation (Peter Andereas, Oxford University Press, 2013)
- The Sex of a Hippopotamus (Jay Starkman, Twinser Inc, 2008)

- The Rise and Fall of the Great Powers (Paul Kennedy, Frist Vintage Edition, 1989)
- Taxing the Rich (Kenneth Scheve & David Stasavage, Princeton University, 2016)
- The March of Folly (Barbara W. Tuchman, Random House Trade Paperback Edition, 2014)
- Those Dirty Rotten Taxes (Charles Adams, Simon & Schuster, 1998)
- The Sex of a Hippopotamus (Jay Starkman, Twinser Inc, 2008)
- The Great Tax Wars (Steven R. Weisman, Simson & Schuster, 2004)
- The World that Trade Created (Kenneth Pomeranz and Steven Topik, M.E. Sharpe, 2006)
- The Silk Roads (Peter Frankopan, First Vintage Books Edition, 2017)
- The Birth of Plenty (William J. Bernstein, The McGraw-Hill Companies, 2004)
- The Pursuit of Power (William H. McNeil, The University of Chicago Press, 1982)
- Tariffs, Blockades, and Inflation (Mark Thornton and Robert B. Ekelund, SR Books, 2004)
- The Swerve (Stephen Greenblatt, Norton & Company, 2011)
- The Triumph of Injustice (Emmanuel Saez and Gabriel Zuckman, Norton & Company, 2019)
- The Honest Truth about Dishonesty (Dan Ariely, HarperCollins, 2012)
- The Industries of the future (Alex Ross, Simon & Schuster Paperbacks, 2016)
- Why the West Rules – for Now (Ian Morris, First Picador Edition, 2011)
- When in the course of Human Events (Charles Adams, Rowman & Littlefield, 2000)
- World History of the Customs and Tariffs (Hironori Asakura, WCO, 2003)
- Map視(맵시), 우리가 몰랐던 지도(토지주택박물관, 2019)
- "조선 최초의 '전 백성' 여론조사, 그걸 세종이 해냈다"(이기환, 경향신문, 2019.10.8)

세금이 공정하다는 착각

초판인쇄 2022년 10월 21일
초판발행 2022년 10월 21일

지은이 이상협
발행인 채종준

출판총괄 박능원
책임편집 유나
디자인 홍은표
마케팅 문선영 · 전예리
전자책 정담자리
국제업무 채보라

브랜드 드루
주소 경기도 파주시 회동길 230 (문발동)
문의 ksibook13@kstudy.com

발행처 한국학술정보(주)
출판신고 2003년 9월 25일 제406-2003-000012호

ISBN 979-11-6801-558-6　03900